世界贸易报告丛书

世界贸易报告 2022

气候变化与国际贸易

世 界 贸 易 组 织 著
中国世界贸易组织研究会 译

中国商务出版社
·北京·

图书在版编目（CIP）数据

世界贸易报告. 2022 : 气候变化与国际贸易 / 世界
贸易组织著 ; 中国世界贸易组织研究会译. -- 北京 :
中国商务出版社, 2023.9
　（世界贸易报告丛书）
　ISBN 978-7-5103-4754-2

　Ⅰ . ①世… Ⅱ . ①世… ②中… Ⅲ . ①国际贸易—研
究报告 — 2022 Ⅳ . ① F74

中国国家版本馆 CIP 数据核字（2023）第 121912 号

版权出让方 : WORLD TRADE ORGANIZATION
著作权合同登记号 图字 : **01-2023-4959** 号

世界贸易报告2022

气候变化与国际贸易

SHIJIE MAOYI BAOGAO 2022——QIHOU BIANHUA YU GUOJI MAOYI

世 界 贸 易 组 织 **著**
中国世界贸易组织研究会 **译**

出　　　版：中国商务出版社
地　　　址：北京市东城区安外东后巷 28 号　　邮　　编：100710
责任部门：商务事业部（010-64269744　bjys@cctpress.com）
责任编辑：徐　昕
直销客服：010-64266119
总 发 行：中国商务出版社发行部（010-64208388　64515150）
网购零售：中国商务出版社淘宝店（010-64286917）
网　　址：http://www.cctpress.com
网　　店：https://shop595663922.taobao.com
排　　版：廊坊市展博印刷设计有限公司
印　　刷：北京明达祥瑞文化传媒有限责任公司
开　　本：700 毫米 ×1000 毫米　　1/16
印　　张：19.75　　　　　　　　字　　数：237 千字
版　　次：2023 年 9 月第 1 版　　印　　次：2023 年 9 月第 1 次印刷
书　　号：ISBN 978-7-5103-4754-2
定　　价：150.00 元

序

世界贸易组织（简称世贸组织，WTO）作为管理全球贸易的重要国际组织，是全球经济治理的三大支柱之一，其164个成员涵盖世界98%的贸易额。以世贸组织为核心的多边贸易体制已成为国际贸易的基石，是经济全球化的重要制度保障。

2001年中国加入世贸组织，是中国深度参与经济全球化的里程碑，标志着中国改革开放进入历史新阶段。加入世贸组织以来，中国积极践行自由贸易理念，全面履行加入承诺，大幅开放市场，实现更广互利共赢。中国坚定遵守和维护世贸组织规则，坚决反对单边主义和保护主义，支持开放、透明、包容、非歧视的多边贸易体制，为共同完善全球经济治理发出中国声音，是多边贸易体制的积极参与者、坚定维护者和重要贡献者。

《世界贸易报告》是世贸组织的年度旗舰报告，该报告每年围绕国际经贸领域的一个重要主题，进行深入的前瞻性分析，是观察和判断世界贸易未来发展的风向标，一直受到世贸组织成员和国际社会的高度关注。我国自2007年起每年翻译出版《世界贸易报告》。

为增进国内政府部门、学术界和业界对国际贸易、贸易政策前沿议题和多边贸易体制趋势性问题的系统把握和理解，经世贸组织授权，我们组织出版了"世界贸易报告丛书"。该丛书收录了2015年到2022年《世界贸易报告》，主题分别为《贸易便利化协定》的收益与挑战，为中小企业提供公平贸易平台，贸易、技术和就业，数字技术如何改变全球商务，服务贸易的未来，数字时代政府政策推动创新，经济韧性与国际贸易，气候变化与国际贸易。2023年及以后年度的《世界贸易报告》将按年度顺序陆续纳入丛书。

感谢中国常驻世贸组织代表团和商务部世贸组织司的组织和协助，感谢商务部国际贸易经济合作研究院和世贸组织秘书处的支持和配合。参与《世界贸易报告2022》的翻译、译校人员如下（以姓名音序为序）：毕中霖、成坤、邓宇思、高波、高虹、高鹏宇、江佳、李洪辉、刘啸辰、马连斐、孟飖、钱妤、孙恺瑞、王安琪、吴文昭、邢晓荣、易炜铭、张晓辉、张雨、钟珂、周立宇、朱学韬。在此，也对中国商务出版社参与丛书编辑和出版等方面工作的同志一并表示感谢。

《世界贸易报告》的英文版为正式文本，中译文仅供参考，不具法律效力。由于时间仓促，丛书翻译难免有疏漏，敬请读者指正。

中国世界贸易组织研究会会长

目　录

致　谢

《世界贸易报告2022》是在世贸组织副总干事安娜贝尔·冈萨雷斯（Anabel González）和让－马里·波冈（Jean-Marie Paugam）的总体负责和指导下编写的，并由何塞－安东尼奥·蒙泰罗（José-Antonio Monteiro）和徐安凯（Ankai Xu）负责总协调。

总干事恩戈齐·奥孔乔－伊维拉（Ngozi Okonjo-Iweala）、办公室主任布莱特·奥克古（Bright Okogu）、总干事办公室尤文·比贾德胡尔（Yuvan Beejadhur）和特里内什·比斯瓦（Trineesh Biswas）、经济研究和统计司前司长罗伯特·库普曼（Robert Koopman）以及贸易和环境司司长林爱豪（Aik Hoe Lim）提供了宝贵的建议和指导。

本报告的主要作者是马克·巴切塔（Marc Bacchetta）、埃迪·贝克尔（Eddy Bekkers）、科西莫·贝弗利（Cosimo Beverelli）、马泰奥·费雷罗（Mateo Ferrero）、埃马纽埃尔·甘内（Emmanuelle Ganne）、约翰·汉考克（John Hancock）、雷纳·兰兹（Rainer Lanz）、何塞－安东尼奥·蒙泰罗（José-Antonio Monteiro）、罗伯塔·皮尔马蒂尼（Roberta Piermartini）、丹尼尔·拉莫斯（Daniel Ramos）和徐安凯（Ankai Xu）。其他作者有阿布·阿里（Absar Ali）、安东尼娅·卡扎尼加（Antonia Carzaniga）、斯维特兰娜·乔巴诺娃（Svetlana Chobanova）、罗利·尤尼乌斯（Lory Iunius）、乔纳森·赫本（Jonathan Hepburn）、托马斯·克劳奇（Thomas Kräuchi）、李俊荣（Juneyoung Lee）、凯瑟琳·伦奎斯特（Kathryn

Lundquist）、萨贾尔·马图尔（Sajal Mathur）、阮汉文（Hanh Nguyen）、伊夫·雷诺夫（Yves Renouf）、维克多·斯托尔森伯格（Victor Stolzenburg）、恩施·特雷莎（Enxhi Tresa）、阿伊塞·尼哈尔·伊尔马兹（Ayse Nihal Yilmaz）、卡迪贾·扎伊迪（Khadija Zaidi）和张若思（Ruosi Zhang）。

其他提供书面意见的人员是马克·奥布恩（Marc Auboin）、克里斯托弗·德甘（Christophe Degain）、彼得·多内兰（Peter Donelan）、卡蒂基亚·加格（Kartikeya Garg）、西蒙·赫斯（Simon Hess）、格尔加娜·基斯基诺娃（Gergana Kiskinova）、卡塔琳娜·兰格尔（Katharina Laengle）、雷托·马拉克里达（Reto Malacrida）、让娜·梅蒂维耶（Jeanne Metivier）、玛丽·伊莎贝尔·佩兰（Marie Isabelle Pellan）、菲利普·佩利蒂埃（Philippe Pelletier）、里沙布·拉图里（Rishab Raturi）、梅尔文·斯普雷伊（Melvin Spreij）、卢迪文·塔米奥蒂（Ludivine Tamiotti）、安东尼·陶布曼（Antony Taubman）、杰西卡·范·维尔德（Jessyca Van Weelde）和吴晓平（Xiaoping Wu）。

世贸组织秘书处的以下同事对本报告的草稿提供了宝贵的书面意见：拉特纳卡·阿迪卡里（Ratnakar Adhikari）、安东尼娅·卡扎尼加（Antonia Carzaniga）、米雷尔·科西（Mireille Cossy）、维奥莱塔·冈萨雷斯（Violeta Gonzalez）、乌拉·卡斯克（Ulla Kask）、阿纳·克劳（Arne Klau）、加布里埃尔·马索（Gabrielle Marceau）、克拉瑞斯·摩根（Clarisse Morgan）、胡安·巴勃罗·莫亚·霍伊斯（Juan Pablo Moya Hoyos）、玛丽·伊莎贝尔·佩兰（Marie Isabelle Pellan）、塞德里克·佩内（Cédric Pene）、迈克尔·罗伯茨（Michael Roberts）、斯特拉·鲁比诺娃（Stela Rubinova）、梅

尔文·斯普雷伊（Melvin Spreij）、卡斯滕·施泰因法特（Karsten Steinfatt）、赛纳布·塔勒（Sainabou Taal）、安东尼·陶布曼（Antony Taubman）、克里斯蒂安·乌加特（Cristian Ugarte）和吴晓平（Xiaoping Wu）。弗朗西斯科·贝莱利（Francesco Bellelli）、巴西尔·费勒（Basile Feller）、特蕾西·弗雷（Tracy Frei）、本杰明·伊格诺托（Benjamin Ignoto）、苏格拉底·克莱多·马约恩（Socrates Kraido Majune）和杨晓（Xiao Yang）提供了宝贵的研究协助。

耶鲁大学法学院的丹尼尔·C.埃斯蒂（Daniel C. Esty）、伦敦政治经济学院的达纳·基里亚科普罗（Danae Kyriakopoulou）、全球商业气候联盟（We Mean Business Coalition）的苏菲·彭特（Sophie Punte）和国际可再生能源署的高里·辛格（Gauri Singh）提供了外部意见。在知识和信息管理、学术外联和世贸组织教席项目司[穆斯塔法·萨迪尼·贾拉卜（Mustapha Sadni Jallab）主办，桑德拉·罗希耶（Sandra Rossier）协办]的协调下，以下世贸组织教席教授也提供了背景研究：拉丁美洲社会科学学院的索莱达·阿吉拉尔（Soledad Aguilar），苏丹卡布斯大学的奥斯曼·古尔塞文（Osman Gulseven），开罗大学的纳达·哈泽姆（Nada Hazem）、米利亚姆·拉姆齐（Myriam Ramzy）和查希尔·扎基（Chahir Zaki），马来西亚国立大学的苏菲安·朱索（Sufian Jusoh），对外经济贸易大学的张磊（Zhang Lei）和姜悦（Jiang Yue），莱索托国立大学的图图·露西·马托博（Thuto Lucy Matobo）和毛里求斯大学的博本·西塔纳（Boopen Seetanah）。

以下来自世贸组织秘书处以外的人士也对报告初稿提出了有益的意见：罗兰多·阿文达诺（Rolando Avendano）、马格努斯·本齐

（Magnus Benzie）、查德·鲍恩（Chad Bown）、保罗·布兰顿（Paul Brenton）、维基·切穆泰（Vicky Chemutai）、布莱恩·R.科普兰（Brian R. Copeland）、罗伯·德林克（Rob Dellink）、克劳斯·德斯梅特（Klaus Desmet）、扬·杜瓦尔（Yann Duval）、科菲·阿塞耶·马卡菲·埃里查（Koffi Aseye Makafui Elitcha）、罗伯特·J. R.艾略特（Robert J. R. Elliott）、丹尼尔·C.埃斯蒂（Daniel C. Esty）、马可·福加扎（Marco Fugazza）、伊恩·道格拉斯·基尔森（Ian Douglas Gillson）、克里斯蒂安·戈利埃（Christian Gollier）、让－马里·格雷特（Jean-Marie Grether）、史蒂芬·哈勒加特（Stephane Hallegatte）、凯蒂·哈里斯（Katy Harris）、德克·海涅（Dirk Heine）、伯纳德·霍克曼（Bernard Hoekman）、迈克尔·雅各布（Michael Jakob）、郑惠珍（Euijin Jung）、斯蒂芬·卡林吉（Stephen Karingi）、亚历山大·卡斯特林（Alexander Kasterine）、阿列克谢·克拉夫琴科（Alexey Kravchenko）、维西勒·库拉科鲁（Vesile Kulacoglu）、布鲁诺·兰兹（Bruno Lanz）、李佳（Jia Li）、杰里米·卢切蒂（Jeremy Lucchetti）、塔蒂亚娜·S.马诺洛娃（Tatiana S. Manolova）、妮可·马提斯（Nicole Mathys）、杰森·麦科马克（Jason McCormack）、南诺·穆尔德（Nanno Mulder）、希尔蒂格·希维克·诺达斯（Hildegunn Kyvik Nordås）、拉尔夫·奥萨（Ralph Ossa）、约瑟夫·普赖尔（Joseph Pryor）、伯纳德·辛克莱尔－德斯加内（Bernard Sinclair-Desgagné）、罗纳德·斯滕布利克（Ronald Steenblik）、亚历山大·斯托扬诺夫（Aleksandar Stojanov）、肖恩·W.谭（Shawn W. Tan）、玛拉·塔亚格（Mara Tayag）、罗伯特·德（Robert Teh）、山口俊太（Shunta Yamaguchi）和伊琳娜·佐德罗（Irina Zodrow）。

还要感谢《世界贸易报告2022》贸易和气候变化系列网络研讨会发言人有见地的发言，他们是布莱恩·R.科普兰（Brian R. Copeland）、克劳斯·德梅特（Klaus Desmet）、凯蒂·哈里斯（Katy Harris）、玛丽亚·胡戈－布罗丹（Maria Huge-Brodin）、珍妮·米尼耶（Jenny Minier）、约瑟夫·萨基斯（Joseph Sarkis）、佐藤美里（Misato Sato）、约瑟夫·S.夏皮罗（Joseph S. Shapiro）、伯纳德·辛克莱尔－德斯加内（Bernard Sinclair-Desgagné）和塔蒂亚娜·S.马诺洛娃（Tatiana S. Manolova）。还要特别感谢伊莎贝尔·阿尔布罗·杰拉德（Isabelle Albrow Gerard）、卡罗尔·布勒（Carole Boureux）、维克托里亚·拉佐连科（Viktoriya Lazorenko）和安妮·莱斯库尔（Anne Lescure）帮助组织网络研讨会。

经济研究和统计司的何塞－安东尼奥·蒙泰罗（José-Antonio Monteiro）和徐安凯（Ankai Xu）负责报告的起草工作。安妮·莱斯库尔（Anne Lescure）和戴安娜·登特（Diana Dent）负责报告的文本制作。信息和对外关系司的安东尼·马丁（Antony Martin）和海伦·斯温（Helen Swain）负责报告的图表制作。威廉·肖（William Shaw）和海伦·斯温（Helen Swain）对报告进行了编辑。此外，还要感谢语言和文件服务司翻译人员的高质量工作。

免责声明

世贸组织秘书处对《世界贸易报告》和内容全权负责。外部撰稿人的观点及世贸组织教席专家撰写的专栏内容由相应作者全权负责。《世界贸易报告》不代表世贸组织成员的意见或观点。就任何未决错误或遗漏，本报告作者还希望免除对《世界贸易报告》提出评论意见人的责任。

前　言

　　气候变化对人们的生活构成了生存威胁，正在极大地重塑经济活动和贸易。仅2022年一年，从非洲之角到中国，从欧洲到美洲，我们就看到了越来越多的高温和持续的干旱破坏了农作物，减少了电力生产，而主要河流的低水位使工业和农业货物的运输变得困难。严重的洪水使巴基斯坦三分之一的地区被水淹没，破坏了主要的出口作物，使该国的粮食和经济安全面临风险。

　　气候危机是一个全球共同面临的问题，需要采取共同和有效的多边应对措施。《世界贸易报告2022：气候变化与国际贸易》回顾了贸易、贸易政策和国际合作在应对气候变化方面的作用。报告论述了温度和气候的变化，以及控制温室气体排放量上升所需的低碳转型将如何影响各国人民的福祉，并改变其相对优势。

　　报告认为，贸易是有利于气候行动的重要力量，也是实现低碳、韧性和公正转型的解决方案的一部分。虽然贸易本身确实因

7

生产和运输而产生温室气体排放，但贸易和贸易政策可以加速尖端技术和最佳做法的传播，并在创造未来就业机会的同时增强进一步创新的激励。贸易有助于清洁能源以最低的成本投资最需要的地方，获得最大的效益和影响。我们放弃这些收益是不明智的，特别是现在，我们所需要的大规模绿色投资，将与不断上升的资本实际成本，以及由于地缘政治紧张局势和战争造成的能源安全不确定性相吻合。

贸易和贸易政策也是适应气候变化战略的一部分，可以帮助各个国家，特别是小岛屿发展中国家、最不发达国家和内陆发展中国家等脆弱的发展中国家，保护其免受极端天气事件的影响，从长远来看，有助于适应农业生产率的变化和更广泛的国际竞争力的变化。在全球层面，我们所说的"再全球化"——更加多样化和分散化的产品和服务生产，吸引以往被边缘化的国家和拥有合适商业环境的社区——将在气候引发的冲击日益频繁的世界中促进供应弹性和包容性。这将比"回流""近岸"或"友岸"提供更好的风险管理。

贸易与其他公共政策一道已经在应对全球气候变化方面发挥了重要作用。例如，太阳能电池板系统的成本在过去30年中大幅下降，其中约40%的成本下降要归功于规模经济，而国际贸易和价值链在一定程度上使规模经济成为可能。2017年，跨境交易的太阳能电池板容量达到近80GW，相当于全球发电量的9%以上。

进一步开放环境产品和服务贸易可以做得更多。WTO估计，减少与能源相关的环境产品的关税和非关税措施，到2030年，可使这些产品的总出口量增加5%，同时，碳排放量将净减少。还有就业方面的好处：国际能源署（IEA）估计，到2030年，向清洁能源的转变将在全球清洁能源领域创造1400万个新就业岗位，并在相关领域创造1600万个就业岗位。

除了扩大气候政策和融资的影响外，加强国际贸易合作是管理和尽量减少与气候行动相关的潜在贸易摩擦的关键。例如，目前全世界有近70个碳定价机制在运行。如果没有统一的定价方法和等值比较方法，旨在防止碳泄漏和竞争力丧失的单边措施很可能加剧贸易紧张局势，并给企业和政府带来高昂的行政成本，这是一个巨大的风险。不协调的气候行动也可能会增加不确定性，阻碍急需的投资，从而阻碍脱碳努力。

脱碳倡议和标准不断增加——仅钢铁行业就有20多种不同的脱碳标准——给生产商造成了困惑，并可能导致贸易摩擦。世贸组织长期以来的作用是促进对影响贸易的政策措施的透明度，鼓励在可比性、兼容性和协调性方面的合作，因此，WTO可以在碳定价和标准方面发挥类似作用。WTO正与其他多边机构——国际货币基金组织（IMF）、经济合作与发展组织（OECD）和世界银行（World Bank）——合作，将贸易视角引入有关碳减排方法的讨论和研究。

对于贸易相关的气候措施达成明确、可预测和共同的理解，是为了更有效地满足发展中国家企业和消费者的需求与发展机会，相比于不同市场的各种规则所带来的高交易成本。但是，向低碳经济的公正转型需要额外的措施，包括财政支持，以帮助低收入地区解决和克服碳定价的潜在不利影响。兑现1000亿美元气候融资承诺的理由仍然充分，迫切需要对损失和损害做出强有力的回应。

贸易援助倡议——越来越多地涉及贸易投资——能够且应该

帮助发展中国家和最不发达国家建立气候友好型关键贸易基础设施。这将支持有韧性和包容性的低碳转型。

本报告与第27届联合国气候变化大会（COP27）同时发布。我希望在那里和其他地方看到一条贸易和投资便利化之路，以支持向低碳经济的公正转型。金融是这个途径的一部分，但不是唯一。良好的贸易政策框架是将气候投资转化为气候转型的必要条件。我们必须开始讨论贸易，不是作为一种威胁，而是作为气候危机的解决方案。

实现更好的贸易和气候成果是可能的，但我们需要强有力的政治领导。我们在2022年6月举行的WTO第12届部长级会议上取得成功——成员们一致同意贸易必须是气候变化解决方案的一部分，并就遏制有害渔业补贴达成了一项协定，这是WTO第一个以环境可持续性为核心的协定——表明这是可行的。

展望未来，WTO有机会利用当前时机，加强其作为贸易和气候变化协调论坛的作用，解决阻碍低碳技术传播和使用的贸易政策壁垒，并支持全球经济脱碳所需的结构性变革。我希望我们能充分利用这次机会。

世贸组织总干事　恩戈齐·奥孔乔·伊维拉

关键信息

气候变化正在重塑各国的经济和贸易前景，是对未来增长和繁荣的主要威胁。气温升高、海平面上升和更频繁的极端天气事件，可能导致生产率损失、生产短缺、运输基础设施受损和供应中断。如果不大幅减少全球温室气体（GHG）排放，许多国家可能会发现它们的比较优势发生变化，农业、旅游业和一些制造业特别容易受到气候影响。

贸易对于各国应对气候变化的努力起到了重要的促进作用，它不仅可以降低成本，还可以扩大影响范围。气候冲击成本高昂，破坏性强，但通过贸易，各国可以获取技术和食品、医疗保健产品等关键产品和服务，从而更好地做好准备和应对。这对于最脆弱经济体如最不发达国家、小岛屿发展中国家和内陆发展中国家来说尤其重要。从长期来看，开放的国际市场将有助于各国顺利进行必要的经济调整和资源重新分配，关键产品和服务的供应来源更加多样化，将增强我们抵御局部天气事件的能力。

贸易可以降低减缓气候变化的成本，加快低碳转型和创造绿色就业机会。尽管贸易像目前大多数经济活动一样产生GHG排放，但它也有助于减少GHG排放，原因在于贸易能够促使人们获得尖端的气候技术；通过扩大市场规模来激励低碳技术创新；以及培育有助于降低成本的竞争和规模经济。贸易和价值链一直是太阳能和风能发电成本大幅下降的主要因素。随着时间的推移，可再生能源在某些地方比化石能源更加经济实惠，因此人们对于可再生能源的使用正迅速增加。然而，我们还有更大的发展空间：WTO的模拟研究表明，到2030年，取消一部分与能源有关的环境产品的关税，并减少非关税措施，可以使出口增加5%。同时，这一举措还将促进能源效率和可再生能源利用的提高，从而使全球排放量减少0.6%。在某种程度上，贸易有助于加快低碳转型，这将有助于创造就业机会：一项估计表明，到2030年，全球向清洁能源的转变将在清洁能源和相关领域创造多达3000万个新的就业机会。

通过尽可能减少贸易摩擦和投资者的不确定性，国际合作可以更加有效地推动气候行动，实现低碳转型的公正性。随着各国政府加强气候行动以实现国家自主贡献，目的在于防止碳泄漏和国内产业竞争力的丧失。然而，这些单边措施有可能引发贸易紧张局势，给投资带来不确定性，并给发展中国家的企业和政府带来过高的成本。开展相关气候政策的国际合作，如碳定价和脱碳标准，可减少这些风险。WTO作为一个具有透明度、可比性和潜在协调能力的机构，可以发挥更有价值的作用。贸易援助、以贸易为导向的私人投资，可以帮助发展中国家和最不发达国家建立气候适应型贸易基础设施，有助于使低碳转型更加公正和公平。

摘　要

气候变化对人类、生态系统、公共卫生、基础设施和全球经济构成了严重、普遍和潜在不可逆转的威胁。如果不加以遏制，它可能会使近几十年来在发展、减贫和创造繁荣方面取得的许多进展付之东流。发展中国家，特别是小岛屿发展中国家和最不发达国家（LDC），可能遭受的损失最大，因为它们更容易受到气候风险和自然灾害的影响，而且适应气候变化的能力更有限。贸易在应对气候变化方面带来了许多发展和增长的机会，为了实现向低碳、包容和韧性未来的公正转型，我们需要采取重大的政策行动。

面对这一生存威胁，《世界贸易报告2022》探讨了国际贸易与气候变化之间的多方面关系。它着眼于国际贸易如何加剧气候变化，气候变化如何改变贸易模式和关系，以及贸易如何成为全球应对气候危机的重要推动力量。该报告阐述了由WTO推动的国际贸易合作的各种方式，可以支持《巴黎协定》和降低执行成本，并实现到21世纪中叶达到《格拉斯哥气候公约》所设定的温室气体（GHG）净零排放目标（IPCC，2022a）。该报告的核心信息很明确：贸易是改变全球经济，并推动地球走向可持续发展的关键要素。

气候变化是一个全球性的问题。市场不足以解决大气中GHG积累所带来的威胁，因为企业和消费者往往并不直接面对它们造成的排放成本。为了纠正这些市场失灵，需要精心制定减缓气候变化政策，以刺激行为改变，并增加对能源效率和气候友好型技术的投资。

雄心勃勃的GHG减排政策面临着各种各样的挑战，包括相互冲突的经济和发展优先事项、不同的能源战略和地缘政治竞争。新冠疫情后，脆弱的经济复苏、不断上升的通货膨胀压力、日益严峻的粮食安全挑战以及乌克兰危机进一步加剧了这一不确定性。虽然向低碳经济转型需要大量的短期投资和调整成本，但它将产生巨大的经济红利，并为更可持续和公平的发展创造广泛的机会。管理良好的低碳转型可以限制气候风险，促进生物多样性，改善粮食安全。对清洁能源的投资也有望改善空气质量、公共卫生和世界各地人民的生活质量。大胆的气候行动可在2018年至2030年间累计产生26万亿美元的经济收益（Garrido等，2019）。低碳转型不仅可以推动清洁能源和能源相关领域的发展，还能为数以百万计的人们创造新的就业机会。这种转型也有助于建立更加包容性的经济体系。值得注意的是，在可再生能源行业工作的女性比在化石燃料行业工作的女性要多（IRENA，2021）。

由于目前大气中GHG的积累，我们不可避免地面临着某种程度的气候变化。因此，我们需要制定适应战略，以使社区能够更好地应对海平面上升、更强烈的风暴以及由于降雨模式变化而引发的洪水和干旱等自然灾害。此外，野火也对农业生产率造成了重大影响。这些因气候变化产生的问题将对国际贸易产生深远的影响，应对这些问题需要采取适当措施来识别、预防和减少气候风险，以最大限度地减少不可避免的损失和损害（IPCC，2022b）。

报告明确指出，贸易与气候变化密切相关，必须加强和改善国际合作，以更有效地减缓和适应气候变化。

报告提出了三个要点：第一，虽然气候变化可能对贸易产生极大的负面影响，但贸易和贸易政策是适应气候变化战略的基本要素。第二，虽然贸易会产生GHG排放，但贸易和贸易政策可以推动向低碳经济转型。具体的方式是给予人们获取低碳技术的机会，并鼓励创新，传播最佳的做法，并帮助清洁能源投资以最低成本实现最大收益。第三，提高气候变化行动的雄心和有效性，需要在WTO内加强国际合作。

虽然气候变化可能对贸易产生极大的负面影响，但贸易和精心设计的贸易政策是适应气候变化战略的基本要素。

气候变化会造成生产率损失、供应短缺和运输中断，严重影响贸易。由于这些影响在不同地区会有所不同，一些经济体将处于不利地位。研究发现，LDC的农产品和轻工制造业的出口增长率受到气温上升的影响。当该国的气温上升1℃时，这些行业的出口增长率平均下降2%~5.7%（Jones和Olken，2010）。

极端天气事件的发生不仅会对关键的运输走廊和基础设施造成影响，还可能给全球贸易网络带来脆弱性。占世界贸易量80%的海运特别容易受到气候变化的影响，其他运输方式也会受到影响。小型经济体和内陆国家通过有限的港口和路线进行贸易，可能会因与气候相关的中断而遭受重大的贸易瓶颈。例如，巴拉圭90%的国际农产品贸易都由巴拉那河运输，但近年来，频繁的干旱导致水位下降，驳船的装载能力减少，造成拥堵和延误。

在全球价值链（GVC）高度集中的环境下，气候引起的破坏问题变得更加严重。这是因为在短期内，很难找到替代品来满足生产过程中所需的各种投入。例如，2011年泰国的洪水扰乱了全球电子和汽车行业，导致全球工业生产增长率下降约2.5个百分点（Kasman、Lupton和Hensley，2011）。气候引发的供应链风险常常因为企业评估气候风险和实施风险管理战略的能力有限而变得更加严重。

如果不大幅减少GHG排放，气候变化可能将改变各国的比较优势和贸易模式，改变自然资源的分配或者改变土地、劳动力、资本和其他生产要素用于生产产品和服务的效率。过度依赖产品和缺乏多样化将加剧我们对气候变化的脆弱性。为了应对这个问题，我们需要积极支持加快经济多样化的努力。

农业、旅游业和一些制造业特别容易受到气候变化的影响。农业是一个极易受到气温和降水变化影响的行业，这引发了人们对未来粮食安全的严重担忧。撒哈拉沙漠以南的非洲地区和南亚地区预计将比其他地区遭受更大的农业产量不利冲击；由于这些地区在农业就业中所占比例较高，它们可能面临更严重的劳动力市场动荡。气候变化可能会削弱长期受欢迎的旅游景点的吸引力，海平面上升和极端天气事件对旅游基础设施会造成永久性破坏。同时，制造业依赖于气候敏感投入（如食品加工）可能会受到原材料供应减少的影响。由于气温上升降低了工作能力，增加了事故和中暑的风险，劳动密集型生产也可能受到不利影响。

适应气候变化是可持续发展的当务之急。贸易在预防、减少和应对气候风险方面做出了重要贡献，但我们不能忽视其代价和破坏性。

贸易有助于推动适应气候变化的技术的开发和应用，如耐气候变化的作物品种、预警系统以及节水和储水系统。通过促进更高的经济增长，贸易可以产生额外的财政资源，投资于气候适应型基础设施等适应战略。贸易开放还能够让我们更广泛地获得有助于应对与气候冲击有关的服务，如天气预报、保险、电信、运输、物流和卫生服务。

获得进口的基本产品和服务，如食品和医疗用品，有助于极端天气事件后的经济复苏。促进建筑材料进口对于灾后重建具有重要意义。允许贸易在气候引发的冲击之后更快地恢复也可以支持经济复苏。即使没有出现极端天气事件，天气模式的长期变化仍有可能导致作物产量下降。为了缓解粮食不安全问题，贸易可以发挥重要作用。通过允许各地区进口粮食来填补需求缺口，可以保障人们的食品供应。总体而言，贸易越开放的国家，适应气候变化的能力往往越强（见图0-1）。

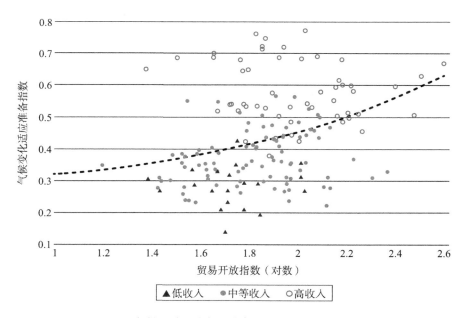

图0-1 贸易开放程度与适应气候变化能力之间的关系

资料来源：作者根据ND-GAIN气候准备指数和《世界发展指标》中的2020年贸易开放指数计算得出。

注：气候变化准备指数衡量一个国家利用投资并将其转化为适应气候变化行动的能力。贸易开放指数衡量一个国家进出口总额占该国GDP的百分比。

贸易在应对气候变化方面的作用强调，贸易政策必须成为适应气候变化战略的一个组成部分。2009—2020年，WTO成员通报的与适应气候变化有关的贸易措施虽然数量不多，但逐渐增加。这些措施主要以农业的支持为主，尽管在所有通报的与气候有关的贸易措施中所占比例不到4%（4629项贸易措施中有161项）。

然而，贸易和贸易政策并不是解决气候变化所带来的极具破坏性后果的万能药。解决加剧气候风险暴露度和脆弱性的因素和条件是至关重要的。此外，运转良好的市场，包括在基础设施、金融、粮食和劳动力领域的市场，对促进调整也很重要。

虽然贸易会产生GHG排放，但贸易和贸易政策可以成为低碳经济转型解决方案的一部分。

像大多数经济活动一样，贸易将排放GHG。2011年世界产品和服务出口所占的二氧化碳（CO_2）排放比例达到了最高点，据估计，2018年，这一比例约占全球碳排放的30%。这一比例表明，生产、贸易、消费与当前技术和生产过程所产生的排放之间存在密切关系。

贸易对GHG排放的影响复杂，既有积极影响，也有消极影响，远远超出了出口产品和服务在生产和运输过程中排放的GHG。贸易对碳排放的总体影响，除其他外，还取决于行业、国家，以及能源来源、生产方法和运输方式。

在积极影响方面，贸易对低排放商品、服务、资本密集型设备和技术的全球传播和应用起到了促进作用。它还通过提高效率、发展规模经济和实践总结来降低这些产品的成本。例如，自1990年以来，太阳能发电的成本已经下降97%。太阳能电池板系统成本下降主要归功于GVC，通过在不同国家设立不同的生产阶段，生产商可以降低生产成本并实现规模经济（WTO 和 IRENA，2021）。低碳出口的市场机会可以促进对新低碳技术进行更多的投资和创新，并鼓励努力使这些技术更好地适应当地条件。

此外，贸易开放可以通过将资源转移到生产率更高、更环保的企业来降低经济产出的碳强度，因为从事国际贸易的企业通常比纯粹的国内企业更具竞争力和能源效率。同时，全球贸易的融合也常常与较高收入相关联，这使得个人对环境质量有了更高的要求，并向政府施压，要求其采取更严格的气候法规，并为环境保护提供额外的财政支持。

可再生能源和电力的贸易有望解决可用太阳能和风能地理分布不均的问题，但这取决于关键技术突破，尤其是储能技术的发展。更多的发展中国家已经开始利用其丰富的可再生能源潜力。例如，摩洛哥拥有世界上最大的太阳能发电站，而埃及正在建设一个号称世界上最大的太阳能光伏发电园区。

在消极影响方面，贸易开放导致了产品的生产、运输、消费和处理的增加，从而进一步增加了 GHG 的排放量。以 GVC 为代表的生产碎片化涉及更多的运输，因此也会产生更多的排放。在缺乏相关政策的情况下，贸易可能会刺激森林砍伐而导致排放增加。

贸易开放的标准结果，即生产行业构成的变化也可能增加或减少 GHG 排放量，这取决于有关国家在碳密集型工业方面是否具有比较优势，而这又取决于资源禀赋、技术水平以及环境和能源政策等因素（WTO，2021a）。

随着对贸易相关的 GHG 排放的日益担忧，人们开始呼吁限制进口，以促进本地产品和服务的生产和消费。但是，如果各国都关闭边境，禁止贸易，那么之前进口的产品和服务所满足的需求将只能由国内生产来满足，并且相关的GHG排放也会随之增加。而如果我们放弃了更广泛的贸易收益，那么我们的生活水平也将会下降。

与其将低碳转型转移回国内，不如通过更清洁的贸易来更好地支持和加速低碳转型，这将涉及降低生产、运输和GVCs的碳强度，开发和应用气候友好型技术，促进气候友好型产品和服务贸易。国际运输的主要脱碳途径包括改用低碳燃料、提高车辆效率和逐步淘汰碳密集型车辆。

精心设计的贸易政策必须支持贸易在应用和传播减缓气候变化技术方面的作用。贸易和贸易政策是越来越多的国家计划的组成部分，这些国家计划根据《巴黎协定》的国家自主贡献实现碳减排目标。贸易政策与其他政策的配合，可以帮助各国实现多样化，减少对碳密集型行业的依赖，创造新的就业机会，并提高减缓气候变化的力度。2009—2020年，WTO成员通报了3460项与贸易有关的减缓气候变化措施，这些措施明确涉及减缓气候变化、节能增效，以及替代能源和可再生能源。支持措施和技术法规是已通报的与贸易相关的减缓气候变化的主要措施（见图0-2）。

尽管开放环境行业贸易有其好处，但环境产品和服务的贸易壁垒仍然很多。此外，碳密集型行业的关税和非关税壁垒往往低于清洁行业（Shapiro，2021）。

消除环境产品贸易壁垒有助于解决气候变化问题。WTO模拟分析表明，到2030年，取消对某些与能源有关的环境产品和环境友好型产品的关税，并减少非关税措施，可分别使这些产品的全球出口增加1090亿美元（5%）和103亿美元（14%）。由此带来的能源效率和可再生能源采用的改善，预计将减少0.6%的净碳排放。而加速传播环境创新产生的连锁效应将带来更大影响，包括增加与环境技术的销售、交付、安装和维护相关的辅助服务需求。

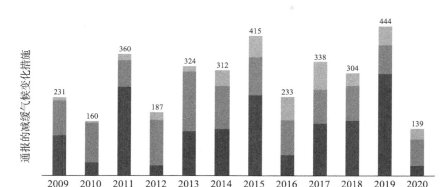

图 0-2　支持措施和技术法规是与贸易相关的减缓气候变化的主要措施

资料来源：作者根据 WTO 环境数据库计算得出。
注：技术法规类别包括合格评定程序。一项通报措施可涵盖多种类型的政策。

　　尽管如此，要充分利用可再生能源和其他环境产品和服务的国际贸易潜力，还需要雄心勃勃的气候政策和行动，以升级发电、输电和配电基础设施，并建设运作良好的高质量基础设施。

**　　提高气候变化行动的雄心和有效性需要加强国际合作。**

　　应对气候变化需要全球各方面的合作，而 WTO 和其他组织的国际合作是这些努力中不可或缺的一部分。

　　自下而上的国际气候制度，由各国决定贡献和减缓行动，鼓励广泛参与，并强调气候行动的紧迫性。但这也导致了各管辖区在应对气候变化方面存在很大差异。与此同时，碳泄漏和竞争力丧失的风险也随之而来，尤其是在碳密集且贸易敞口大的行业。这些风险已经促使一些国家考虑采取碳边境调节措施。然而，与贸易相关的气候政策不协调，可能会引发贸易紧张局势，并加剧市场的不确定性，从而阻碍急需的低碳投资。为了避免这样的结果，需要利用WTO和其他组织的每一个机会，在气候变化政策的贸易相关方面加强合作。

在区域层面，数量有限但越来越多的贸易协定，即349项已通报的区域贸易协定中的64项，明确包含与气候变化相关的条款。其中一些区域贸易协定（RTA）要求缔约方有效执行《巴黎协定》，并采取气候变化政策，包括碳定价；而其他一些RTA则取消了对气候友好型产品、服务和技术的一些贸易和投资壁垒。

在全球层面，如上所述，多边贸易体制所支持的开放和可预测的国际市场已经为获得环境技术、粮食和其他关键供应提供了便利。WTO成员在贸易与环境委员会等WTO各机构中通报了与气候相关的措施，并讨论了可能存在的关注点以及潜在的环境原理。这些讨论也是交流国家经验和做法的场所。

《WTO协定》明确承认各成员有权采取措施保护环境，只要这些措施的实施不是武断的，也不超过实现有关目标所必需的限制程度。气候目标，而不是保护国内生产者，必须成为制定和执行与贸易有关的气候政策的核心理由。与贸易有关的气候政策对其他国家气候努力的影响也应考虑得到。WTO规则所规定的保护和执行知识产权，对于推动环境技术创新以及促进技术转让也至关重要。

但是WTO成员可以做更多工作，以增强贸易和贸易政策对实现气候目标的贡献。

第一，随着各国采取的与贸易相关的气候措施越来越多，有充分的理由加强WTO作为协调和对话平台的作用，并确定在贸易和气候变化方面采取潜在行动。委员会进程可用于确定透明度、知识差距、协调机会、发展中国家的能力需求和观点，以及包括可能的谈判在内的进一步工作的领域。在2022年6月举行的第12届部长级会议上，WTO成员达成了一项协定，禁止某些类型的渔业补贴。继续就《全面的渔业补贴协定》补充条款开展工作，这将进一步促进海洋资源和生物多样性的可持续管理。

第二，成员们已经开始追求新一代可持续发展倡议，其目的是将贸易作为一种手段，帮助实现全球公共产品，而非仅仅纠正特定的贸易扭曲。这些倡议包括贸易与环境可持续结构化讨论（TESSD）、塑料污染和环境可持续塑料贸易非正式对话（IDP），以及化石燃料补贴改革倡议（FFSR）。

其中一些讨论侧重于贸易谈判的传统问题，即关税和非关税政策。例如，消除对环境产品和服务的贸易壁垒将降低成本，扩大市场，并促进气候友好技术的应用。在低碳标准方面追求更大的一致性将降低合规成本，并且促进规模扩大和投资增加。

其他倡议则侧重于产生新的知识，这能够改进政府将贸易纳入其环境和气候变化战略的努力并提供信息。这可能涉及更好地理解补贴或与循环经济相关的贸易联系对环境的有害影响。在支持对低碳技术的激励与尽量减少对贸易伙伴的负面溢出效应之间找到平衡，也将为低碳投资和消费提供更可预测和可信的市场信号。关于塑料的对话是为了寻求有关塑料贸易流的知识，以支持在联合国环境规划署主持下的国际塑料条约谈判。

第三，WTO成员可以在供给侧因素上下功夫，以提高其供应链的气候韧性。深化和多样化供应和运输网络，不仅可以减少自新冠疫情开始以来各种供应链中断的脆弱性，还能增强应对局部气候事件的韧性。加强信息共享和监测将有助于所有成员的粮食和能源安全，同时帮助它们管理与供应链瓶颈有关的风险。农业市场信息系统就是一个在实践中发挥作用的范例，它是包括WTO等国际机构在内的一个平台，跟踪主要农产品的供应情况，并在需要时提供一个论坛，以协调应对政策，防止市场瘫痪。在第12届部长级会议上，WTO成员承诺将应对全球粮食安全挑战，对世界粮食计划署出于人道主义目的购买的粮食免除出口限制，并承诺促进粮食、化肥和其他农业投入的贸易。执行这些决定有助于管理危机期间粮食价格飙升的连锁反应，从而提高粮食安全。

第四，提升对气候相关风险和投资机会的理解和管理能力，有助于改善气候融资与贸易援助之间的协同效应。向发展中国家提供的气候融资仍然没有达到2020年1000亿美元的目标（OECD，2022a），也没有实现《巴黎协定》规定的适应和减缓气候变化融资之间的平衡（UNEP，2021a，2021b）。然而，由WTO和其他组织支持的贸易援助倡议，可以帮助发展中国家，特别是LDC，建立气候适应型贸易能力和基础设施，并支持贸易政策以促进低碳转型。2013—2020年，与气候行动有关的贸易援助支出总额为960亿美元，其中用于减缓气候变化的支出比例较大（见图0-3）。

最后，加强WTO与国际和区域组织在气候风险预防、气候灾害救援、运输脱碳和气候融资等领域的现有合作，对推进气候变化贸易合作具有重要意义。过去几年来，WTO成员已经开始处理其中的一些问题。然而，气候危机的规模和紧迫性迫使我们必须加大努力，以支持更加包容和公正的低碳经济转型，并建设更具韧性的未来。

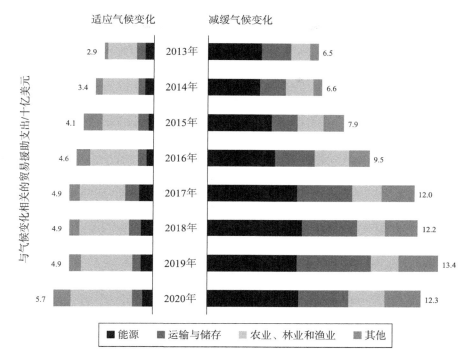

图 0-3　与气候变化相关的贸易援助支出在过去 10 年中有所增加

资料来源：作者根据经济合作与发展组织 DAC-CRS（发展援助委员会债权人报告系统）援助活动数据库计算得出。

注：只有明确以适应或减缓气候变化为目标的项目，以及将气候变化确定为重要次级目标的项目，才被视为与气候变化相关的官方发展援助。项目可以是跨领域的，既有适应目标，也有缓解目标。

第一章 引 言

应对气候变化需要全球经济转型。尽管限制消费和改变生活方式会有所帮助，但如果不在全球范围内进行技术和结构变革，就不能将温室气体排放减少到净零。这种转变会涉及成本，但也会带来机遇——不仅是为了避免环境灾难，而且是为了重塑世界生产能源、制造产品和种植粮食的方式。正如过去贸易通过激励创新、利用比较优势、扩大资源和技术获取的机会，帮助推动经济发展一样，贸易也可以在推动向低碳经济转型中发挥核心作用。但是，利用贸易潜力需要新的政策和更多的合作。

第一节 下一次大变革

矛盾的是，经济发展既是气候危机的原因，也是解决方案。为了阻止危险的气候变化，《巴黎协定》旨在将21世纪全球变暖控制在1.5℃以内。这意味着，到2030年，温室气体（GHG）排放量需要减少约50%，到2050年，达到净零排放。[1]为实现该目标，现代经济体最现实的方式是通过进一步推动现代化，利用人类的创新、创造力和企业家精神来推进低碳技术，并更加可持续地利用地球资源。这种方式既不会降低富裕国家的生活水平，也不会阻碍贫穷国家的发展。

在过去的两个半世纪里，由化石燃料驱动的自动化、运输和工业化发生了巨大进步，推动了全球经济的指数级增长，从而提高了生活水平，增加了人员流动性，改善了快速增长的全球人口的物质福利。从重要性来看，工业革命也是一场能源革命（Wrigley，2010）。从蒸汽机的发明开始，人类通过探索如何将化石燃料转化为机械能，开启了看似无限的能源供应，为同样看似无限的经济增长和发展提供动力。

但是，不断扩大的经济增长向大气中释放了越来越多的GHG——来自发电、运输、工业、农业和森林砍伐，这种情况进一步加剧了地球变暖，并对气候和环境产生了负面的连锁效应。全球近四分之三的GHG排放来自能源消耗；另外，18.4%来自农业、林业和土地使用；5.2%来自工业加工；3.2%来自废物（Ritchie、Roser和Rosado，2020）。只要世界仍然依赖高碳技术，经济生产的增加几乎不可避免地会导致GHG排放的增加。

然而，尽管技术和经济进步"助燃"了气候危机，但它们对于缓解和克服气候危机也是不可或缺的。用太阳能、风能和地热能等可再生能源取代化石燃料，对于避免和减少GHG排放至关重要，对运输、钢铁生产、水泥制造和农业的脱碳，以及减少经济生态系统的浪费和提高整体资源的利用效率也至关重要。

为了应对气候变化带来的不利影响，还需要采取技术解决方案，从开发抗旱作物和建立有韧性的水源供应，到建设防洪设施、改善天气预报和建立预警系统（UNFCCC，2016a）。

鉴于许多低碳技术已经存在，从太阳能电池板和电动汽车到垂直农场和电弧炉，挑战在于如何扩大这些技术的研发和利用规模。一项有影响力的研究认为，三分之二的经济体，包括美国、欧盟和中国等主要排放国，可以通过广泛应用现有的风能、水能和太阳能技术来实现电气化，到2030年将GHG排放量减少80%，到2050年达到碳中和（Jacobson等，2017）。

更前沿的技术也在快速发展，如绿氢或空气中直接进行碳捕集与封存。此外，还有无数的"软"气候技术，比如，数据处理、信息共享、培训和教育，这些技术更容易被采用，而且对于经济转向低碳替代品同样至关重要。

同样重要的是，不仅要关注需要什么技术，还要关注如何使用这些技术。人们早就认识到，只有使用新技术，我们才能学会如何优化和开发其全部潜力（Arrow，1962）。这种"边做边学"的动态实践需要时间（David，2002）。就像发电机的发明花了几十年的时间才转化为大规模电气化一样，太阳能或碳农业的全部潜力可能需要几年的时间才能实现。因此，即使初始投资成本很高，当前扩大新的清洁低碳技术规模仍然具有重要意义。通过早期的产能扩大，可以激励更多的人使用清洁低碳技术，并不断提高其性能，降低价格，这将最终使可再生能源技术变得更具吸引力和竞争力。

实现一项创新的潜力往往还取决于将其与另一项创新相结合（Harford，2017）。就像在20世纪80年代中后期，互联网的爆炸式发展依赖于卫星和光纤通信的平行创新一样，电动汽车受益于其他技术突破，这些突破包括廉价锂电池的大规模生产、电动汽车充电网络的推出以及更容易获得的可再生能源。如今，电动汽车正准备引发一场清洁能源运输革命。

相反，缺乏协同技术会显著减缓或阻碍经济发展。

例如，一些低碳能源技术（如太阳能和风能）的间歇性带来了长期的、大规模的能源储存的挑战。然而，在应对这一挑战时缺乏负担得起的、有效的技术解决方案，这是可再生能源中一个重要的缺失环节。如果可再生能源要成为全球化石燃料的可靠替代品，就迫切需要"发现"。

这种技术相互作用、相互促进和相互加强的创新的积极过程不仅发生在企业层面，而且发生在全球层面。事实上，将太阳能转化为电能的光伏（PV）电池价格越来越便宜，越来越容易获得，这是几大洲相互支持和不断创新的结果，包括美国在20世纪60年代和70年代对光伏电池研发（R&D）的投资，欧洲在20世纪90年代和21世纪初推出的加快安装国内太阳能电池板的政策，以及中国在2011年后规模化生产太阳能电池板（IEA，2022a）。

技术合作、竞争和互补不仅能促进创新，还鼓励必要的技术传播。许多发展中国家拥有丰富的可再生能源潜力，利用低碳技术和基础设施可以释放这些潜力（IRENA，2022）。这已经成为现实。在人均安装太阳能电池板的数量上，肯尼亚已经处于世界领先地位，而尼泊尔90%的电力来自水力发电。当地产生的可再生能源使发展中国家和最不发达国家能够绕过化石燃料能源传输和分配所涉及的许多物流困难和高成本，从而实现能源的自给自足。发展中国家仍有7.59亿人无法用电，为他们提供清洁能源不仅能刺激经济增长、创造就业机会和减少贫困，还能显著改善医疗、教育和互联网等基本服务条件。

向低碳农业的转变——特别是注重间作、轮作、农林业和改善水资源管理的气候智能型农业技术——可以在提高生产率、增强韧性、减少森林砍伐与减少对化肥和燃料的依赖方面给发展中国家的农民带来类似的好处（Brakarz，2020）。简而言之，低碳技术的传播可以为较贫穷国家提供限制GHG排放和加速其发展所需的基本工具。

实现向低碳经济的共享和公正转型不仅是正确的事情，也符合每个人的利益。如果只有富裕经济体能够获得低碳技术，而贫穷经济体不得不继续依赖化石燃料发电厂和内燃机，那么气候变化就不会停止。由于每个人都受到气候变化的影响，因此确保尽可能广泛地获得减排的技术工具和资源，对每个人都有好处。

富裕经济体也可以以更直接的方式从贫穷经济体的技术发展中受益。南北技术合作的一个突出例子是一项雄心勃勃的计划，即通过一条长达3800千米的水下电缆（世界上最长的此类电缆），将摩洛哥太阳能和风力发电场的电力输送至英国消费者。XLinks摩洛哥—英国电力项目有望于2030年完工，届时将为700多万个英国家庭提供低成本、清洁的电力，占英国当前电力需求的8%（Hook，2021）。

事实上，向低碳经济转型将为发达国家和发展中国家创造巨大的投资、就业和增长机会，而不仅仅是降低成本。例如，全球对低碳能源转型的投资在2021年已经达到1.3万亿美元，比2017年的6550亿美元增长了近一倍，这些投资覆盖了发电、储能、电动汽车、可持续材料、电力效率和碳捕获多个领域（IEA，202b）。为了到2050年将GHG排放减少到净零，未来30年可再生能源的累计投资需要达到131万亿美元（Mckinsey & Company，2022）。

同样，随着钢铁、水泥、农业、林业和废物管理行业转向低碳技术工艺，大量的投资机会正在向这些行业开放。建设低碳工业和基础设施不仅需要新的投资和设备，还需要新的工人和技能。例如，到2030年，向清洁能源转型可以在全球清洁能源领域创造1400万个新工作岗位，在能源相关领域创造1600万个新工作岗位（IEA，2021）。总之，向低碳经济转型需要构建新经济。

好消息是，低碳技术正在发展，而且发展速度比许多人预期的要快（Naam，2020）。[2] 例如，2021年，可再生能源约占全球一级能源的11%，占发电量的30%（IEA，2022b）。尽管存在供应链瓶颈、原材料价格上涨和地缘政治紧张局势加剧等困难，但国际能源署（IEA）预计，到2026年，可再生能源将占全球新增发电量的近95%，其中仅太阳能就将提供一半以上的新增发电量。IEA预计，2021年至2026年可再生能源新增产能将比2015年至2020年高出50%，即使是这些乐观的预测，也可能低估了转型的速度和规模。

坏消息是，尽管全球可再生能源产能正在迅速增长，但全球总体能源需求的增长速度几乎与此相当，因此化石燃料消费仍持续上升（见图1-1）。全球近80%的能源仍是通过燃烧化石燃料产生的，特别是石油、煤炭和天然气，部分原因是可再生能源的供应需要扩大，部分原因是化石燃料消费仍然具有强烈的路径依赖，比如技术、基础设施、机制和行为方面的锁定。2021年，全球与能源相关的碳排放量增加了6%，达到363亿吨，这是有史以来的最高水平，比1990年增加了65%（IEA，2022c）。IEA估计，如果全球经济要在21世纪中叶实现净零排放，那么未来10年可再生能源产能的增长速度需要翻一番。

其他行业也面临着加速向低碳技术和实践转变的挑战。与发电或运输相比，农业面临的挑战尤其艰巨，减排技术虚无缥缈，农业更分散，需要改变20多亿人的耕作方式和数十亿人的饮食方式（McKinsey & Company，2020）。与此同时，由于农业对气候变化的独特脆弱性（包括极端天气事件、频繁干旱、入侵物种和害虫），以及全球人口对粮食需求的不断增长，这一挑战更加严峻。

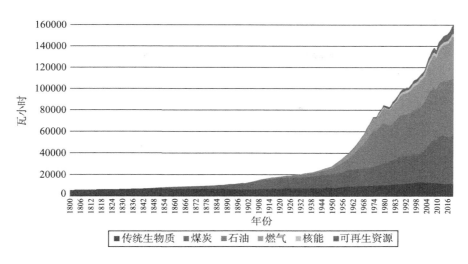

图1-1 化石燃料仍然是主要的能源来源

资料来源：作者根据思密尔（2017）和《BP世界能源统计年鉴》（2017）所做的计算。

第二节　贸易的变革力量

在低碳经济转型过程中，贸易将扮演何种角色？过去，贸易一直是气候问题的一部分。运输排放（航运、空运、卡车运输和铁路运输）的增加直接导致了气候变化，并且贸易也间接助推了碳密集型产品的增长，进一步加剧了气候变化的问题。然而，在未来，通过正确的政策引导，贸易可以成为解决方案的一个主要部分。

贸易可以增加各国获取低排放商品、服务和资本密集型设备的机会，并有助于传播关键技术和专门知识。贸易可以通过鼓励提高效率、发展规模经济和"边干边学"来降低环境产品成本。也许最重要的是，贸易可以为低碳出口和投资创造新的市场机会，激励企业家和行业竞争利用好这些机会，从而刺激创新。

如果低碳生产能够在价格和性能上超过高碳生产，这意味着环境成本已经通过税收和其他政策内化到高碳生产中，或者是因为技术进步使得低碳替代品质优价廉。这样一来，市场力量将会越来越多地推动向低碳经济转型，并且进步的速度也会加快。

这已经发生了。科学进步、更高效的生产过程和日益增长的全球需求，都离不开开放世界贸易的支持，推动了可再生能源价格的大幅下降和产品性能的提升（见图1-2）。例如，自2010年以来，太阳能发电的价格下降近90%，而太阳能电池板的效率自1980年以来翻了一番。仅2021年一年，陆上风力发电的成本就下降了15%，海上风力发电的成本下降了13%。自1990年以来，锂离子电池的价格暴跌了97%，而其能量密度在短短10年内几乎增长两倍。

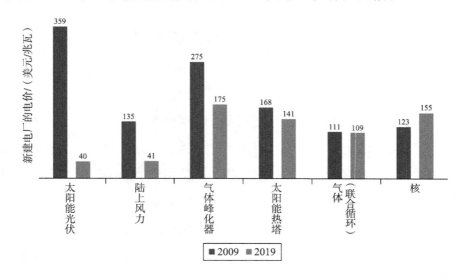

图1-2 可再生能源的价格大幅下跌

资料来源：作者的估算基于拉扎德储能平准化能源成本分析（2019）。

即使是更具挑战性的行业，如钢铁生产，1975—2015年，由于技术进步以及从传统高炉转向电弧炉，能源使用量减少了一半，并且这个趋势还在持续下去（IEA，2020）。由于这些显著的价格下降和性能改进，低碳技术正变得更具经济竞争力，而不仅仅是更具环境可持续性的替代品。例如，世界上近三分之二的新建风能和太阳能发电厂都能够以比世界上最便宜的新建燃煤电厂更便宜的价格发电（IEA，2022a；WTO和IRENA，2021）。

这一变化的根本驱动因素是技术和生产的改进，而技术和生产的改进又受到强大的"边干边学"效应的推动。例如，随着世界在生产、安装和使用太阳能电池板方面做得越来越好，价格下降了，技术也得到了改进。据估计，太阳能电池板的安装数量每增加一倍，其价格就会再下降30%~40%（Naam，2020）。通过帮助为太阳能和其他清洁技术创造一个有竞争力、有活力和一体化的全球市场，贸易在支撑和加速这一进程方面发挥着核心作用。值得注意的是，2010—2020年，太阳能电池板出口增加，其价格急剧下跌（见图1-3）。

然而，贸易及贸易政策可强化公正的低碳转型。一个积极的步骤是减少对气候友好型产品、服务和技术的贸易扭曲措施，并加强供应链。开放一系列低碳产品和服务的贸易将扩大全球准入，促进竞争并降低价格，使经济体容易以更低成本向低碳能源、流动性和生产替代品过渡，从而减少总体排放量。相反，提高进口关键环境技术的难度，例如，提高关税或施加限制，只会减缓和阻碍从高碳经济向低碳经济的转型。

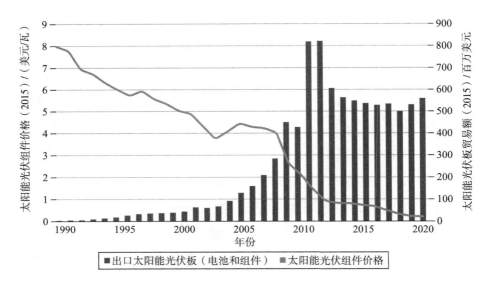

图1-3 太阳能电池板出口增加，但价格下跌

资料来源： 作者的计算基于卡夫拉克、麦克纳尼和特兰西克（2018）的太阳能光伏组件成本数据，以及彭博终端和联合国商品贸易统计数据库的贸易数据。

注： 上述贸易数据涵盖的《协调制度》（HS）编码为85414.03，该编码不区分太阳能光伏电池和组件以及发光二极管等其他产品。

　　另一个关键问题是贸易和环境补贴，以及其他支持措施之间的关系。越来越多的国家利用补贴来鼓励生产者研发、采用和部署低碳技术，或鼓励消费者购买环境可持续的产品和服务。如果环境补贴具有明确的针对性和非歧视性，就可以在推广新技术和使更多人负担得起气候友好型产品方面发挥积极作用。政府鼓励房屋隔热、安装太阳能电池板或购买电动汽车的例子越来越多。

　　但补贴也可以用来支持碳密集型生产和消费，使气候危机更加严重。就化石燃料补贴而言，2021年补贴总额达4400亿美元（IEA，2022d），许多政府发现自己处于两难之中，一方面鼓励石油、天然气和煤炭行业发展，另一方面又通过征收碳税和制定相关法规阻碍这些行业的发展。此外，补贴会扭曲市场或不公平地促进出口，从而对其他贸易伙伴产生负面影响。我们面临的挑战是在国家和全球范围内环境支持措施的积极溢出效应最大化和负面溢出效应最小化之间找到最佳平衡。

最具挑战性的问题之一是贸易与碳定价之间的关系。环境补贴和碳定价本质上是同一枚硬币的两面。前者使环保产品更便宜，而后者则使对环境有害的产品更昂贵，这都是为了说服企业和消费者转向低碳替代品。

理想的情况是，就碳定价达成一项全球协议。相反，全球46个国家的司法管辖区采用了近70项单独的碳定价举措，这可能会造成不同体系、税率、覆盖产品和认证程序的"大杂烩"。因此，征收高碳税的国家担心其产业将转移到低碳税或无碳税的国家，即"碳泄漏"担忧。相反，没有征收碳税的国家担心其出口将被不公平地排除在征收碳税的国家之外，即"隐性保护主义"担忧。尽管WTO规则，特别是那些涉及国民待遇的规则，允许在边境进行税收调整，但事实证明，调整碳税比调整酒精税要复杂得多。挑战在于找到一种政策组合，在抑制碳排放的需要与鼓励贸易以支持低碳转型的需要之间取得平衡。

可以说，贸易推动全球经济向低碳公正转型的最重要方式，是帮助扩大、扩散和分享技术进步。当今世界经济是一个日益相互依存的体系，气候变化是其有史以来面临的最具挑战性的集体行动问题。如果较贫穷的国家缺乏技术和财政资源，期望其采取与先进国家相同的措施来遏制碳排放，这是不现实的，更不用说不公平了。事实上，《巴黎协定》提出的"共同但有区别的责任"核心理念明确承认了这一点。发达国家在帮助发展中国家研发、推广和维护低碳技术方面有着直接利益，因为没有一个国家能够独自解决气候危机。贸易合作是推动全球转型的关键，贸易分裂必然会使其倒退。

第三节　报告概述

《世界贸易报告2022》着眼于气候变化与贸易之间的关系，探讨了贸易为何是应对气候变化解决方案中不可或缺的一部分，并讨论了需要改进政策的领域。该报告的一个核心信息是，解决气候危机取决于全球经济的深远变革，而贸易对于推动必要的技术和经济转型以实现低碳未来至关重要。

另一个核心信息是，这一前所未有的全球转变将需要前所未有的国际合作，除了实现成本和收益更平均、更公平地分担公正转型之外，别无选择。在《联合国气候变化框架公约》（UNFCCC）通过30年的时点，本报告强调了环境可持续性和经济发展的目标不仅是兼容的，而且是不可分割和相互依存的。

尽管贸易和气候变化问题并不新鲜，但两者关系复杂多面，演变迅速。部分原因在于，这种关系不仅涉及贸易与气候变化之间的相互作用，还包括贸易政策与气候政策之间的关联（见图1-4）。它们的相互作用发生在几个方面，其直接和间接机制部分由地理位置、体制、社会经济和技术决定。气候变化的全球性进一步放大了这种复杂性（WTO 和 UNEP，2009）。

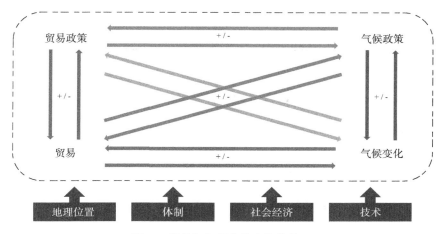

图1-4 贸易与气候变化之间的关系

资料来源：作者的阐述。

报告的第二章以适应气候变化的后果为开头。虽然减少GHG排放，将全球气温上升控制在远低于2℃，甚至最好低于1.5℃是限制气候变化后果的关键，但过去的GHG排放已经并将继续导致全球气温和海平面上升，并增加了极端天气事件。这些气候变化所带来的许多后果已经难以逆转。因此，适应气候变化及其连锁影响是可持续发展的当务之急。第二章探讨了气候变化的地球物理效应将如何影响国际贸易，并确定了这些变化对贸易成本、供应链和最脆弱的地区及行业的影响。它讨论了贸易和贸易政策如何帮助制定适应气候变化战略，并概述了国际合作，特别是WTO如何帮助各成员，特别是发展中成员和最不发达国家适应气候变化的一些破坏性后果。

通过减少GHG排放来缓解气候变化至关重要，但这需要向低碳经济大规模转型。第三章考察了雄心勃勃的减缓气候变化政策和运行良好的金融市场在支持并加快向低碳经济转型方面的作用。它讨论了向低碳经济转型如何改变贸易模式并提供新的发展机会，以及一些经济体的某些初始劣势。这些变化需要加强国际合作，而WTO可以在支持减缓气候变化努力方面发挥重要作用。

在减缓气候变化的众多政策中，碳定价引起了越来越多的关注，它通过为碳排放设定价格，既能减少排放量，又能促进低碳替代能源的投资。第四章探讨了碳定价在减少GHG排放中的作用，以及碳定价、贸易和贸易政策之间的关系。讨论了制订解决方案的必要性，以解决当前不协调的碳定价政策，该政策可能导致全球贸易体系紧张，并且也凸显了国际合作在实现全球碳定价方法趋同方面的重要性。

虽然国际贸易将生产和消费分隔开来，但一个国家生产产品和提供服务所产生的排放量不一定与其消费所需的排放量相同。第五章分析了如何核算国际贸易产生的排放量，并考察了贸易如何既助长GHG排放，又传播了使生产过程更清洁所需的技术和专门知识。这一章回顾了加强国际合作的必要性，以建立充分的碳测量和核查，提高运输中的碳效率，并确保全球价值链的环境可持续性。

发展和推广气候友好型技术，包括可再生能源和节能技术，是应对气候变化的关键。第六章讨论了环境产品和服务贸易如何使环境技术的获取、应用和推广成为可能，这些技术有助于减少碳排放，并开发出人们和贸易能够适应气候变化的方式。尽管《WTO协定》确保环境技术贸易尽可能流畅和可预测地流动，但WTO可以在促进环境产品和服务贸易方面做出更大的贡献。

注释：

1."净零"是指将温室气体（GHG）减少到尽可能接近零，以便产生的任何GHG都可以从大气中吸收。GHG是大气中的气体，如水蒸气、二氧化碳（CO_2）、甲烷（CH_4）和一氧化二氮（N_2O），它们可以吸收红外辐射，在大气中捕获热量。温室效应意味着由于人类活动而排放的GHG导致全球变暖。根据《联合国气候变化框架公约》（UNFCCC），通用报告形式的气体种类包括：化石燃料燃烧和工业过程产生的CO_2（CO_2-FFI）；土地利用、土地利用变化和林业产生的CO_2净排放（CO_2-LULUCF）；甲烷（CH_4）；氧化亚氮（N_2O）；以及含氟气体（F-gases），包括氢氟碳化物（HFCs）、全氟碳化物（PFCs）、六氟化硫（SF_6）和三氟化氮（NF_3）（IPCC，2022A）。虽然二氧化碳是人类活动排放的主要GHG，但甲烷因其更强的吸热能力而成为新兴的GHG。

2.有人指出，自2000年以来，经济主管部门大大低估了可再生能源的快速扩张和每年的下降成本（Beinhocker、Farmer 和Hepburn，2021）。

第二章　贸易在适应气候变化中的作用

虽然减少温室气体的排放对于控制气候变化的后果至关重要，但气候变化已经给环境、人类和全球经济带来了巨大的影响。本章探讨了气候变化对贸易的影响，并讨论了贸易、贸易政策和国际合作在支持适应气候变化战略方面可以发挥的作用。气候变化增加了贸易成本，扰乱了生产和供应链。然而，贸易、贸易政策与国际合作相结合，可以通过增强经济韧性来减少气候变化的一些负面影响，包括对粮食安全的负面影响。

关键事实和调查结果

气候变化可通过影响贸易成本、改变比较优势及破坏全球价值链来影响贸易。研究发现，气温升高1℃将使发展中国家出口的年增长率降低2.0～5.7个百分点。

适应气候变化的措施包括采取行动减少气候变化的负面影响，也包括利用潜在的新机遇。

贸易可支持适应气候变化战略，如预防、减少和防范气候风险，以及从气候灾害中恢复经济。在气候灾害引起的供货方中断期间，贸易还有助于加强粮食安全。

尽管适应气候变化措施多由本国主导，但国际合作对于增强国际贸易抵御气候变化冲击的能力，以及提高经济体适应气候变化的能力至关重要。

第一节 导 言

气候变化的后果，包括全球变暖、海平面上升和极端天气事件（EWE），已经真正地影响到了世界各地的生活、生计和生态系统。未来，全球气温将持续上升，海平面上升速度也将加快，EWE以及其他短期和长期的气候灾害更加频繁和强烈（IPCC，2021）。虽然减少温室气体（GHG）排放对于减缓和限制气候变化的最严重后果至关重要，但寻找适应气候变化及其当前和未来后果的方法是可持续发展的当务之急。

本章讨论了气候变化如何通过生产率变化、供应链中断、贸易成本变化和比较优势变化影响国际贸易。然后，回顾了贸易和贸易政策如何支持适应气候变化战略。本章最后审视了国际合作，特别是WTO在帮助适应气候变化方面的作用。

第二节 适应气候变化为何重要

气候变化不仅是一个环境问题，也是一个影响人类和经济的系统性风险问题。它对贸易的影响已经显现。全球变暖降低了资本和劳动生产率，EWE会破坏交通基础设施。如果不能适应和减缓气候变化，相关影响将在未来继续扩大，增加贸易成本和改变比较优势。

一、气候变化对人类和经济造成严重影响

气候变化几乎影响到人类生活的方方面面。2030—2050年，仅

因营养不良、疟疾、腹泻和热应激，气候变化每年可能导致25万人额外死亡（WHO，2018）。它还可能产生严重的社会和政治影响，包括家庭或社区暴力。例如，人们由于海平面上升或干旱而被迫从一个地区迁徙到另一个地区，特别是在产权意识薄弱的国家（见专栏2-1）（Burke、Hsiang和Miguel，2014）。

专栏2-1　气候变化对萨赫勒地区安全的影响

萨赫勒是一个半干旱的过渡地带，北部是撒哈拉沙漠，南部是热带非洲。农业和畜牧业仍然是该地区的主要经济支柱。由于气候变化，该地区的粮食、水和能源供应以及最终的安全都面临风险（Rose，2015）。

连续多年的降雨不足和频繁的干旱迫使牧民迁移到更潮湿的地区（Brottem，2016；Nyong，2007）。牧民迁移到已定居农民的土地上，可能导致土地使用和其他资源的冲突（Nyong，2007）。冲突往往定期发生，特别是在水资源和饲料方面，以及在农业生产率水平较低的地区（Nyong、Fiki和McLeman，2006）。

气候变化将导致每年的旱季延长，同一块土地在同一时期不仅用于种植成熟作物，还要用于放牧牛群，这种情况将进一步加剧问题，并增加冲突的风险。研究发现，在萨赫勒地区，气温每升高1℃，农民和牧民发生冲突的概率就会增加54%；而在农民和牧民不必争夺有限的土地和水资源的地方，发生冲突的概率只会增加17%（Eberle、Rohner和Thoening，2020）。这种冲突限制了当地社区适应气候变化的能力，可能造成"气候冲突陷阱"（Granguillhome等，2021）。

气候变化引发的不稳定也会影响贸易，包括小规模跨境贸易。冲突破坏了粮食供应和农场的生产能力，最终阻碍了整个农业价值链的投资（Kimenyi等，2014）。农业市场的这种不稳定往往转化为粮食价格上涨，对最贫困家庭的影响尤为严重。在此背景下，风险管理战略，包括抗气候农业投资、作物多样化、保险和安全网，可以帮助农民适应气候变化，同时降低冲突风险。

气候变化对全球经济构成严重威胁。OECD的预测显示，与不发生气候变化损害的假设参考情景对比，到2060年，全球气温比工业化前水平上升1.6℃~3.6℃，这种变化可能导致全球每年的GDP损失在1%~3.3%之间（Dellink、Lanzi和Chateau，2019）。尽管在全球范围内预测的GDP损失范围在文献中大概一致，[1]但由于气候变化将如何发展以及经济将如何适应的不确定性，这种预测必然是推测性的。预测也因建模和校准方法的不同而有所不同。各区域的预测也有相当大的差别。例如，在中东和北非、南亚和东南亚以及撒哈拉以南非洲等高度暴露、易受天气相关灾害影响、抵御损失能力较低的地区，GDP损失将更高（Dellink、Hwang等，2017）。最弱势群体，特别是发展中国家和小岛屿发展中国家（SIDS）的弱势群体，由于其暴露程度较高和适应气候变化的能力较弱，很可能承受不成比例的负担。

二、气候变化对贸易的影响在不同区域和行业之间存在差异

无论是从温度和海平面上升、降水状况等逐渐恶化的角度，还是从EWE频率和强度增加的角度来看，气候变化都可能严重影响贸易。短期来看，EWE造成的损害将降低生产率，增加贸易成本，扰乱供应链。长期来看，气候变化可通过影响要素禀赋和比较优势来影响贸易。正如达娜厄·基里亚科普洛在其观点文章中所讨论的

那样，对气候变化不采取行动的风险对贸易产生了深远的影响。

1.气候变化将改变比较优势的格局，使一些经济体处于劣势

耕地、水、资本和劳动力的可获得性和生产率正受到气候变化的影响，而且这种影响在不同地区有所差异。随着高温、干旱、洪水以及降雨频率和强度的增加，一些地区的土地质量正在逐渐退化，同时也导致农作物产量下降（Sleeter等，2018）。气温和海平面上升以及冰川融化正在改变水文循环（地面和大气之间的水循环），导致水土流失。与此同时，在水流量低的地区，地下水正在减少。总体而言，未来的水资源分布将变得更加不均匀（Lall等，2018；World Bank，2016）。

人类暴露在温度高的环境中，会降低体力劳动和脑力劳动的能力，增加事故、中暑或中风的风险，从而降低劳动生产率（Kjellstrom、Holmer和Lemke，2009；Somanathan等，2021；UNDP，2016）。经验证据表明，气温在25℃以上，每升高1℃，劳动生产率就会下降2%（Seppanen、Fisk和Faulkner，2003）。为了应对气温上升对人力资本生产率的影响，可以采取一项适应措施，即在工作场所更多地使用节能空调。但购置和运行空调系统将产生更高的能源成本，从而导致企业竞争力的丧失。[2]

气温上升也可能降低资本生产率。例如，较高的温度会导致重型机械频繁过热，需要更频繁和更长的冷却时间才能正常运行。户外基础设施也会因为高温而加速劳损，缩短使用寿命（IPCC，2014a）。总体而言，通过生产率渠道的变化，气候变化对贸易的影响取决于各国的地理位置及其生产的产品，这可能会改变比较优势。

除了生产专业化的变化之外，需求模式的变化也将改变气候变化对贸易的影响。为此，一个国家对易受气候变化影响的国家和地区的贸易依赖程度以及更广泛的全球一体化程度也很重要，因为它们决定了该国受国外气候变化影响的程度。在这方面，贸易可以成为气候变化损害在各国之间传播的渠道（Schenker，2013；Schenker和Stephan，2014；WTO，2021c）。

气候变化对低纬度地区国家的影响预计会更大，其中许多是发展中经济体，其相对优势来自气候或地球物理因素。根据预测，到2060年，全球气温上升2.5℃，南亚和撒哈拉以南非洲国家的出口量可能减少5%~6%，中东、北非和东南亚地区的出口量将减少3%~4%，拉丁美洲地区的出口量将减少2%，而欧洲和北美地区的出口量将减少不到1%（Dellink、Hwang等，2017）。然而，由于各经济体内部和各经济体之间存在一系列复杂的联系，因此特别难以预测某一经济体在应对气候相关冲击时，在某一特定行业中获得或失去竞争力的程度。同时，了解这种情况发生的机制，有助于洞察哪些经济体面临的风险最大。

观点文章

气候不作为：对贸易的影响

作者：达娜厄·基里亚科普洛

伦敦政治经济学院格兰瑟姆气候变化与环境研究所高级政策研究员，国际货币金融机构官方论坛可持续政策研究所顾问委员会委员，世界经济论坛全球青年领袖

与疫情相关的供应链中断以及乌克兰危机后重新调整伙伴关系的政治必要性，暴露出全球贸易容易受到来自经济以外风险的影响。与气候相关的风险在频率、强度和地理分布上都在增加。

与疫情和战争不同，虽然解决气候风险的机会窗口越来越小，但我们仍可以预测和管理它们。

减缓气候变化和适应其影响的政策偶尔会因为"成本太高"而被撤销。在疫情后政府、企业和家庭财政紧张的环境下，"昂贵且负担不起的绿色转型"很容易成为目标。这样的叙述是危险的短视：拖延气候行动，不作为要付出更大的机会成本。

继续"一切照旧"的代价显然越来越高，不仅在自然环境方面，而且在全球经济、金融和贸易体系方面。更为频繁和强烈的极端天气事件（EWE）、气候变化及气候驱动的税收和监管等政策调整对贸易的影响已经通过多种渠道显现出来。

飓风、洪水等EWE直接破坏了道路、桥梁、港口、铁轨和机场等关键基础设施，更频繁地扰乱损害了服务贸易，如旅游业。粮食和农业贸易尤其易受热浪和干旱的影响，这可能会影响作物产量，并诱使各国限制出口。2022年5月，小麦主要生产国之一的印度就在热浪中以国家粮食安全为由禁止出口。

但是，不一定发生自然灾害才会发生经济灾难：温度的逐渐变化会使资本密集型设备和劳动力暴露在热应激下，或增加存储设施的冷却成本，这也会损害生产率并破坏全球价值链（GVC）。那些比较优势与气候过程密切相关的经济体将面临更大的风险：土地退化和水资源紧张将影响农业，而生态系统的破坏和天气条件的变化将影响海上或滑雪胜地的旅游业。这些过程可以改变比较优势的模式，并从结构上改变全球贸易。

虽然供应链多样化和建立缓冲库存可以在一定程度上管理风险，但这些策略存在局限性，并且与现代贸易体系的基本构成有关：比较优势专业化、规模经济和全球价值链（GVC）优化。

　　威胁全球贸易的不仅仅是自然的气候破坏，还有绿色转型所需的战略、政策或投资变化所固有的所谓"转型风险"。各国气候行动的步伐参差不齐，导致一些政府考虑采取碳边境调整措施，包括征收进口关税和/或出口退税，以在受不同气候相关法规和税收约束的企业之间创造公平的竞争环境。这些措施在解决碳泄漏的同时，可能会通过刺激回流或供应链短路来拆散贸易模式。

　　不作为的风险突出表明，无论是现在还是未来，我们迫切需要以一种有利于地球和人类的方式重新规划发展经济。但这不仅仅是一个关于风险的负面故事，也是一个增长、投资和贸易的故事，还是一个朝着极具吸引力的未来进行变革的故事，这个未来将拥有更具生产率的经济、更健康的社会和更富有成效的生态系统。

　　一个经济体在某一特定行业是获得还是失去比较优势，不仅取决于其初始生产率，以及相对于其他竞争经济体，其生产率和价格对气候变化的反应，还取决于区域内和区域间不同经济行业之间的联系。例如，对一个国家与其贸易伙伴生产食品的相对能力，即通常称为显性比较优势（RCA）[3]的分析表明，在2060年全球气温上升2.5℃的情况下，某些经济体的RCA可能会增加。然而，对于面临类似农业产量冲击的其他经济体来说，如果过度依赖出口国内农业生产粮食制成品，那么其RCA可能下跌。气候变化对收入以及最终需求的负面效应，可能会进一步放大这些影响（Dellink、Hwang等，2017）。

　　与地理相关的温度水平是气候变化对发展中经济体和最不发达国家（LDC）产生不成比例影响的一个驱动力。由于许多发展中经济体和 LDC 目前的气温已经高于发达经济体，因此气温上升对前者的边际负面影响也更大（而北部较冷地区的一些发达经济体甚至可能在某些行业提高了生产率）。同等的温度升高很可能导致发展中经济体和 LDC 的生产率下降更多，因为它们在非农业的生产率往往低于发达经济体，这意味着这些经济体不仅会失去现有的比较优势，而且还会使其发展其他行业的比较优势更具有挑战性（Conte 等，2021；Schenker，2013）。由于生产率的损益往往具有地理集中的特点，邻近经济体之间的贸易往往比与更远的经济体之间的贸易更多，因此贸易损益很可能受到生产率变化的地理模式影响，这可能会增加国际不平等（Dingel、Meng 和 Hsiang，2019）。

这些影响可能因商品依赖或缺乏多元化等经济因素而被放大（UNCTAD，2019）。出口多元化程度较低的国家往往更容易受到气候变化的影响（见图 2-1）。例如，撒哈拉以南非洲是最容易受到气候变化影响的地区之一。在该地区，大多数国家的出口以农业、能源或矿产业为主。

2. 气候变化可能会使各区域的贸易成本不均衡地增加

随着气候逐渐变化和 EWE 的增多，交通基础设施面临着被破坏的风险（Koks 等，2019；WTO，2019）。气温升高会导致道路、桥梁、跑道和铁轨更快地贬值。由于 EWE 和沿海地区海平面上升，运输基础设施和内陆水道可能部分或完全无法使用（EEA，2017；IPCC，2014b）。气候变化将增加基础设施的维护和修缮成本，间接增加贸易成本。EWE 相关损害的不可预测性是不确定性和高运营风险的来源，可能会增加中断和延误，并反过来产生额外成本，如货运保险的要求（Barrot 和 Sauvagnat，2016；Boehm、Flaaen 和 Pandalai-Nayar，2019；WTO，2021c）。特别是，气候变化会影响运输路线上具有战略意义的重要节点，而全球贸易网络中的大量贸易会通过这些节点，[4]这可能会给贸易体系带来脆弱性（Bailey和Wellesley，2017）。

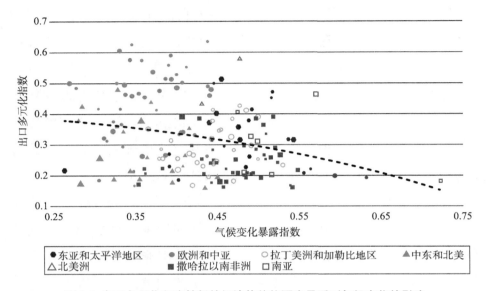

图2-1 出口多元化程度较低的经济体往往更容易受到气候变化的影响

资料来源：作者根据2014年的ND-GAIN气候脆弱性指数和国际货币基金组织出口多元化指数计算得出。

注：气候变化暴露指数用于衡量气候变化给社会和经济带来的压力程度。圆点的大小代表了每个国家对气候变化的脆弱性。气候变化脆弱性指数考虑了各国对气候变化的暴露程度、对相关影响的敏感性以及适应能力。出口多元化程度从0（无多元化）到1（完全多元化）。

虽然所有的运输方式都可能受到EWE的负面影响，但占世界贸易量80%的海运特别脆弱，容易受到气候变化的影响。在最坏的"高排放"情景下，GHG排放量继续不受控制地上升。预计到2100年，全球气温上升约4℃，受到多种气候灾害破坏的极高、很高或高风险的港口数量几乎翻了一倍，从385个增加到691个（在调查的2013个港口中）（Izaguirre等，2021）。

由于海平面上升导致的热应力和沿海洪水漫溢加剧，水道和港口的运作能力受到严重影响，通过加剧瓶颈、能力限制、拥堵和延误，对贸易产生负面影响，从而增加贸易成本。例如，在2005年卡特里娜飓风过后的三个月里，由于港口设施遭到破坏，格尔夫港和新奥尔良港的进出口直接减少了71%~86%，但由于其他港口填补了空缺，美国贸易总额没有受到影响（Friedt，2021）。

然而，虽然发达经济体和较大经济体往往拥有更多样化和更具韧性的交通基础设施，但小国或内陆国家的贸易通过数量有限的港口和贸易路线进行，在这方面尤其脆弱（Bahagia、Sandee和Meeuws，2013；Izaguirre等，2021）。例如，巴拉那河运输了巴拉圭90%的进出口农产品、阿根廷85%的进出口农产品和玻利维亚50%的进出口农产品，由于经常性的严重干旱，这条河流现在达到非常低的水位。浅水位迫使货船以一半或更低的运力航行和运输农产品和其他货物，造成水道和港口周围的严重拥堵和延误（Batista和Gilbert，2021）。包括多瑙河、莱茵河在内的其他河流也经历着类似的低水位情况，许多船只无法运营。

虽然气候对运输的影响预计在很大程度上是负面的，但气候变化可能会对一些区域运输网络产生积极影响（WTO，2019）。例如，海冰的减少可能会带来更短的新航线。在北极，气温升高导致的冰盖消融可能会在一年中的部分时间开辟一条西北通道，这将减少亚洲和欧洲部分地区之间的海上运输时间和距离，最多可减少40%（Rojas-Romagosa、Bekkers和Francois，2015）。然而，由于该地区通信和运输基础设施不发达、航行速度降低，以及危险航行条件对船舶的潜在损害等因素，这些新航线的效益仍不确定。该地区航运活动的增加也可能对生态系统产生不利影响。

3.农业和旅游业贸易尤其容易受到气候变化的影响

如果气温在缺乏强有力的适应措施的情况下继续上升，气候变化将对农业贸易产生深远影响。现有模型强调了两种潜在影响。

首先，气候变化对农业贸易的影响在不同地区之间存在差异。对于那些将受到农业生产率损失或减产冲击的国家来说，在其他条件相同的情况下，其对贸易的影响可能取决于其他国家所遭受的冲击程度。撒哈拉以南非洲和南亚通常被认为是最容易受到气候变化影响的地区。这些地区的经济依赖农业出口，它们也是国内消费农业产品的主要进口国。与其他地区相比，这些地区预计将遭受更大的负收益率冲击（IPCC，2022a；Jägermeyr 等，2021）。这意味着，随着它们的生产受到影响，它们的出口可能会下降，迫使它们增加进口以满足国内需求（Dellink、Chateau等，2017；Gouel 和 Laborde，2021；Hertel，2018）。

其次，在气候破坏更加严重的情况下，只有少数寒冷地区的经济体能够提高农业生产率。这种情况下，国际农业市场可能会集中在几乎没有占主导地位的出口商手中（FAO，2018a）。

气候变化还可能导致农业贸易的波动性增加。气候变化增加了多个粮食或粮食生产经济体作物系统同时歉收的风险，从而增加了人们对粮食安全的担忧（Adams等，2021）。例如，四个最大的玉米出口经济体在同一年内遭受了超过10%以上的生产损失，这一概率可能因全球变暖2℃而从0%增加到7%，因全球变暖4℃而增加到86%（Tigchelaar等，2018）。这种情况将导致这些产品普遍短缺和全球价格飙升。有证据表明，政府常常通过实施出口限制来应对食品价格上涨，这将加剧这些影响（Giordani、Rocha和Ruta，2012），尤其令人担忧。如此高的全球价格，对于那些依赖进口粮食的发展中国家来说，购买粮食变得更加困难（Welton，2011）。

气候是选择旅游目的地时一个重要的考虑因素，随着气候带向北移动，旅游业也将受到向更高海拔和纬度移动的影响（Biango、Hamilton和Tol，2007；Hamilton、Maddison和Tol，2005）。随着气温的上升，传统的夏季旅游地在夏季可能会失去吸引力，但在其他季节变得更加适合。而北部地区的宜人气候也可能吸引更多的游客，进一步加剧了旅游地之间的竞争。例如，随着大西洋和北欧海岸变暖，旅游地可能会以地中海海滩目的地变得太热为代价来吸引游客（EEA，2017）。同样，暖冬对冬季和山区旅游地也造成了风险（WTO，2019）。

经济高度依赖旅游业的低洼岛国特别容易受到气候变化的影响。海平面上升和EWE可能会对旅游基础设施和景点造成破坏，从而使这些目的地对游客永远失去吸引力。例如，马绍尔群岛、基里巴斯和图瓦卢等太平洋岛国，95%以上建成的基础设施位于沿海地区，容易受到海平面上升和EWE造成的风险的影响（Kumar和Taylor，2015；Wolf等，2021）。

4.制造业面临气候变化引发的全球价值链中断风险

制造业较不容易受到气候变化影响，部分原因是对气候变化的敏感性较低，适应能力较强。然而，依赖气候敏感投入的工业（如食品加工）、劳动密集型行业和高度融入全球价值链（GVC）的行业可能会受到影响。例如，如果温度升高1℃，低收入经济体对美国的农产品（如谷物、奶制品和蛋类、皮革、动物饲料）和轻工制造业（如服装、鞋类、家具、消费性电子产品和家用电器）出口增长就会减少2%~5.7%（Jones和Olken，2010）。虽然气温升高对农业相关出口的影响通常是气候对农业生产率造成损害的结果，但对轻工制造业的影响可能是高温下劳动生产率降低的结果。[5]

气候变化还将通过供应链中断影响制造业。例如，巴基斯坦2022年的洪水摧毁了该国约40%的棉花作物，严重影响了该国最大的出口行业——纺织业，而该行业严重依赖国内棉花产量作为原材料。在一定条件下，当地天气事件的不利影响可能沿着供应链进行跨国家传播（WTO，2021c）。例如，2011年，泰国的洪水扰乱了全球电子和汽车行业，导致2011年11月全球产量同比下降80%（McKinsey Global Institute，2020），全球工业生产增长估计下降2.5%（Kasman、Lupton和Hensley，2011）。严重依赖泰国半成品的日本制造商在2011年因洪水减少了至少42.3万辆汽车的产量（Haraguchi和Lall，2015）。

在GVC密集型行业中，气候导致GVC中断的潜在影响对特定关系供应链的影响比其他类型供应链更严重，[6]其影响持续长达数月，因为每个供应商都生产独特且高度差异化的产品，短期内难以被替代。例如，先进半导体的供应链是特定关系的，许多组件在亚太地区制造。到2040年，这些制造业中心发生破坏性飓风的概率预计将增加2～3倍。任何破坏都可能产生连锁反应。对于为期5个月的供应中断，下游行业可能损失5%～30%的收入，具体取决于其准备情况（McKinsey Global Institute，2020）。

企业在评估气候变化带来的新风险和制定风险管理战略方面存在一定的局限性，这也导致由气候引发的供应链风险可能会进一步恶化。包括发达经济体企业，也并不总是将气候变化作为经营风险来优先考虑（Tenggren等，2020）。此外，许多供应链的复杂结构使得全面评估和管理与气候变化相关的风险极具挑战性。

第三节　贸易和贸易政策支持适应气候变化战略

即使《巴黎协定》旨在将全球气温上升控制在远低于2℃的目标，甚至更好地控制在1.5℃以下，但过去的GHG排放已经造成并将继续造成全球气温和海平面上升，以及更加频繁和强烈的EWE，使得适应气候变化成为当务之急。适应气候变化战略包括减少气候变化负面影响的行动，同时利用气候变化可能创造的潜在新机遇。减少气候变化的负面影响可以通过识别、预防和降低实际或预期的气候风险暴露和脆弱性，并做好应对气候变化的准备，通过调整现有系统，最大限度地减少气候变化不可避免的损失和损害（IPCC，2007a，2022b）。

在实践中，调整现有系统意味着调整个人、企业和政府的行为，并修整基础设施以应对当前和未来不断变化的气候。[7]适应战略的常见例子包括预警和信息共享系统、洪水风控、保险、引进新作物品种、生计多样化、水土保持和可持续森林管理。

尽管适应和缓解气候变化常常被分开考虑，但它们可以被看作是同一枚硬币的两面。例如，通过有效管理造林和再造林，可以提高碳储存能力，同时减少山体滑坡等与天气相关的风险暴露和脆弱性。[8]鉴于加强气候变化行动的紧迫性，适应和减缓气候变化之间的协同作用有助于更有效地增强气候适应能力。

尽管国际贸易会影响气候变化（见第五章），但它仍可以在气候风险的预防、减少和应对以及经济的恢复和重建方面发挥重要作用，即使气候变化的负面影响仍然具有破坏性和高昂的代价。贸易有助于加强粮食安全，并促进在EWE后获取基本产品和服务。在这种情况下，贸易政策也可以纳入适应气候变化战略。然而，其他协调一致的政策和行动对于缓解气候变化带来的昂贵调整是至关重要的。

一、贸易可通过经济增长支持适应气候变化行动

适应气候变化需要对基础设施进行大量投资，以提高社区、地方、区域、行业和国家各层级的韧性，减少脆弱性。投资于提高气候适应能力可以提高成本效益比，从2∶1到10∶1不等，在某些情况下，成本效益比甚至更高，因为这种投资可以避免以后遭受更严重的损害（GCA，2019）。然而，适应气候变化影响的努力仍然滞后。

尽管发展中国家被认为是最容易受到气候变化影响的国家，但发达经济体在适应气候变化战略方面的进展往往更加迅速。对于许多发展中国家来说，资金短缺仍然是投资于适应气候变化战略的障碍。

在这种情况下，国际贸易作为持续经济繁荣的驱动力，[9]可以间接帮助各经济体将部分财政资源转向适应气候变化战略。开放贸易的发展中经济体平均增长率提高1%~1.5%，10年后，最终实现10%~20%的额外经济增长（Irwin，2019）。更高的经济增长反过来又可以为基本的适应气候变化行动提供财政支持和物资准备，例如，对气候韧性基础设施的投资。

二、贸易能够增强各国抵御气候变化冲击的能力

国际贸易可以帮助各国更有效地准备、应对并从与气候变化相关的冲击中恢复起来。将风险管理明确地整合到决策中，可以实现对风险的预防和减少，包括风险的财务评估和预警系统。气候风险筛查、韧性评级或可持续性标准可用于确定气候风险，以及评价和

奖励公共和私人投资的韧性（World Bank，2021）。与此同时，备灾包括有效设计的策略和行动，以预测、应对和有能力从可能的、即将发生的或当前与气候变化有关的冲击中恢复起来。部分策略可以包括制订灾难应对和应急计划，确定优先事项和审查保险范围。在这方面，服务贸易，包括天气预报、保险、电信、运输、物流和保健服务，可以在企业、公民和政府应对气候变化相关冲击的准备工作中发挥关键作用（WTO，2021c）。

当与极端天气事件有关的冲击发生时，国际贸易在某些情况下可以将其影响扩散到各国，但同时可以通过确保及时提供基本产品和服务，有助于增强经济的韧性。进口是一个重要的渠道，可以增加那些受灾国家可能短缺的产品和服务供应。这些产品和服务包括食品、医疗用品、应急设备以及协助救援和恢复工作的专业知识。高效的海关通关、过境程序和公共采购流程对贸易发挥着至关重要的作用。

在气候变化引起的冲击和破坏之后，允许贸易更快地恢复可能成为支持经济复苏的重要刺激措施（WTO，2021c）。例如，促进建筑材料的进口有助于维持基础设施和灾后重建。

三、贸易可通过改变比较优势来促进粮食安全

开放贸易可以帮助各国适应气候变化造成的比较优势变化，并从潜在的新机遇中受益，尽管气候变化带来的系统性连锁风险仍将存在。人们发现，极端高温对制造业和服务业生产率的影响小于对农业的影响，这最终可能会改变各国的比较优势（Conte等，2021；Nath，2022）。由于气候变暖，一些国家可能不得不转向制造业和服务业来适应这种变化，与此同时，还需要增加从温带地区进口粮食的数量。一些发展中国家已经开始从农业和制造业转向服务业。

然而，高昂的贸易成本可能会阻碍这种与贸易相关的调整（Conte等，2021），因为更易受到气候变化直接影响的国家往往会承担更高的贸易成本（见图2-2）。

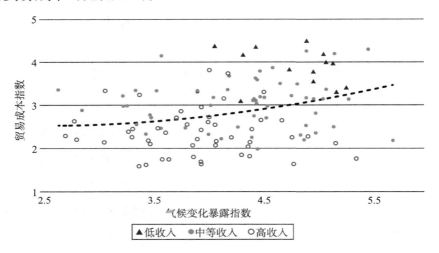

图2-2 更易受到气候变化影响的国家往往面临更高的贸易成本

资料来源：作者的计算基于2017年ND-GAIN气候脆弱性指数和WTO贸易成本指数。

注：气候变化暴露指数衡量气候变化给社会和经济带来的压力程度。贸易成本指数衡量国际贸易相对于国内贸易的成本。

贸易政策的目标是降低贸易成本，以应对气候变化引起的比较优势变化带来的部分调整。同时，贸易政策还力求最大限度地减少进口消费模式的变化，从而尽可能减少福利损失。模拟表明，在其他条件相同的情况下，降低低收入经济体的贸易成本可以减少因气候变化而导致的福利损失，减少率高达68%（Nath，2022）。促进贸易也可以减少气候引起的移民发生率，因为贸易和国际劳动力流动往往是替代而不是补充（Conte等，2021）。[10]

贸易和运行良好的市场有助于从多方面解决粮食安全问题，包括粮食供给、营养、获取和利用（FAO，1996；2018b，2018c）。贸易可以通过平衡顺差和逆差之间的流动，直接助力改善粮食供给。然而，弱势群体的低购买力可能会因为气候变化而进一步恶化，并继续影响他们获得食物的机会。

四、贸易有助于获取和推广适应气候变化的技术

适应气候变化需要采用特定的技术来调整现有的系统，以应对气候变化当前和未来的后果。例如，抵消农业负产量冲击的技术包括耐热或耐盐度较高作物的种植技术、生物农药预警系统、化肥和机械生产加工技术，以及灌溉、节水和蓄水系统（Kuhl，2020）。贸易和贸易政策可以增加获得这些技术的机会，特别是那些最容易受到气候冲击影响的国家。消除不必要的贸易壁垒，可以为农民提供更多获得新技术的机会，并减少他们受到气候变化引起冲击的风险。例如，种子贸易壁垒，如不一致或不必要的严格控制程序，会造成时间上的延迟，从而降低种子产量和生产率（Brenton 和 Chemutai，2021）。

技术转让的另一个潜在机制是参与GVC（Sampson，2022）。通过参与GVC，企业能够便利地获取国外非编码知识和技术转让，并优化生产流程，通过国际范围的知识外溢促进国内创新，并增强对新技术的吸收能力（Branstetter 和Maskus，2022；Piermartini 和 Rubínová，2022）。例如，一些大型零售商正在与其粮食供应商合作，制定韧性策略，以便更好地管理农作物生长条件，提高产量，减少对化肥的需求。[11]

五、贸易政策可纳入适应气候变化战略

适应气候变化政策本质上是多样的。尽管没有全面的气候变化政策类型，但大致可分为三类，分别是结构型、社会型和体制型

（IPCC，2014a）。结构型措施，包括应用技术和利用生态系统及其服务来满足适应需要（如再造林）。社会型措施针对弱势群体的特殊脆弱性，提出解决方案（例如，增加教育投资和改善劳动力流动性）。体制型措施涉及具体的经济和监管政策，以促进适应气候变化的投资。在这种情况下，贸易政策也可以支持适应气候变化行动。

根据对2009年至2020年成员向WTO通报的所有明确与环境有关的贸易措施的审查表明，虽然大多数通报的贸易措施与缓解气候变化有关，但其中只有3%的措施（4629项措施中的161项措施）能够明确与适应气候变化挂钩。[12]这表明，与贸易相关的适应气候变化措施主要采取支持措施，超过四分之三的已通报措施包括拨款与直接付款、非货币支持、贷款与融资等形式。技术法规和合格评定程序也是其他常见的适应措施类型（见图2-3）。超过一半的适应气候变化措施涵盖了农业，这进一步说明了农业对气候变化的脆弱性和适应气候变化的必要性。

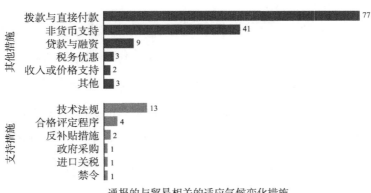

通报的与贸易相关的适应气候变化措施

图2-3 财政支持和技术法规是最常见的与贸易相关的适应气候变化措施

资料来源：作者根据WTO环境数据库计算。

注：该图按政策类型报告了2009年至2020年向WTO通报的适应气候变化措施。一项通报措施可能涵盖多种政策类型。

　　尽管贸易是适应气候变化战略的重要组成部分，但仅靠贸易政策无法减少气候变化的负面影响，也无法帮助利用潜在的新机遇。其他相关政策和行动对于适应当前或预期的气候变化至关重要。宏观财政政策规划对于解决气候适应问题至关重要，例如，确定自然灾害和环境冲击造成的或有负债，制定管理或有负债的财务战略，以及评估金融体系的气候和灾害风险（Hallegatte、Rentschler 和 Rozenberg，2020）。

　　在这种情况下，确保包括贸易政策在内的经济政策与适应气候变化政策之间的相互支持，对于加强贸易的作用，同时应对更广泛的适应挑战至关重要（见专栏2-2）。例如，贸易在改善粮食安全方面的作用可以通过改善粮食和农业市场的运行来加强，包括减少扭曲[13]、改善竞争，并确保在国际交易中反映粮食和农产品的真实成本。通过克服公共产品供应不足问题，例如，改善咨询服务或投资于研究更能抵御气候影响的新作物品种和牲畜品种，可以增强弱势经济行为体的韧性（FAO、UNDP 和 UNEP，2021；Gadhok 等，2020）。

　　支持社会包容的政策，如获得基本服务、数字技术、普惠金融和社会保障，对减轻气候变化产生的后果至关重要。虽然气候变化造成的破坏难以完全避免，但运行良好的劳动力市场对于帮助经济体保持现有的比较优势和在新的行业建立比较优势十分重要。例如，尽管贸易可以提供获得高产抗旱作物等新作物品种的机会，但一些农民缺乏技术技能可能会减缓他们对新技术的吸收，最终对农业生产率产生负面影响，从而进一步加剧气候变化的影响。劳动力流动的壁垒或摩擦也可能减缓或阻止向新的比较优势转移。在因气候变化导致不断收缩的行业中，工作人员可能会失去工作，只有具备相关技能并拥有迁移至其他地区所需资金的人，才有可能在不断扩张的行业中找到新的工作机会。劳动力市场调整政策，包括技能发展计划，对于减少劳动力流动摩擦至关重要（WTO，2017）。

　　某些弱势群体，如中小微企业（MSME）和某些社会经济群体中的女性，由于社会、经济和文化原因，面临更大的调整困难（IPCC，2014a；Nellemann、Verma 和 Hislop，2011）（见专栏2-3）。例如，在低收入和中低收入国家，52% 的女性劳动力从事农业活动（World Bank 和 WTO，2020）。然而，随着气候变化给农业带来的压力增加，这些女性在寻找其他行业就业机会时面临着社会规范或家庭责任的束缚，特别是如果这意味着她们需要搬到另一个地区，这种情况会对家庭和整个经济产生不利影响。此外，气候变化的后果可能会导致一些人永远失去生计。然而，社会政策，如教育和补偿政策中的一次性支付，可以支持那些最容易受到气候变化影响的群体。

专栏2-2　蓝色经济在毛里求斯长盛不衰

　　毛里求斯是受气候变化和EWE影响最严重的国家之一。在未来的35年里，仅飓风就可能使其 GDP 损失7%（Beejadhur 等，2017）。该岛未来的生产和贸易将取决于它今天在适应、韧性、恢复和可持续发展其自然"蓝色"或海洋资本方面所做的决定，以及向低碳经济公正转型的途径。

　　为了更好地从新冠疫情造成的经济衰退中复原，毛里求斯政府提出了旨在促进蓝色经济成为其发展主要支柱之一的"2030愿景"（WTO，2021e）。这项政策的目标是到2025年，通过加强旅游业、渔业和海港活动等传统海洋经济活动，以及发展水产养殖、海事服务、造船和修理、海洋生物技术和海底矿产勘探等新兴产业，将蓝色经济的贡献从新冠疫情前占该国GDP的近12%提高到25%。尽管目前毛里求斯已经推出了一套激励措施，设立关于水产养殖、工业捕鱼和海鲜加工的新的优质投资证明，以促进创新和可持续解决方案，但挑战依然存在。

　　毛里求斯是岛国的这一事实增加了其生态系统可持续性的压力。最近的冲击伴随着对卫生、食品和能源安全的影响暴露了该国的脆弱性。建立一个可持续的蓝色经济需要一个强劲的计划，兼顾行业内部和行业间几个相互冲突的目标。这个进程已经在诸如港口基础设施、航运、旅游、海鲜、水产养殖和能源等领域展开。例如，为了实现经济多样化和更好地满足能源需求，毛里求斯最近评估了其海上油气潜力。毛里求斯从油气开采中获得的经济收益可能会超过效果一般的气候行动的成本(Moolna，2021)。然而，对毛里求斯来说，处理海洋酸化或海平面上升的气候政策不是一道选择题。

　　毛里求斯还可以通过国际贸易更好地利用海洋经济带来的好处。毛里求斯的海港位于亚洲和非洲海运路线的十字路口，具有战略地位，有潜力成为包括集装箱转运在内的全球贸易流枢纽。然而，毛里求斯迫切需要将贸易和环境政策结合起来，以支持蓝色经济(de Melo，2020)。

　　毛里求斯已经采取措施使蓝色经济与联合国可持续发展目标（SDGs）相一致。2019年，毛里求斯成立了新的蓝色经济、海洋资源、渔业和航运部，以改善海洋相关事务的协调和管理。毛里求斯是许多渔业管理协议和多边环境协议的缔约方。该岛已通过关于海岸带保护的立法，作为其海岸带综合管理框架的一部分。

《环境保护法》和《气候变化法》也规定了沿海环境的保护。毛里求斯需要更多的能力建设和技术援助,包括贸易在内的经济政策和气候政策需要相互支持,以解决蓝色经济扩张带来的短期和长期成本和机遇。

专栏2-3 气候变化对MSME的影响

在所有类型的企业中,MSME最容易受到EWE的影响,并且越来越容易受到贸易和气候相关干扰的影响(Skouloudis 等,2020)。例如,旅游业是许多MSME活跃的领域,但随着EWE中断旅行并影响目的地,旅游业将继续面临挑战(Badoc-Gonzales、Mandigma 和 Tan,2022)。然而,在适应方面,只有38%的小企业进行了投资,以降低与气候相关的风险,而大企业的这一比例为60%(ITC,2021)。MSME在适应方面往往不是"主动的",而是"被动的",只是对监管或市场要求做出反应(Burch 等,2016)。造成这种滞后的一些原因是,它们获取信息、财政资源、专业知识和时间的机会更加有限。(Burch 等,2016;ITC,2021;WTO,2022a)。由女性和年轻人领导的MSME往往更难适应,利用新机会的能力和技能可能更少(ITC,2021)。

另外,适应气候变化的努力可以为那些重新关注环境的MSME创造机会和利益,例如,开发新产品和服务的"生态企业家"。此外,成功提高生产效率和降低商业成本的MSME可能会因此发现新的机会。根据最近的一项调查,超过一半的非洲企业报告称,改善企业的环境绩效提高了产品的产量和质量,进入了新市场,降低了投入成本,提高了获得绿色融资的能力,得到了改善（ITC，2021）。

尽管MSME启动变革的速度很慢，而且国际贸易可能会传播与气候相关的商业干扰，但贸易也可以推动MSME适应气候变化，特别是通过消费者需求和接触"外部行为者"（ITC，2021；Klewitz和Hansen，2014）。尽管MSME可能无法进行最剧烈的变革，但它们通常比大型企业更具灵活性，能够更好地发现新的市场机会，以填补相关空白（Burch等，2016）。然而，仍需要进一步的研究，以便更好地理解适应气候变化与MSME所面临的贸易挑战和机遇之间的相互联系。

第四节　国际合作有助于各国适应气候变化

尽管适应气候变化的倡议往往由当地主导，但适应气候变化方面的国际合作是发挥协同作用、帮助限制和管理气候变化造成的损失和损害风险的关键。这是因为旨在应对气候变化影响的单边国家政策会对其他国家产生负面溢出效应。重要的是协调应对气候冲击的措施，并协助各国，特别是受影响最严重的发展中经济体，开展适应工作。尽管气候变化仍将具有高度破坏性，但国际合作对于提高全球贸易对气候相关冲击和危机的抵御能力，提高经济体适应气候变化的能力，同时最大限度地减少负面的跨国溢出效应至关重要。然而，在气候变化问题与国家安全优先事项相互交织的情况下，为适应气候变化而开展国际合作可能非常具有挑战性（见专栏2-4）。

专栏2-4 气候变化和新出现的"地缘经济秩序"

对全球化日益增长的怀疑导致了"地缘经济学"的出现,这是在指导国际贸易和投资制度中经济与安全关系宏观层面的变化(Roberts、Choer Moraes 和 Ferguson,2019)。"地缘经济学"的发展可能导致经济孤立主义的泛滥,导致各国经济在技术和贸易上脱钩,最终降低福利水平,增加地缘政治摩擦。

气候变化可能对严重依赖环境技术或农产品进口的国家推行地缘经济政策造成阻碍,因为这些国家的国内生产受到气候变化的不利影响。然而,那些实行雄心勃勃的应对气候变化政策的国家可以通过减少对化石燃料的依赖,并在其他原材料方面促进再循环和使用次级材料,从而降低其在碳密集型产品生产国采取地缘经济措施时的脆弱性。这样一来,它们就能够在不破坏多边贸易体制的前提下降低地缘政治摩擦风险。但是,各国也可能采取限制性贸易措施,影响环境友好型的产品和服务,以保护因气候变化而受到威胁的战略资源、国外供应或贸易路线,这些资源、国外供应或贸易路线被认为对其生存至关重要。

"地缘经济学"对适应气候变化的威胁程度已从乌克兰危机的后果中可见一斑,例如,阻碍了谷物的种植、收获和运输。在地缘政治不稳定的背景下,积极推行的"以邻为壑"地缘经济战略可能导致"碳排放量的竞次"。因为处于危机中的国家降低了环境标准,而自给自足政策会导致开启或重新开启国内碳密集型产业。

在理想情况下,应对此类风险的政策应当是在气候变化和相关贸易政策方面加强国际合作。然而,如果随着气候变化对贸易的影响日益恶化,地缘经济政策变得更加普遍,各国可能最终将保护其基本经济利益与国家安全等同起来。鉴于此类措施可能无法根据WTO"一般例外"条款［如《关税与贸易总协定》（GATT）第20条和《服务贸易总协定》（GATS）第14条］进行辩护，因为其具有战略或地缘政治层面，WTO成员可援引GATT第21条、GATS第14条第2款或WTO《与贸易有关的知识产权协定》（TRIPS）第73条的"安全例外"条款。这些关于国家安全例外的条款构成了单边地缘经济措施必须遵守的多边法律框架。提高透明度和监督这些措施也有助于限制其对多边贸易体制的影响。

一、适应气候变化方面的国际合作是跨领域的

联合国2030年可持续发展议程已经明确表示，在应对气候变化问题上，需要进行广泛的国际合作，根据议程中所提出的可持续发展目标[13]（"气候行动"），国际社会承诺采取紧急行动来应对气候变化及其影响。气候适应变化是通过几项广泛的国际合作倡议来解决的。《联合国气候变化框架公约》（UNFCCC）和《巴黎协定》的缔约方认识到，适应气候变化是一项全球性挑战，也是全球长期应对气候变化的关键组成部分。UNFCCC内罗毕工作方案（NWP）协助各国，特别是发展中国家，更好地理解和评估影响、脆弱性和贸易适应改革，并就实际的适应行动和措施做出知情决定。最不发达国家专家组（LEG）进一步向LDC提供技术指导和支持，以制订和执行国家适应计划和行动方案。UNFCCC承认适应气候变化与减缓气候变化具有同等重要性，并得到绿色气候基金（GCF）等金融机制，以及气候变化特别基金（SCCF）、UNFCCC最不发达国家基金（LDCF）和适应基金等专项基金的支持。

此外，许多国际组织和区域开发银行都在参与适应气候变化

的不同方面的工作。例如，联合国减少灾害风险办公室（UNDRR）支持实施政府间《仙台减少灾害风险框架》，以加强应对气候变化相关以及其他自然和人为灾害的抗灾能力（WTO，2021f）。同样，世界气象组织（WMO）追踪天气记录并传播天气信息，以便更好地为EWE做好准备和预警。

二、国际合作有助于提高适应气候变化战略的可行性

贸易和贸易相关政策方面的国际合作可以帮助支持适应气候变化战略的不同层面，从气候风险的预防、减少到气候灾害的应对和经济恢复。国际合作有助于各国政府减少气候风险和脆弱性，更好地应对气候变化带来的冲击并从中恢复。

区域贸易协定（RTA）越来越多地被视为谈判新类型条款以解决近期贸易相关问题的试验场。部分RTA明确包含处理适应气候变化的条款。这些条款涵盖了各种承诺，从采取措施评估气候变化的脆弱性和适应能力，[14]到促进消除对可能有助于减缓气候变化的产品、服务和技术的贸易和投资壁垒。[15]其他最常见的条款促进合作活动，包括脆弱性和适应评估。

这些关于适应气候变化的条款与应对自然灾害的其他条款互为补充（WTO，2021f）。虽然在RTA中列入明确涉及自然灾害的条款并不是最近才有的，但近年来协定中包含这些条款的数量有所增长（见图2-4）。这些条款涵盖了广泛的问题。有些RTA要求采取自然灾害管理措施。[16]一些RTA规定了在发生自然灾害时的豁免，例如，为救援和救济援助而进口的产品全额退税。[17]合作条款仍然是关于自然灾害最常见的条款，涵盖防灾、减灾、救灾等多方面问题；预警系统、恢复和重建。

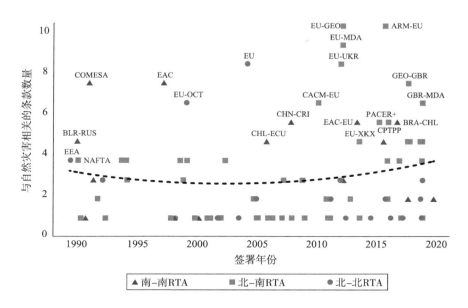

图2-4 RTA中与自然灾害相关的条款数量

资料来源：蒙泰罗（2022a）。

注：基于向WTO通报的RTA的分析。根据世界银行的分类，"北"被定义为高收入成员，而"南"被定义为中低收入成员。

　　尽管新的《渔业补贴协定》是首个将环境目标作为核心内容的《WTO协定》（见专栏2-5），[18] 但WTO也通过提供一个框架来促进气候适应努力，该框架将与贸易有关的负面溢出效应最小化，并将正面溢出效应最大化。这个框架包括以下几个要素。

　　首先，WTO成员有权采取与贸易有关的措施，以便在适应气候变化的背景下保护人类、动植物的生命健康。同时，WTO规则确保与贸易相关的适应气候变化措施不是变相的贸易保护。这些规则受到WTO委员会和理事会的监督，委员会、理事会允许成员交换意见，并解决由某些措施引起的具体贸易问题。WTO规则通过处理成员间贸易冲突的争端解决机制进一步得到执行。

其次，《WTO协定》要求就影响贸易的相关法律法规，包括与适应气候变化有关的法律法规，发出正式、公开的通知，从而提高透明度。在WTO贸易政策审查机制下，对每个成员的贸易政策和做法进行集体评估，有助于提高成员贸易政策和做法的透明度，增进对这些政策和做法的了解，包括与适应气候变化相关的政策和做法。

再次，WTO通过其委员会、理事会和其他机构，为成员提供了一个平台，就与贸易相关问题交换意见，并解决贸易问题，包括与适应气候变化有关的问题。一些WTO机构涵盖贸易措施的特定领域，如技术法规和补贴，或农业和服务业等特定行业。其他的机构专门处理与贸易相关的环境问题。例如，WTO贸易与环境委员会（CTE）提供了一个论坛，支持政策对话，分享与贸易有关的适应气候变化战略方面的知识和最佳经验。

最后，WTO还向发展中国家和LDC提供与贸易有关的技术援助和能力建设，这有助于增强适应气候变化的贸易能力。目前的举措包括贸易援助、强化综合框架（EIF），以及标准与贸易发展基金（STDF）。

专栏2-5 海洋资源、适应气候变化与WTO的作用

当包括海洋资源在内的自然资源得不到可持续管理时，生物多样性的丧失加剧了面对气候变化的脆弱性（World Bank，2008）。例如，过度捕捞和非法捕捞是严重的全球性问题，威胁海洋生态系统以及生计和粮食安全。尽管不可持续的渔业管理可能有许多原因，但某些渔业补贴也是重要的驱动因素。渔业的补贴每年可能超过300亿美元，其中60%以上可用来提高捕捞能力，导致不可持续的过度捕捞（Sumaila等，2019）。气候变化加重了鱼类种群的负担，因为许多海洋鱼类种群因海洋变暖而减少，过度捕捞进一步加剧了这些种群的脆弱性（Free等，2019）。

解决渔业补贴问题的一个主要复杂因素来自海洋资源不会停留在国家边界。一个国家的单边行动不足以保护渔业资源，任何补贴或政府干预都可能存在国际影响。例如，如果一个国家设立捕鱼配额或增加对捕鱼活动的监督，所有国家都会受益。然而，如果分享同样渔业资源的其他国家不承诺采取类似措施，其他国家渔获量的增加可能会抵消这些限制（Pintassilgo，2003）。

因此，国际合作是解决这些外部问题的最有效手段。在这种背景下，WTO在解决渔业补贴问题上具有独特的地位，不仅因为WTO拥有约束性多边补贴规则框架和多边谈判的特点，还在于此类补贴对经济和贸易的影响。

在2022年6月举行的WTO第12届部长级会议上，WTO成员达成了WTO《渔业补贴协定》，禁止：（一）为非法、未报告和无管制捕捞或与捕捞有关的活动提供补贴；（二）为过度捕捞种群提供补贴（为将种群重建到生物可持续水平而实施的补贴除外）；（三）为无管制公海的捕捞或与捕捞有关的活动提供补贴。

WTO成员还决心继续拟订更多条款，以就渔业补贴问题达成一项全面协定，包括对某些助长产能过剩和过度捕捞的渔业补贴形式采取进一步的措施。同样重要的是，WTO《渔业补贴协定》设立了一个机制，以改善渔业补贴的通报和透明度。这项新协定也有助于实施可持续发展目标中要求禁止某些形式的渔业补贴的规定。

三、可预测性、对话和协调是提高供应链气候韧性的关键

尽管GVC在降低全球生产成本方面非常有效，使各国能够参与国际贸易并最大限度地发挥其比较优势，但正如上文所讨论的，它们可能特别容易受到气候变化的影响。支持针对气候相关风险采取预防行动的国际合作，有助于提高GVC对气候变化的适应性和韧性。

一个开放且可预测的贸易体系对于促进外国直接投资、提供生产多样化选择，以及允许企业通过将韧性置于财政考虑之上来组织供应链至关重要。WTO的条款不仅允许，有时甚至鼓励各成员采取与贸易相关的措施，这些措施可能被证明对应对EWE并增强其抗逆性非常有帮助（见表 2-1）。[19]

表 2-1 《WTO 协定》的韧性政策精选示例

《关税与贸易总协定》（GATT）和《贸易便利化协定》（TFA）
• 预先确定在紧急情况下应执行的国内海关规定
• 暂停对进口货物收取常规关税
• 简化海关流程和程序，以加快救济品和其他必需品的进口
《技术性贸易壁垒（TBT）协定》和WTO《实施卫生与植物卫生措施（SPS）协定》
• 确保进口救援物资（包括食品）的质量和安全
• 根据当地环境限制和调整建筑和建筑材料的技术标准
《农业协定》（AoA）
• 确保获得基本必需品，包括食品供应
• 为自然灾害救援提供财政支持和政府服务
《补贴与反补贴措施（SCM）协定》
• 为企业从气候相关自然灾害中恢复提供资产支持
授权条款，关于豁免LDC享受优惠待遇的决定，《马拉喀什协定》下的豁免
• 赋予非互惠优惠，以支持出口多元化，并跟随EWE，促进出口复苏

《服务贸易总协定》（GATS）
• 自动识别外国救援服务和重建服务提供商的专业资质
• 提高民众和企业获取现金援助的途径
• 改善与天气有关的服务的供应，以建设预测EWE的能力
WTO《与贸易有关的知识产权协定》（TRIPS）
• 确保气候适应技术创新和传播的平衡框架
• 支持向LDC转让技术
《政府采购协定》（2012版）（GPA 2012）（诸边）
• 利用紧急政府采购灵活性，加快恢复所需产品和服务的采购流程

　　贸易便利化在支持应对气候相关冲击的韧性方面发挥着关键作用。在正常时期，它能够使供应链运作更为顺畅，正如新冠疫情所证明的那样，对于加快基本物资（如粮食、医疗用品和应急设备）的进口以应对灾害也至关重要。WTO TFA旨在尽量减少进出口手续的频率和复杂性，以便于贸易，包括过境货物的贸易。TFA简化了常规贸易和灾后援助的海关流程。在这方面，TFA要求成员采取"额外的贸易便利化措施"，以惠及经国家海关总署或其代表批准符合特定供应链安全标准的贸易商（通常称为"授权经营者"）。这些措施包括降低对文件和数据的要求，减少实物检查，取消过境货物产生的费用和不必要的延误或限制，提前填写和处理过境文件，缩短放行时间，以及延期支付关税和其他费用。

　　与气候相关的冲击和对短缺或通货膨胀的相关担忧可能会促使政府采取出口限制等贸易限制措施，从而扰乱价值链。WTO的贸易政策监测和其他透明度机制在增强信息共享，促进成员之间协作，以确保对限制性贸易政策有克制态度方面发挥了作用。在这方面，通过讨论如何改善合作以避免施加限制性、不协调的出口措施，还有更多的工作可做。

进一步加强WTO的贸易政策监测和协调功能，也有助于确定建立供应链应对气候变化能力的挑战和机遇。WTO在新冠疫情期间与疫苗厂商的合作，可以作为政府、企业和其他利益相关者之间对话的蓝图，以解决气候变化导致的供应链潜在瓶颈。[20]国际合作可以进一步增强供应链韧性，包括规范回流政策、信息共享、标准合作和管理供应链瓶颈风险（WTO，2021c）。

四、运行良好的市场对于应对气候变化相关的粮食安全挑战至关重要

为了更好地利用贸易来加强粮食安全，需要拥有一个运转良好的粮食市场。在缺乏水资源或肥沃土壤的国家，或受EWE影响的国家，基本产品的进口需要便捷的跨境通道。因此，农业在促进开放、可预测和透明环境方面扮演着重要角色，并且还需要在贸易便利化、运输、电信、金融服务、竞争和公共采购等多个领域塑造贸易和市场的规则。港口中断、国内运输成本高昂以及分销领域缺乏竞争等原因，都会导致进出口粮食数量大幅减少，特别是对农村地区的贫困人口产生了严重影响，他们因此在从开放市场中受益方面面临更多障碍。

AoA认识到，无论是在关于市场准入和农业支持的现有承诺中，还是在正在进行的谈判中，都需要考虑到粮食安全问题。[21]特别是，WTO的农业规则促进了公开、公平和可预测的粮食贸易，从而有助于为粮食安全提供必要的监管环境。

例如，食品价格飙升往往会引发关键食品的出口限制，最终会加剧价格上涨（Giordani、Rocha 和 Ruta，2012）。根据GATT，为防止或缓解食品或其他基本产品的严重短缺而临时实施的出口禁令

或限制是允许的。然而，AoA要求WTO成员适当考虑出口限制对进口成员粮食安全的影响，与进口成员协商，并在采取此类措施之前通知农业委员会。

在2022年6月举行的WTO第12届部长级会议上，WTO成员同意豁免世界粮食计划署为人道主义目的购买的食品的出口限制。部长们还通过了一项宣言，承诺促进食品、化肥和其他农业投入品的贸易。他们强调了不实施出口限制的重要性，并鼓励拥有过剩库存的成员在国际市场上释放这些库存。重要的是，他们承诺要在提高农业生产率方面进行合作。执行这一决定有助于提高粮食产量，并有助于在危机期间管理粮食价格飙升的连锁反应，从而增强粮食安全。

十多年来，农业市场信息系统（AMIS）（由G20为应对2007—2008年和2010年全球粮食价格上涨而设立）一直在帮助分享有关粮食供应和库存的信息，促进政策对话，并有助于加强抵御冲击的能力，包括与气候变化有关的冲击。虽然AMIS目前侧重于四种主要作物（小麦、玉米、水稻和大豆），但扩大其产品覆盖范围可有助于进一步提高农业市场的透明度。

WTO的监督和透明度职能也有助于帮助市场有效运作。WTO农业委员会为成员提供了一个论坛，就遵守现有规则交换意见，并解决分歧。

尽管农业规则和相关谈判旨在规范和进一步减少扭曲贸易的国内支持，但AoA免除了仅造成最小贸易扭曲的削减承诺计划。这些"绿箱"支持措施，包括一般服务，如研究、病虫害防治，以及面向农民的推广和咨询服务。后者对于低收入成员的生产者来说至关重要，它们能够可持续地提高生产率，并增强农业在适应气候变化方面的能力。

WTO的"绿箱"规则还包括一些政府用来购买、储存和向需要援助的人分发粮食的公共库存计划。尽管粮食安全是AoA下的合法政策目标，但一些库存计划在涉及以政府确定的价格从农民手中购买时，被认为会扭曲贸易。[22]目前，在进行永久解决方案的谈判之前，WTO成员已经达成共识，在特定条件下不会对发展中国家通过公共库存计划超过其商定的国内支持限额提出贸易争端。

《SPS协定》规定了食品安全和动植物卫生标准的基本规则，通过促进安全贸易来帮助确保粮食安全。这一点很重要，因为气候变化造成的温度、降雨量、湿度和干旱的增加，会促进入侵物种的建立和传播，并可能导致新的SPS风险增加，进而影响农业生产、消费和贸易。国际合作，例如，通过STDF，对于帮助发展中国家解决此类问题非常重要。《SPS协定》还允许在粮食短缺等情况下，加快对外国救济物资的管制、检查和批准程序。

在确保贸易对粮食和农产品市场产生更具可持续性、韧性和公平性的影响，以及制定更有利于减缓和适应气候变化的农业政策方面，WTO成员仍有许多可以努力的地方。例如，各成员政府可考虑更新现有的规则，以摆脱与价格和生产挂钩的补贴，并增加对改善公共产品交付方案的支持。这种调整可以确保补贴方案不会损害其他地区生产者的竞争力，同时可持续地提高农业产量，增加收入，并以能够加强适应气候变化的方式支持创造就业机会。

减少贸易壁垒还可以增加全球市场的粮食供应，并支持克服贫困的努力。它可以补充提高国内农业生产率的努力，并有助于确保贸易使生产者能够应对未来需求的增长。据估计，到2050年，逐步取消农业关税和实施其他贸易便利化措施，可以将气候变化对营养不良的影响减少64%，这意味着饥饿人口将减少多达3500万（Janssens 等，2020）。

五、应对气候变化需要更多的与贸易相关的技术援助和能力建设

为了适应气候变化，低收入和脆弱国家需要增强其基础设施的韧性，并提高其在农业和其他行业的生产能力。发展中国家目前每年的适应成本估计为700亿美元，预计到2030年将达到1400亿至3000亿美元，到2050年将达到2800亿到5000亿美元（UNEP，2021b）。

然而，气候融资没有达到2020年1000亿美元的目标，也没有实现《巴黎协定》中呼吁的适应和缓解融资之间的平衡。2019年，气候适应融资仅占气候融资总额的四分之一，而气候缓解融资和跨领域气候适应及缓解融资分别占64%和11%。适应融资对于最贫困和最脆弱的国家尤为重要，这些国家占气候融资的40%以上，几乎是所有发展中国家适应融资总额的两倍（OECD，2021）（另见第三章）。

贸易援助倡议帮助发展中国家，特别是LDC，建立它们所需的贸易能力和基础设施，以增加它们对国际贸易的参与度并从中获益。有限但不断增加的贸易援助项目融合了环境因素（OECD 和WTO，2022）。2020年，具有气候目标（适应、缓解或跨领域）的贸易援助支出达150亿美元，占贸易援助总额的31%。约57.5亿美元，即贸易援助总额的12%，被分配给以适应单一或跨领域气候目标的项目。

2020年，与适应相关的贸易援助一半以上（54%）用于农业，反映出气候变化对这一行业造成的不成比例的影响程度（见图

2-5）。除农业外，与适应相关的贸易援助还针对能源（2020年占与适应相关的贸易援助的11%）、运输和储存（10%）、银行和金融服务（8%），以及林业（7%）等行业的项目。

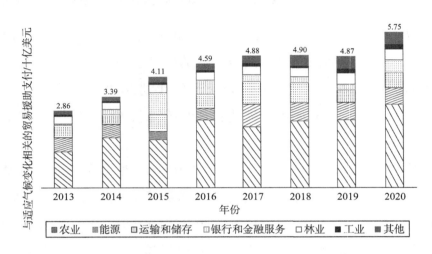

图2-5 大多数与适应气候变化相关的贸易援助支付涵盖农业

资料来源： 作者的计算基于经济合作与发展组织（OECD）DAC-CRS（发展援助委员会债权人报告系统）援助活动数据库。

注： 只有明确以适应气候变化为目标的项目，以及将适应气候变化确定为次要目标的项目，才被视为与适应有关的官方发展援助。

尽管与适应气候变化相关的贸易援助支出有限，但许多项目表明，投资于适应跨境气候风险是建立和增强抵御气候影响能力的机会（Benzie 和 Harris，2021）。例如，2015年，飓风"帕姆"摧毁了瓦努阿图维拉港的大部分滨海基础设施，强化综合框架（EIF）与澳大利亚和新西兰的公平贸易组织一起，帮助瓦努阿图用更具气候适应性的材料重建和改善了滨海，以经济包容性的方式促进游客与当地小企业之间的互动。EIF一直积极参与其他旨在适应气候变化的贸易援助项目，例如，向莱索托的小农户提供温室和冰雹网，以提高他们对不断变化的气候的抵御能力，绘制滑坡风险地图，促进可持续的土壤和水资源管理，以此加强东帝汶咖啡种植社区的适应和准备工作。（EIF，2022；Ramsay，2021）

WTO还可以帮助各成员增强与贸易有关的适应能力。例如，WTO调查LDC不断变化的技术需求和优先事项，并通过监测发达国家在WTO TRIPS下向LDC转让相关技术项目的履行情况来支持这些需求和优先事项。2018—2020年，在发达成员向WTO报告的152个环境技术转让项目中，25%的项目涉及适应气候变化，包括防灾和水资源管理（另见第三章图3-7）。

发展中成员和LDC在贸易和适应气候变化方面的能力建设需求与WTO若干委员会的工作相互交织，包括贸易与环境委员会（CTE）、贸易与发展委员会，以及TRIPS理事会。

适应气候变化也越来越多地被纳入STDF的工作中，STDF是一个全球伙伴关系，为发展中国家的创新和协作SPS项目提供资金机制，以促进安全贸易。STDF还确定并传播涉及粮食安全、动植物健康和贸易领域的良好做法。

尽管近年来与贸易相关的技术援助和适应能力建设有所增加，但在更好地利用气候融资和贸易援助之间的协同作用方面，还可以做更多工作。贸易援助倡议的实施可以通过更好地将贸易纳入国家的适应战略，并将气候因素纳入贸易援助项目，来帮助调动更多的资金来适应气候变化。在WTO内加强关于发展中国家和LDC与贸易有关的适应需求的讨论，也有助于促进贸易援助和气候融资方案之间达到更高程度的契合性和一致性。

第五节 小 结

气候变化是当前的现实。短期内，EWE将继续造成供应链和运输网络中断、关键商品短缺，以及国际价格波动。从长远来看，渐进的气候变化和更频繁、更强烈的EWE将改变区域专业化模式。如果不加以控制，气候变化将导致人道主义危机，其特点是贫困、粮食危机、疾病和不必要的额外死亡人数增加。还可能加剧地缘政治的不稳定，随着日益减少的资源，各国竞相获取，并试图通过经济脱钩和建立经济与政治的势力范围来保护本国的产业和市场。

以多边贸易体制为核心的贸易，可以帮助各国减轻气候变化的一些影响并做出反应，保护其免受EWE等短期冲击，并确保粮食、医疗保健、运输和通信等关键产品和服务的及时供应。尽管适应气候变化的成本仍然很高，但贸易可能有助于各国在比较优势方面适应与气候相关的变化，例如，进口它们可能无法再生产的产品，出口它们可能过剩的产品。贸易还可以促进技术的获取，使气候变化的一些成本和经济影响最小化。

WTO的规则，在政策对话与合作的支持下，提供了开放、非歧视和可预测的贸易环境，使贸易成为应对气候变化负面影响的手段。一些贸易措施，如暂停关税、向外国服务提供商开放市场和简化进口程序，可以加强对短期气候变化冲击的反应、恢复和抵御能力，并支持更长期地适应气候变化。

与此同时，在帮助低收入国家和脆弱国家应对气候变化适应性挑战方面，还有很多工作要做。成员可以利用WTO贸易与环境委员会等政策对话平台，分享制定成功的气候适应政策所需的知识和专业知识。贸易援助和EIF、STDF等相关倡议也有助于调动资金，建设发展中成员和LDC与贸易相关的适应气候变化能力。

尽管国际贸易和贸易政策有助于适应气候变化战略，但仅靠贸易政策并不能自动促进对气候变化的适应。如果GHG排放得不到控制，适应气候变化的代价只会更高。因此，各国必须采取和实施全面一致的气候适应行动，如加强运输网络，使生产、供应商和客户多样化，并对人力资本进行长期投资，尽可能减少气候变化造成的损失和损害，并将这些损失和损害降到最低。

注释：

1.博塞洛、埃博利和皮尔费德里奇（2012），博塞洛和帕拉多（2022），埃博利、帕拉多和罗森（2010），IPCC（2014a），诺德豪斯（2014），罗森和范德·孟斯布鲁赫（2012）。瑞士再保险研究所估计损失更大（2021）。

2.一些适应气候变化行动，如空调，在没有补充行动的情况下，会增加电力需求并产生GHG排放。补充行动包括提高空调技术的能源效率、支持可再生能源和增强建筑保温性能。

3.显性比较优势被定义为特定商品在经济出口总额中所占的份额，相对于这些商品在世界出口总额中所占的份额。

4.例如，对于食品贸易而言，这些可以是海峡和运河、主要作物出口地区的沿海基础设施，以及主要作物出口地区的内陆运输基础设施。

5.关于气候变化暴露和脆弱性指数的计算方法的详细信息，请参见见陈等（2015），关于出口多样化指数的方法，请参见亨恩等（2020），隆加尼等（2017），帕帕哥蒂尔、斯帕塔福拉和王（2015）。

6.例如，研究发现，温度每升高1℃，低收入国家的工业产出就会降低2.02%（Dell、Jones 和 Olken，2012）。

7.对于动植物而言，适应气候变化意味着要么通过在维持生命的措施（如体温调节）上花费更多的时间和精力来适应不断变化的气候及其影响，要么尽可能地转移到环境条件不那么恶劣的地区。

8.植树造林是指在以前没有树木的地区种植新树木的过程，再造林是指在树木数量减少的森林中种植树木的过程。

9.参见阿尔卡尔和西科尼（2004），阿米蒂等（2017），阿米蒂和科宁斯（2007），弗兰克尔和罗默（1999），瓦齐亚格和韦尔奇（2008），格雷斯和雷德林（2020），以及塞尔代罗和科马罗米（2021）。

10.例如，国际贸易的增加创造了新的就业机会，改善了福利结果，这往往会降低人们出国寻找工作机会的动机。

11.参见https://corporate.walmart.com/esgreport 2019/environmental # climate-change。

12.已通报的具有下列目标的贸易措施被认为与气候变化有关，即树植造林或再造林，减少空气污染，替代能源和可再生能源，减缓和适应气候变化，节约能源和提高效率，以及保护臭氧层。想了解更多信息，请参阅WTO（2021d）。

13.在农业和粮食市场上，当全球农业和粮食价格大幅上涨时，政府倾向于制定改变价格的贸易政策。

14.例如，《韩国—秘鲁RTA》。

15.例如，《哥伦比亚—厄瓜多尔—欧盟—秘鲁RTA》。

16.例如，《加拿大—智利RTA》。

17.例如，南部非洲关税同盟（SACU）。

18.WTO第十二届部长级会议（2022年6月）成果文件［WTO官方文件编号WT/MIN（22）/W/16/Rev. 1，可查阅：https://docs.wto.org/］第14段承认多边贸易体制对《2030年议程》的贡献。

19.一些RTA复制或建立在与建立气候适应能力相关的现有WTO规则的基础上，而另一些则建立了新的承诺（WTO，2021c）。

20.例如，2021年10月，WTO和国际商会（ICC）组织的企业、成员和利益相关方之间的"贸易与气候"对话（https://www.WTO. org/chinese/tratop_e/envir_ e/trade4climate_e.htm），强调了气候变化与自然灾害之间的联系及其对贸易的影响。

21.贸易和WTO在促进粮食安全方面的重要作用也反映在国际社会对可持续发展目标2b 的承诺中，即纠正和防止世界农业市场的贸易限制和扭曲（https://sdgs.un. org/goals/goal2）。

22.想了解更多信息，请参见https://www.wto.org/english/tratop_e/agric_e/food_security_e.htm。

第三章 低碳经济对贸易的影响

全球经济急需进行广泛的变革，以迅速减少温室气体排放，有效遏制气候变化的进程。本章探讨了向低碳经济转型会如何影响国际贸易模式，并概述了贸易、贸易政策和国际合作在支持公正的低碳转型方面发挥的作用。

虽然低碳转型需要短期投资和调整成本，但它也可以提供重要的经济效益和机会。WTO在增强减缓气候变化行动的雄心和可行性方面发挥重要作用。

关键事实和调查结果

尽管新冠疫情暂时减少了温室气体的排放，但自1990年以来，总排放量增加了85%以上。这凸显了向低碳经济转型的紧迫性。

支持低碳转型的一些现有选择包括：减少对化石燃料的依赖，改善能源结构，推广可替代能源和可再生能源，提高能源效率，减少生产和消费。

零碳经济可以通过改变比较优势来改变贸易模式。一些经济体可以出口更多的可再生电力，另一些经济体可以出口由清洁能源生产的产品和服务。

受设计和执行情况影响，单边和未协调的贸易相关气候政策可能造成贸易紧张局势，进而破坏减缓气候变化的努力。

应对气候变化需要加强多边合作，采取一致行动，以支持公正的低碳转型。WTO通过协助防止非生产性贸易摩擦和促进有效的与贸易有关的气候政策，为支持应对气候变化行动做出了重要贡献。

第一节　导　言

尽管新冠疫情导致温室气体（GHG）排放暂时减少，但自1990年以来，大气中二氧化碳（CO_2）、甲烷（CH_4）和一氧化二氮（N_2O）的含量增加了85%以上。[1]自前工业化时期以来，人类活动产生的GHG排放已经导致全球变暖约1.1℃。

2015年《巴黎协定》要求各国将全球平均气温控制在比工业化前水平高出2℃以下，并努力将气温上升控制在1.5℃以内。到2030年，GHG排放量需要减少约50%，到2050年，实现零排放，才能将全球变暖控制在1.5℃以下（IPCC，2022b）。

实现零排放需要将GHG排放量减少到尽可能接近零的水平，并通过从大气中清除等量的GHG并将其永久储存在土壤、植物或材料中来抵消任何多出的排放量。要实现这一目标，就必须在生产和消费结构，包括专业化模式和国际贸易方面做出重大改变。这就提出了贸易、贸易政策和国际合作，以及WTO如何支持向低碳经济转型的问题。

本章讨论了高雄心水平的减缓气候变化政策以及运行良好的金融市场在推动和加速向低碳经济转型方面的关键作用。然后讨论低碳经济如何改变贸易模式并提供新的经济机会。本章最后讨论了国际合作，特别是WTO在支持减缓气候变化方面所做的努力。

第二节　实现向低碳经济转型势在必行

应对气候变化需要采取重大的气候政策行动，引导经济走向低碳排放之路，然而，没有单一的战略可以支持向低碳经济的转型。此外，碳减排政策的通过和实施面临着各种挑战，其中包括经济、能源和政治优先事项之间的相互冲突（见专栏3-1）。

例如，2020—2021年，G20经济体通过了总额达13万亿美元的新冠疫情相关刺激计划，然而，只有6%的资金被分配到了减少全球GHG排放的领域。这些领域包括安装可再生能源系统、提高建筑物能源效率和电气化运输系统。此外，3%的刺激计划是针对可能因支持碳密集活动而增加排放量的领域（Nahm、Miller 和 Urpelainen，2022）。相比之下，2008—2009年全球金融危机期间，全球财政刺激支出总额的16%用于促进环境保护活动，包括减缓气候变化（Jaeger，Westphal和Park，2020）。

应对气候变化政策的分配后果是确保向低碳经济公平和包容性转型的关键。运行良好的金融市场对于支持低碳经济也至关重要。

一、不同的战略可以支持向低碳经济转型

努力减少和防止GHG排放到大气中，通常被称为减缓气候变化，这对于控制全球变暖和显著减少气候变化的未来影响至关重要（IPCC，2022b）。迈向低碳经济的紧迫性要求对能源、产品和服务的生产、交付和消费方式进行重大变革。

目前，没有可适用于所有人的单一战略来实现低碳转型。但我们可以通过多种方式实现低碳经济，例如，能源结构不再依赖化石燃料；发展地热、水力和太阳能等可持续和可再生的替代能源；提

高建筑、运输、工业和消费的能源效率；减少生产和消费。[2]

　　引导消费者改变行为模式可以极大地支持向低碳经济转型（IEA，2021），因为这些改变抑制了能源需求。这可能包括鼓励消费者购买和采用如太阳能热水器和电动汽车等低碳产品和技术，并鼓励低碳消费方式，如节约能源使用、转换出行方式和消费低碳食品（Lonergan 和 Sawers，2022）。

专栏3-1　乌克兰危机对气候变化的影响

　　乌克兰危机对乌克兰人民、基础设施和经济造成了毁灭性的影响，也对环境造成灾难性影响，如破坏森林和海洋生态系统，污染空气和水，以及废物排放。鉴于俄罗斯和乌克兰在全球商品和能源市场中的重要作用，世界各地都感受到了冲突的连锁影响，包括粮食和能源价格上涨，以及俄罗斯和乌克兰某些出口产品的供应减少（WTO，2022b）。

　　这场战争及其后果凸显了制定气候变化战略时要在能源、粮食安全与环境之间取得平衡的重要性。然而，目前尚不清楚这场战争及其地缘政治后果是会减缓还是会加速向低碳经济转型。

　　为了应对乌克兰危机导致的石油和天然气价格上涨，以及对俄罗斯许多出口产品的制裁，一些国家选择使其能源供应商多样化，签署了来自非洲、中东和美国的液化天然气（LNG）合同（Dvorak 和 Hirtenstein，2022）。一些国家也在考虑增加天然气和石油产量，新建天然气管道，重新开放或延长燃煤电厂的运营（Tollefson，2022）。

　　尽管这些新的商业能源合同和项目可以解决当前紧迫的能源安全问题，但如果煤炭、天然气和石油的新供应商要求长期供应承诺等情况，它们也可能减缓向低碳经济转型。一些国家争夺LNG供应的竞争，可能会进一步加剧LNG价格飙升，这可能会促使一些发展中国家和最不发达国家增加能源消费或转而消费煤炭和石油等高碳密集型化石燃料。

这场战争还可能导致一些政府将最初用于应对气候变化的公共支出重新分配给其他优先事项，其中一些可能是碳密集型的，如军事装备。更广泛地说，地缘政治紧张局势可能危及气候变化方面的国际合作，而这种合作对于在应对气候变化方面取得重大进展至关重要。

与此同时，乌克兰危机的后果所产生的能源安全担忧，特别是能源自主化，也可能加速向低碳经济转型。为了应对这场战争，一些国家已经采取了计划，通过提高能源效率和可再生能源生产能力，加快向清洁能源转型。能源价格上涨也可能导致一些消费者购买更节能的产品和小型或电动汽车。

要加快低碳转型将需要生产可再生能源设备和节能产品，完成上述生产需要丰富廉价的金属和矿物供应，但是战争破坏了上述供应。然而，国际贸易有助于确保关键材料的供应更加多样化和更具弹性，并进一步促进向低碳经济转型。

二、高雄心水平的减缓气候变化政策至关重要

《巴黎协定》的签署国每5年向《联合国气候变化框架公约》（UNFCCC）秘书处提交一份路线图，即国家自主贡献（NDC），详细说明它们计划如何实现碳减排目标。[3]回顾最新的164个可用NDC，发现NDC中最常列出的措施与能源行业有关，包括可再生

能源和低碳或零碳排放发电（UNFCCC，2021）。许多NDC还报告了加强碳固存的措施，最常提到的是植树造林、重新造林和可持续森林管理。

尽管这些政策是积极的，但目前的雄心水平不足以实现符合《巴黎协定》时间表的低碳经济，即到2030年将GHG排放量减半，到2050年达到净零排放（UNEP，2021a）。

缺乏进展的部分原因是，气候变化是市场失灵造成的，造成气候变化的主体不一定自食其果。例如，企业和消费者可能无法直接感受到其排放的GHG对气候变化所带来的后果，因此，它们将继续过量排放GHG。应对气候变化的措施也可以具有积极的外部效应，例如，所有经济行为者都会从减缓气候变化的努力中受益，即使它们没有为这些努力做出贡献。然而，这可能会激励其他国家搭上气候努力的便车，控制全球减缓气候变化的努力。减缓气候变化政策对于解决这些市场失灵问题至关重要。

其他市场失灵可能也需要政策干预。例如，一个国家的气候友好型创新可以使所有其他国家的创新活动受益，因为它们增加了全球知识存量，并支持经济的脱碳进程。但在知识外溢的情况下，投资于低碳技术研发（R&D）公司往往无法获得其投资的全部回报。规模经济、沉没成本，以及重新定位研究和转换技术的成本也给既定的高碳技术带来了优势（Acemoglu等，2012）。

此外，向低碳替代品转型所需的资本往往受不确定性、政治风险和短期投资回报缺乏的影响，这往往会阻碍创新或大型基础设施项目的融资。低碳基础设施往往需要对电网或电动汽车充电站等网络进行大量前期投资，如果没有政策干预，这些投资也很难建立。最后，关于产品或生产过程的能源效率或碳含量的信息可能无法获得，这使得经济主体难以做出明智的决策（Stern 和Stiglitz，2022）。

三、减缓气候变化政策是多方面的

减缓气候变化政策可以通过建立激励措施和要求来支持向低碳经济转型，以应用有利于气候的技术，并促进碳密集型资产的退出或提高其能效。[4]减缓气候变化政策的有效性取决于其设计，以及企业和消费者的反应。企业通常只有在法律要求，或者在经济上有利可图的情况下才会改变行为，而人们通常只在法律要求、替代品价格更低或质量更好，或者他们想要模仿或遵循社会规范的情况下，才会改变行为（Lonergan 和Sawers，2022）。

低碳转型的政策工具可以按照实现减缓气候变化的基本机制进行分类（IPCC，2007b），即指挥和控制工具、基于市场的工具、信息工具、自愿协议。

（一）指挥和控制工具

指挥和控制工具是气候减缓政策最常见的形式（IPCC，2007b）。指挥和控制措施大致分为两类：（1）关于工序和生产方法的监管措施；（2）某些产品和做法的禁止指令。

减少生产活动对环境的影响有时可能涉及产品的生产方式制定标准和规章。这些规章通常有两种形式：（1）绩效标准，规定每单位生产要实现的具体环境成果（例如，每千瓦时发电量的CO_2克数）；（2）技术标准，规定生产商应使用的各种减少污染的技术和方法（WTO 和UNEP，2009）。

禁止使用或逐步淘汰指令，以及禁止销售进口高排放设备和低能效产品的做法越来越普遍。引入这样的命令是为了消除现有的燃煤电厂等化石燃料资产，并防止对高排放设备的新投资（Finon，2019）。

（二）基于市场的工具

近年来，基于市场的工具已成为传统命令控制政策的替代品（Peace和Ye，2020）。这些工具的优点在于，在经济主体希望减少GHG排放的方式上提供了更大的灵活性。基于市场的工具可以分为四大类：碳定价、支持措施、化石燃料补贴改革、绿色政府采购。

碳定价，包括碳税和碳排放交易体系，经常被经济学家强调为减少排放的有效方式（Aldy和Stavins，2012；Metcalf和Weissbach，2009；Stavins，2022）（见第四章）。碳定价与污染者应该为他们造成的损害买单的想法有关。通过为碳排放定价，经济主体GHG排放活动的成本得以明确，从而激励经济主体寻找减少排放的方法。此外，通过给予经济主体选择适当的减排行动方案的灵活性，碳定价还可以刺激新的低碳产品和生产工艺的创新。

政府还可以通过鼓励开发、生产和应用低碳产品和技术来支持低碳转型。R&D补贴可以降低低碳技术的成本，提高其性能，并促进环境技术的创新（Acemoglu等，2012；Bosetti等，2013；Verdolini等，2015）。还可以向可再生能源生产商提供补贴。例如，上网电价允许可再生能源生产商获得每单位发电量的保证价格、保证电网接入，以及与电网公用事业签订长期合同（Fell和Linn，2013；Wike，2011）。还可以向消费者提供补贴，以鼓励采用低碳产品和技术，例如，LED照明或电动汽车（Finon，2019）。

逐步取消化石燃料补贴也会影响碳价。由于化石燃料补贴本质上起着负碳价的作用，取消这些补贴会导致碳基燃料价格的上涨（Jenkins，2014；van Asselt和Skovgaard，2021）。因此，补贴改革能够将未反映在补贴价格中的环境外部性成本纳入其中，从而激励减少化石燃料的使用。更普遍的是，改革针对碳密集型产品和活动的支持措施，如一些农业补贴，可以减少 GHG 排放（OECD，2022b；Springmann 和 Freund，2022）。[5]

通过绿色政府采购（GGP）政策，政府可以通过购买低碳产品和服务来影响私营部门生产者，为新进入者创造市场，并通过授予公共 R&D 合同来激励气候变化问题的创新解决方案。由于政府采购所需产品和服务的巨大需求量，[6] 在商业市场化可行之前，GGP 可以为新的低碳解决方案创造大量稳定的需求。

（三）信息工具

当企业和消费者对其行为的环境后果缺乏必要了解时，它们的行为可能效率低下。信息工具提供有关特定产品和活动的环境和能源信息，使投资者和消费者能够在知晓气候因素的前提下，做出选择。环境相关信息的披露包括标签计划、评级和认证制度、公众意识运动和环境自我声明。

碳标签等生态标签，正越来越多地被采用（OECD，2016）。面向消费者的碳相关信息可以通过不同的方式传达。[7] 低碳标签表明产品的碳足迹已经减少，而不必具体说明减少量。碳中和标签表明产品的碳足迹已经减少，但任何剩余的碳排放已通过碳抵消项目得到补偿。碳评分列出了产品整个生命周期的碳排放量。碳评级显示了产品在能源使用和效率方面相对于同类产品的表现。

虽然增强信息的举措可以由政府出台或管理，[8] 但私营部门和非营利组织正越来越多地采用环境信息工具。越来越多的公司使用生态标签来建立或培育环境友好型产品的利基市场。一些公司还自愿披露有关其环境绩效的信息。最近，政府和私营部门在环境信息计划上的合作已经变得普遍，例如，圆桌会议认证计划。

（四）自愿协议

自愿协议是政府当局与一个或多个私营部门当事方之间的定制合同，旨在改善环境绩效和资源利用，超越遵守监管义务（Cornelis，2019；IPCC，2007b）。[9]没有参与的法律义务，在大多数情况下，终止参与也没有处罚（Karamanos，2001）。在某些情况下，自愿协议可以消除采取法律手段的必要。自愿协议还鼓励政府和私营部门之间采取积极主动的合作方式。此外，它们可以引导其他公司模仿自愿协议签署公司的环境保做法。

四、解决减缓气候变化政策的分配和政治影响至关重要

通过实施高雄心水平的碳减排政策可能会在某些人群和某些部门中面临挑战。这是因为碳减排政策的分配结果可能导致现有部门、活动和技术被更高效或低碳能源所取代，这可能会遭到反对，从而阻碍政策实施（Jenkins，2014；Nemet等，2017；Stern，2017a）。此外，如本章第三节所述，一些气候减缓政策对贸易的影响，可能会波及政府的减缓政策战略和雄心水平，例如，将碳密集型活动迁往气候政策不太严格的国家。

旨在提高化石燃料价格的碳减排政策至少在短期内会普遍提高能源价格，并对消费者和生产者产生负面影响。那些因脱碳而遭受损失或可能遭受损失的人所施加的压力可能会阻碍使用更高效、低排放的技术，从而减缓向低碳经济转型。因此，建立向低碳经济转型所必需的减缓气候变化政策需要公众的支持，以确保这些政策是可信、有效和持久的。

例如，碳定价政策往往面临重大的政治经济障碍（Jenkins和

Karplus，2017），并引发人们对碳价上涨可能给低收入群体带来的负担的担忧。[10]然而，与此同时，这些政策具有增加收入的潜力，这些增加的收入可以以各种目的进行重新分配（称为"收入循环"），已被提议作为对分配问题的可能补救措施（Jakob等，2016；Rausch和Yonezawa，2021）。

同样，众所周知，化石燃料补贴改革会产生重大的分配和政治影响，在某些情况下，大规模罢工和公众暴力抗议促使各国政府逆转其改革。[11]其他结构性因素，如机构或治理能力不足，也可能使化石燃料补贴一旦到位就难以取消（Lockwood，2015；Skovgaard和van Asselt，2019）。

有一些减缓气候变化的政策会使某些群体比其他群体受益更多，因而获得更大的政治支持（Jenkins，2014）。例如，研究发现，鼓励家庭购买电动汽车的补贴政策对高收入人群来说尤其有利（Sherlock，2019；Sovacool 等，2019），然而，通过GGP开发和扩大经济适用的电气公共交通网络，可以特别有益于低收入和/或少数群体，因为他们可能没有私家车，依靠公共交通工具上下班和上学（Slastanova 等，2021）。

一些减缓气候变化的政策可能对生产者的影响更大，而不是消费者。生产者直接受到政策影响，无法在产品和服务价格中反映出由这些政策导致的成本增加（Johnstone和Serret，2006）。例如，法规（包括环境法规）的合规成本，往往会对中小微企业（MSME）产生不成比例的影响（Crain和Crain，2010）。然而，减缓气候变化政策的设计可以减轻弱势群体所承受的负担，这样做有助于支持和引导向低碳经济更加公平和包容的转型。

五、运行良好的金融市场对向低碳经济转型至关重要

低碳转型可能带来的所有能源和土地使用系统的转型将需要大幅扩大投资（IEA，2021）。麦肯锡（2022）估计，为了将全球变暖限制在1.5℃以下，在2021—2050年，实物资产的资本支出将需要275万亿美元的总投资；这意味着平均每年需要9.2万亿美元。正如本章第四节第一部分所讨论的，在全球范围内实现低碳经济还需要向发展中国家和最不发达国家（LDC）提供资金支持，以减轻转型的不利影响，使这些国家能够进行投资并利用新的机会。

据估计，未来30年，仅用于能源转型的全球资金就将达到131万亿美元（Mckinsey，2022），到2030年，全球每年的清洁能源投资将需要增加两倍以上，达到5万亿美元左右，才能在2050年实现净零排放。这一投资可以为全球GDP年增长率额外贡献0.4个百分点（IEA，2021）。投资需求的规模意味着金融机构和私营部门的贡献至关重要。[12]

企业通过利用其产生的利润、增加债务或发行债券为其活动融资，例如，投资于气候友好型技术。资本成本的两个组成部分——债务资本成本和权益资本成本，它们会影响企业投资低碳排放项目的决定。例如，高利率使投资成本更高，对企业的吸引力降低，从而减少了它们的投资。相反，公司的市盈率较高通常表明市场认为该公司质量高、风险低或增长迅速，投资者通常通过购买高利润或高市盈率公司的股票来获利。

为支持向低碳经济转型，包括中央银行在内的金融市场可以通过以下方式支持向低碳经济转型：采取减少碳密集型项目资金的战略；增强风险管理能力，以发现新的低碳机会；开发新的金融产品，支持投资者逐步减少碳密集型遗留资产。由企业、商业金融

机构和家庭消费资金组成的气候融资总额在过去10年中稳步增长，2019年和2020年年均达到6320亿美元（Climate Policy Initiatives，2021）。私营部门牵头的气候相关活动在可再生能源投资，特别是陆上风能和太阳能光伏（PV）能源项目，以及能效投资和废物管理中最为常见。为支持资源效率，其他与气候相关的项目包括垃圾填埋气体捕获、农业和林业项目，以及用于过程监测和控制的信息技术应用项目，如智能灌溉和智能冷链管理。

　　私人融资的气候项目通常是一系列公共干预措施和更广泛的有利条件综合作用的结果（OECD，2017）。碳融资、绿色股票指数和绿色债券等创新金融工具从投资者那里筹集资金，专门为环境项目提供资金。例如，自2007年欧洲投资银行发行首只绿色债券以来，绿色债券市场的规模和市场覆盖率迅速增长。截至2021年底，全球绿色债券市场总规模达到5174亿美元，连续10年呈现扩张趋势（Climate Policy Initiative，2021）。

　　环境、社会和治理（ESG）标准越来越多地被纳入投资者的分析过程，以识别低碳投资中的重大风险和增长机会等。虽然ESG是一种很有前途的方法，但ESG评级并没有标准化，而且不幸的是，ESG方法还与"搭便车""漂绿"和不当销售风险有关（Lonergan和Sawers，2022）。当公司愿意低估高碳排放资产的价值并将其出售以获得更高的ESG分数时，就会出现"搭便车"现象。当拥有高ESG的公司继续持有高碳排放资产时，就会出现"漂绿"现象。不当销售的风险来自投资者对ESG投资必然带来高回报的高期望，尽管许多ESG投资仍然存在风险。

　　统一ESG标准和衡量工具，改善信息披露和监管控制，有助于降低低碳项目的资金成本，并提高ESG融资在推动低碳经济方面的有效性。

第三节 向低碳经济转型既改变贸易模式又提供新的发展机会

历史表明，世界经济的快速开放，加上技术变革的迅猛步伐，改善了世界各地数十亿人的福利和生活水平，其中包括最贫穷的公民。这一过程必然伴随着经济变化和对就业市场的一些破坏，因为经济从较低的生产率转向较高的生产率，从衰落的产业转向崛起的产业（WTO，2017）。

向低碳经济轻型也应如此，经济从化石燃料转向可再生能源，从高碳密集型活动转向低碳密集型活动。这种转变很可能通过改变比较优势来影响国际贸易流动。尽管解决任何与气候有关的贸易紧张关系至关重要，但可再生能源和低碳密集型产品的新贸易机会仍可能会出现。

一、向低碳经济转型为支持更可持续、更公平的发展提供了机会

低碳经济带来可观的环境效益，有助于走上更可持续的发展道路。向低碳经济轻型可以避免并最大限度地减少气候变化的严重后果，包括全球气温上升、海平面上升，以及洪水、飓风和干旱等极端天气相关事件的频率、持续时间和强度上升。低碳转型还能改善空气质量，进而改善健康和生活条件。可持续土地管理、气候智慧型农业做法和森林保护实现脱碳，还可以促进生物多样性，增强粮食安全和气候适应能力（见第二章）。

虽然向低碳经济转型需要短期投资和成本调整，但它也可以提供重要的经济利益和机会，以支持更可持续和更公平的发展。据估计，2018—2030年，气候减缓方面的激进举措可累计产生26万亿美元的经济收益（Garrido等，2019）。这一转变也将控制气候变化的风险。如第二章所述，如果不采取高雄心水平的减缓措施，到2050年，气候变化每年可能造成25万人额外死亡（WTO，2018），并可能造成高达18%的全球GDP损失（Swiss Re Institute，2021）。

虽然向低碳经济转型预计将改变农业和制造业产品的生产方式、服务的提供方式，以及建筑物的供暖和制冷方式，但劳动力市场也可能经历一场转型，就业机会将在职业和行业之间流动。水泥和钢铁等碳密集型行业的工人可能会受到不成比例的影响。

然而，低碳转型也可以带来就业机会，因为可再生能源行业比化石燃料行业更劳动密集型（Garrett-Peltier，2017）。2021年，可再生能源行业已经在全球提供了1270万个就业机会（IRENA和ILO，2022），预计到2030年，清洁能源领域将创造1400万个就业机会，能源相关行业将新增1600万个就业机会（IEA，2021）。[13]与化石燃料行业相比，可再生能源行业的就业机会也更具性别包容性，女性占可再生能源就业机会总数的32%，但在化石燃料行业仅占21%。与低碳转型相关的劳动力转移的总体规模可能仍然相对有限，因为大多数工作可能既不是高碳密集型工作，也不是低碳密集型工作（IMF，2022）。

希望进入就业增长行业（如太阳能电池板安装行业）和退出就业下降行业（如煤炭开采行业）的工人所面临的障碍和劳动力流动冲突可能很高。劳动力市场上提供的技能和想要的技能之间的不匹配阻碍了工人在工作之间的转换（ILO和WTO，2017）。此外，地理冲突或障碍在影响工人在区域之间再分配的总流动成本中占很大比例，可能与自然地理、社会网络、家庭关系、文化障碍、语言和住房有关。发展中国家的劳动力流动成本往往更高（WTO，2017）。

支持劳动力市场调整，以帮助那些因碳密集型产业关闭而失业的工人，对于确保公平地向低碳经济转型至关重要。劳动力市场调整政策可采取不同形式，包括求职援助、技能发展和培训方案（Bacchetta、Milet和Monteiro，2019；WTO，2017）。环境和低碳密集型工作往往是高技能和高报酬的工作（ILO，2018），这可能吸引一些失业工人去争取这些机会。因此，环境工作的工资溢价也有助于促进劳动力市场的调整（IMF，2022）。

二、低碳技术和可再生能源的国际贸易可以支持向低碳经济转型

尽管国际贸易排放GHG，但它可以在支持和促进低碳技术的开发、获取和应用方面发挥重要作用。可再生能源和电力贸易也有助于通过提供负担得起的可持续和可再生能源，使生产过程更加清洁。

国际贸易可以通过帮助分担新环境技术的固定和沉没投资成本来支持低碳转型，因为高投资成本往往与包括环境技术在内的新技术的开发有关。当上下游公司能够在成本分配、共同决策和长期承诺方面达成一致时，整个供应链将得到有效实施（Ghosh和Shah，2015；Mattingly，2017；Qin等，2021；Xu和Xie，2016）。通常只有少数国家在制造特定的环境技术（如可再生能源组件和设备）方面具有特定的技术专长，因此，环境产品贸易为进口国提供了无法在国内复制高效技术的机会（Garsous和Worack，2021）。

国际贸易还可以通过促进环境技术的传播来推动低碳转型，因为这增加了知识的跨国界传播（见第六章）。知识和思想的传播也可以提高生产率。研究发现，清洁能源技术创新的增加（通常以相关专利的数量来衡量）可以降低能源强度并改善环境绩效（Chakraborty和Mazzanti，2020；Ghisetti和Quattraro，2017；Wurlod

和Noailly，2018）。此外，不同国家和行业在获取和吸收环境技术知识方面存在差异，通过知识传播，国家和部门可以更有效地利用各自的比较优势，从而促进经济体的发展（Bretschger等，2017）。

可再生能源和电力的国际贸易也可以解决太阳辐射和风能密度等清洁能源在地理分布上的不均衡问题。例如，在非洲、亚洲、拉丁美洲和中东的许多国家，太阳能生产的潜力特别高，而在北回归线以上和南回归线以下的沿海地区，风力发电的潜力往往非常高。例如，世界上最大的太阳能发电站建在摩洛哥，而最大的海上风力发电场位于英国。

可持续的可再生能源产品和服务的贸易和投资，为全球增加可再生能源产量提供了低成本的解决方案。例如，2017年全球交易的太阳能电池板容量估计接近80千兆瓦，相当于2017年全球发电量的9%以上（Wang等，2021）。

然而，要充分发挥可再生能源和电力国际贸易的潜力，需要解决新的可再生电力流对现有发电、输电和配电基础设施造成的结构性挑战，以及可再生能源固有的可变性，包括潜在的供需失衡和有限的存储能力（McKinsey & Company，2021）。尽管在高压直流输电技术取得了迅速而重大的进展（Patel，2022），但通过高压线路进行长距离跨境输电仍然相对昂贵。可再生能源也可以通过使用能源载体，即使用可再生能源生产的气体或液体，通过管道或船舶出口（van der Zwaan、Lamboo 和 Dalla Longa，2021）。[14]近年来，正如高里·辛格在其观点文章中所讨论的那样，绿氢作为一种通用的无碳能源载体的潜力正得到越来越多的认可。

环境技术的转让也有助于克服可再生能源资源的区域位置与低碳技术的可用性之间的不匹配。最近对专利活动的分析表明，在

《京都议定书》，特别是《巴黎协定》之后，减缓气候变化的知识流动轨迹有所增加（特别是从发达国家流向发展中国家）（Torrance、West 和 Friedman，2022）。发展中国家往往缺乏大量遗留下来的高碳能源系统，因此，在相关的能源和环境政策指导下，这些国家可以直接跨越到低成本、可靠的可再生能源技术，这些技术非常适合为分散农村人口提供服务，尤其是那些电力或其他能源有限或无法获得的人群（Arndt等，2019）。

向低碳经济转型很可能发生在地缘政治紧张局势加剧和供应链中断的地区（见第二章）。在这种情况下，用于低碳技术（如可再生能源设备和节能产品）所需的能源和关键矿产资源的供应必须是多样化和有弹性的。为了构建基于风险的供应战略，需要根据能源安全问题评估未来的能源需求，必须支持贸易伙伴之间的透明度和协调（WTO，2021c）。

三、向低碳经济转型将影响贸易模式

虽然气候变化可能会改变各国的比较优势（见第二章），但低碳转型也可能导致贸易模式的转变。对于那些比较优势来自化石燃料能源和高碳密集型活动的国家，低碳转型的影响可能更大。虽然越来越多关于气候变化和贸易的文献着眼于气候变化（特别是全球变暖）对某些贸易模式的未来影响，但对向低碳经济转型的贸易影响的讨论却很少。

绿氢需要行动的欲望

作者：高里·辛格
国际可再生能源署副总干事

国际可再生能源机构（IRENA）的《2022年世界能源转型展望》，详细阐述了到2030年实现将全球变暖控制在1.5℃以下这一目标的路线，主张使用氢气实现完全脱碳（IRENA，2022）。这意味着要将全球氢气产量提高到目前产量的5倍，即每年6.14亿吨氢气，到2050年达到最终能源需求的12%。预计绿氢将占这一产量的绝大部分。

关于绿氢的讨论来得正是时候。在快速改进的技术、规模经济、有竞争力的供应链和开发商经验的推动下，可再生能源发电成本在过去10年中大幅下降。例如，2010—2020年，公用事业规模的太阳能光伏发电的电力成本下降了85%。

与化石燃料不同，每个国家都有可能生产可再生能源。这就是能源公平。同样，绿氢也是如此，它是通过使用由可再生能源驱动的水和电解技术进行转换的。这种方法可以从根本上改变全球能源交易的方式。

绿氢可以通过在不同地点充分利用可再生资源的最佳组合来实现经济效益，例如，太阳能或风力发电场所需的空间、水资源，以及出口到大市场的能力。可以选择在这些地方建立新的电力中心，将其打造成生产和使用氢气的重要枢纽。

然而，到目前为止，还没有找到一种成本效益高的可再生能源远距离供电的方法，可以将低成本生产地点与需求联系起来。

合适的输电线路非常罕见，而且建设成本极高。使用氢气作为能源载体或许可行，使可再生能源能够以分子或氨等商品的形式进行跨境交易。

为了使贸易具有成本效益，出口地区生产绿氢的成本必须低于进口地区，以弥补运输成本。随着项目规模的扩大和降低运输成本的技术发展，这种成本差异将变得越来越大。氢能贸易可降低能源供应成本，因为它可以利用更便宜的能源。它还可能支持更强大的能源系统，有更多的选择来应对爆炸性的危机。

为了使氢能贸易真正在全球范围内蓬勃发展，我们有很多事情可做，需要创造一个可以激发需求、提高透明度并连接供应商和用户的市场。为了支撑市场，各国需要建立一个市场监管框架，其中包含促进增长灵活性。此外，还必须有一个被所有国家所接受的国际认可的认证体系。最后，创新必须极大地改善现有技术，加强整合价值链。

绿氢不可能突然一下就成为世界能源，并到2030年将全球变暖控制在1.5℃以下的目标。这将需要果断的行动和积极的创新来创建新的生产中心和刺激需求。最重要的是，需要我们对未来的雄心和清醒的认识。世界必须做好准备，扩大自己的影响力，抓住能源转型的每一个机会。迈出第一步很简单：我们只需要伸出援手。

世贸组织全球贸易模型（WTO GTM）被用来填补这一空白，并分析到2050年向低碳经济迈进将如何影响经济和贸易模式。[15]然而，重要的是，模拟情景不是对未来进行预测或预言，而是在一组假设的基础上对未来可能发生的情况进行描述。在这一分析中，低碳转型被认为是通过国际合作和采用全球碳定价来实现的，这是基于全球减排与各国宣布的到2030年的NDC相结合。在这一情景下，到2050年，化石燃料的开采和使用将逐步淘汰，而电气化和可再生能源的使用将增加，以在2050年之前实现低碳排放。

（一）低碳经济可能刺激可再生电力的区域贸易

假设向低碳经济成功转型，这一转型很可能会改变国内能源生产结构和能源贸易的构成。模拟结果表明，化石燃料出口在能源出口总额中的全球份额将会下降，而可再生能源贸易在能源贸易总额中的全球份额预计将随着脱碳目标水平的提高而增加（见图3-1右图）。[16]

然而，从2022年到2050年，低碳转型将导致能源贸易减少38%（见图3-1左图）。这一结果可以有两种原因：化石燃料出口的减少和可再生能源贸易的增加。然而，后者不足以抵消前者，因为运输电力的高成本，化石燃料能源（天然气、煤炭、石油）被认为比电力贸易（可再生能源）更具可交易性。

（二）低碳转型将改变生产和贸易格局，对不同区域产生不同影响

低碳转型的经济影响可能分布不均，那些高度依赖化石燃料能源出口的国家受到的影响更为严重。此外，覆盖面广的政策和运行良好的金融和劳动力市场有助于降低向低碳经济的调整成本，并开辟新的经济机会。

模拟结果表明，低碳经济必然会导致所有地区煤炭、石油、天然气和精炼石油产品的实际产量大幅下降，这一趋势将影响依赖化石燃料出口的国家（FFEDC）[17]，使其产量减少50%，而对于低收入和较高中等收入国家，这一减少幅度更高，可达到60%至70%不等。与此同时，资本和劳动力可能会被重新分配到不同的活动中，以确保低碳转型。因此，各国可以将其生产和比较优势从化石燃料行业转移到能源密集型工业行业，如钢铁，以及计算机电子设备和汽车等以知识为基础的尖端行业。

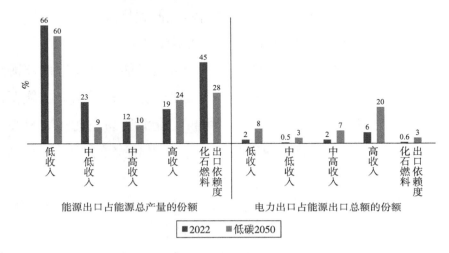

图3-1 低碳经济中电力贸易可能会增加

资料来源：贝克克斯等（2022）。

注：基于WTO GTM 的模拟结果。"低碳2050"情景假设各国合作在2050年之前实现几乎零排放。

脱碳导致的贸易模式变化反映在一个国家相对于其贸易伙伴的商品生产相对能力上，通常称为显性比较优势（RCA）。能源密集型行业的FFEDC的RCA增长可能大于尖端行业，因为脱碳导致的化石燃料价格下降使拥有大量化石燃料储备的地区在能源密集型行业更具竞争力（见图3-2）。这一趋势虽然规模较小，但也可以在低收入国家观察到。随着能源密集型行业和尖端行业的转移，高收入国家在这两个行业的RCA可能会略有下降，但它们仍将保持在尖端行业的比较优势。

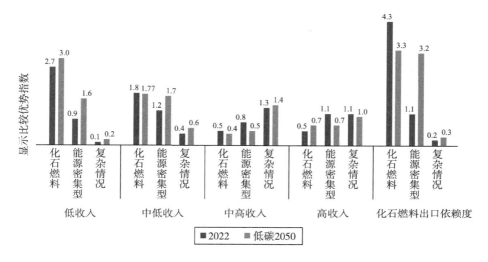

图3-2 低碳经济可能促使各经济体转变比较优势

资料来源：贝克克斯等（2022）。

注：基于WTO GTM的模拟结果。显性比较优势（RCA）是一个指数，指某一经济体的出口占该经济体总出口的份额，与全球该行业的出口占全球总出口的份额的比率。如果RCA超过1，表示这个国家在某一特定行业上具有显性比较优势。一个国家在某个行业的RCA数值越高，其出口实力就越大。

与此同时，FFEDC和低收入地区可以从低碳转型中受益。如上一章所述，脱碳可以帮助FFEDC和低收入地区实现经济多样化，从不稳定的化石燃料行业转向更具增长潜力的更先进的行业，从而提供新的经济机会。此外，FFEDC和具有巨大可再生能源潜力的低收入国家也可以转向可再生能源的生产和出口。然而，目前化石燃料的出口收入不会完全被出口可再生电力的收入所取代，因为与化石能源不同，电力（包括来自可再生能源的电力），在远距离上的可交易性较低。[18]也可以在使用可再生能源生产的产品和服务中探索生产和出口机会。

这些新经济机会的实现在很大程度上取决于促进环境技术的

获得和传播，并将投资从基于化石燃料的实物资本转向人力资本（Peszko等，2020）。应对气候变化、促进教育和能源基础设施的政策对于确保各国拥有支持环保产业的有利条件也至关重要（见第六章）。如本章第四节所述，财政和技术支持在减轻转型的不利影响方面也起重要作用，尤其对于低收入经济体来说，这种支持帮助各国利用新的低碳经济机会，推动可持续发展。

四、一些减缓气候变化政策可能具有贸易影响

向低碳经济转型需要高雄心水平的减缓气候变化政策。其中一些政策可能对贸易产生影响并产生跨境溢出效应，从而可能影响各国政府的减缓政策战略和目标水平。一个关键问题是，某些政策在单方面采取时，其有效性可能会因其他国家缺乏雄心和丧失竞争力而受到影响（另见第四章）。

尽管并非所有减缓气候变化政策都对贸易产生影响，但与贸易相关的减缓气候变化措施往往会通知WTO。2009—2020年，WTO成员通报了3460项明确的措施，这些措施旨在减缓气候变化、节约能源、提高能效以及推广替代能源和可再生能源。[19]这些通报的与贸易相关的减缓气候变化措施大多是支持性措施、技术法规和符合性评估程序（见图3-3）。例如，通报的措施包括减少碳氟化合物的使用和推广全球升温潜能值较低的替代化学品的新监管要求，[20]节能、新能源车辆和船舶的税收优惠待遇，[21]并对具有最低能源性能标准的照明进行进口许可证监管。[22]

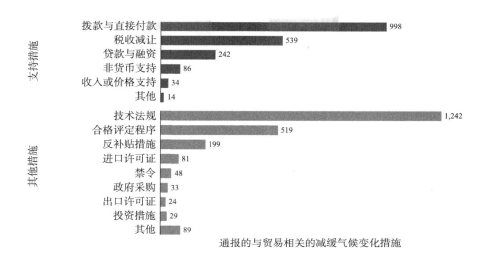

图3-3 支持措施和技术法规是最常见的与贸易相关的减缓气候变化措施

资料来源： 作者根据WTO环境数据库计算得出。

注： 该图按政策类型报告了2009年至2020年间向WTO通报的气候变化减缓措施。一项通报措施可能涵盖多种政策类型。

与贸易有关的减缓气候变化政策的设计和执行情况可能会引起贸易伙伴的关切，因为这些措施可能会在不同的贸易伙伴之间或在进口商品和同类国内商品之间造成歧视，或者可能会对贸易造成不必要的限制。例如，禁止和逐步淘汰措施可能会对贸易产生负面影响，迫使以前服务于特定市场的外国供应商改变出口方向或完全终止出口。[23]

正如第四章详细讨论的那样，碳定价也可能对贸易产生影响。[24]某些类型的支持措施也可能造成贸易紧张局势，例如，将专有权赋予国内企业使用研究成果的支持措施（WTO，2020a），或为保护国内生产商免受外国竞争而提供的支持措施，或出于产业政策目的而提供的支持措施（UNEP和DIE，2017）。例如，附和当地含量要求的补贴可以刺激对本土气候友好型基础设施和技术的投资，但同时也会限制贸易。

化石燃料补贴改革也可能通过提高能源密集型产业中间产品的价格来影响贸易竞争力（Burniaux、Château 和 Sauvage，2011），提高钢铁、石化和铝等碳密集型产业的生产成本，降低竞争力（Cockburn、Robichaud 和 Tiberti，2018；Ellis，2010；Jensen 和 Tarr，2003）。取消对全球化石燃料消费和生产的支持也会影响FFEDC。然而，化石燃料补贴改革对贸易的影响最终将取决于企业的应对措施（Moerenhout 和 Irschlinger，2020）。例如，企业可以用某些能源投入替代其他来源，提高资源效率或将合规成本直接转嫁给消费者，但如果企业决定通过提高价格来应对，这可能会损害它们在国际市场上的竞争力（Rentschler、Kornejew 和 Bazilian，2017）。

环境标签等信息工具的使用和扩散对贸易产生了重要影响。目前几乎没有强制性标签要求，但显著的自愿标签最终可能成为市场准入要求（OECD，2016）。信息机制的成倍增加可能会增加合规成本，包括寻求信息的成本、转向更昂贵的环境友好型生产方法的成本，以及采用复杂的认证和审计程序的成本，从而对生产商的国际竞争力产生负面影响。对于发展中国家的生产商和MSME来说负担尤其沉重，因为它们往往缺乏认证和可追溯性要求所需的基础设施（UNEP，2005）（见专栏3-2）。

与此同时，一些贸易政策可以激励更高水平的环境保护。例如，R&D投资等政府支持，可以促进知识的跨界传播（Fadly 和 Fontes，2019；Shahnazi 和 Shabani，2019），而贸易可以在加强这一效应方面发挥重要作用。同样，GGP政策可以与更开放的政府采购市场相结合，以增加参与招标的供应商数量，并有可能让政府采购者获得更多的气候友好型产品、服务和技术解决方案。

专栏3-2　MSME在低碳转型中的作用

MSME约占全球企业的90%，估计分别占发达经济体和发展中经济体GDP的50%和35%（WTO，2016）。许多MSME由女性拥有和领导（World Bank和WTO，2020）。

尽管MSME可以在实现全球脱碳目标方面发挥重要作用，但只有一小部分MSME制订了脱碳计划（BCG-HSBC，2021）。从新的环境产品和服务到提高生产效率和降低商业成本（ITC，2021），低碳经济转型为MSME提供了许多机会和好处。例如，发展中国家15个清洁能源行业预期总投资的25%可供MSME使用（World Bank，2014）。通过了解新技术、国外市场的新合规要求，以及国外消费者对可持续发展的需求，国际化可以进一步推动MSME的可持续发展实践（Hojnik、Ruzzier和Manolova，2018）。

然而，MSME的碳减排举措面临重大挑战。如果没有对更可持续的生产和节能技术的支持，即使有长期回报，资本受限的企业也可能无法投资（IEA，2021）。MSME在遵守或受益于减缓气候变化政策方面可能面临困难，尤其是当国家标准和国际标准出现分歧时（WTO，2022c）。

环境标准及其他非关税措施通常由发达经济体设计，这些举措用以支持环境产品的检测和合格评估等，这对于来自发展中经济体的MSME来说尤其具有挑战性(Pesko等，2020)。制定明确的减缓气候变化政策时，应考虑MSME的因素，不仅可以促进发展的包容性，还能为所有企业提供新的环境可持续的商机。

贸易还可以提高环境标准和条例方面的雄心水平，因为希望向管制严格的国家出口的公司有动力制定或采用更高的标准。例如，对汽车行业的分析发现，对车辆实行高排放标准的市场往往会对不实行高排放标准的国家施加压力，从而促使这些国家加强监管（Crippa等，2016；Perkins和Neumayer，2012）。正如下一节所讨论的，国际合作在减轻可能带来的负面贸易影响方面扮演着至关重要的角色，通过一致、协调和透明的行动，国际合作可以发挥协同效应，从而使得全球经济受益。

第四节　国际合作对实现向低碳经济转型至关重要

气候变化是全球共同面临的问题。在缺乏全球协调的情况下，采用个别的气候变化减缓战略可能并不是最理想的选择（Akimoto、Sano和Tehrani，2017；Thube、Delzeit和Henning，2022）。此外，经济主体可以通过"搭便车"来减少GHG排放，而政府对失去竞争力的担忧可能导致"竞次"或"监管寒流"的情况，从而减少或未能执行气候政策，或避免采纳高雄心水平的气候政策（Copeland和Taylor，2004；Dechezleprêtre和Sato，2017）。

国际合作有助于克服这些挑战，并扩大减缓气候变化的行动。它有助于避免非生产性摩擦或障碍，并解决单边气候政策产生的消极和积极的跨界溢出效应（Kruse-Andersen和Sørensen，2022）。国际合作的重要性在于通过尽可能低的增长成本来减少GHG排放，从而实现向全球低碳经济的公正转型。

一、加强国际合作，以支持公正的低碳转型

尽管UNFCCC已有30年的历史，但气候行动的进展过于缓慢和不平衡，无法完全遏制全球气温上升。目前各国根据《巴黎协定》和其他气候减缓措施做出的减少GHG排放的承诺，到2030年只能将全球的碳排放量减少7.5%，而要在不到2100年将全球气温上升幅度控制在1.5℃以下，需要将排放量降低到目前所需的六分之一。如果没有更高雄心水平的气候变化政策和行动计划，据预测，到21世纪末，全球将变暖约2.7℃（UNEP，2021a）。

全球气温上升幅度控制在1.5℃以内，是《巴黎协定》的理想目标，世界需要在未来8年内将GHG年排放量减少一半。这需要各国之间加强合作。为了说明国际合作的重要性，WTO GTM评估了三种情景下的CO_2排放量和全球温度轨迹（Bekkers等，2022）。[25]

基线"一切照旧"情景假设各国继续以各自2021年的水平实施气候变化缓解政策，而不采取进一步行动实施其NDC承诺。模拟结果表明，如果不采取雄心水平更高的全球气候变化缓解行动，到2050年，全球年碳排放量可能超过50亿吨CO_2（Gt CO_2），而全球平均气温可能上升2℃，到21世纪末可能上升3℃以上（见图3-4）。

在"分裂的世界"情景下，各国被假设采取单边气候变化缓解政策，包括国家碳定价，以符合其2030年前的NDC承诺。[26] 2030年后，碳价预计将呈线性增长模式，导致单方面施加的碳价之间存在巨大差距，从而导致碳价较高的国家对来自气候变化减缓政策宽松国家的进口产品进行碳边境调节（见第四章）。到2050年，电气化和可再生能源的份额将以不均衡的方式持续增长，只有那些承诺到2050年实现淘汰煤炭的国家才能真正实现这一目标。缺乏国际合作可能导致全球碳排放相对稳定，到2050年全球平均气温将上升1.9℃，到21世纪末将上升2.6℃，远高于《巴黎协定》减缓气候变化的目标。

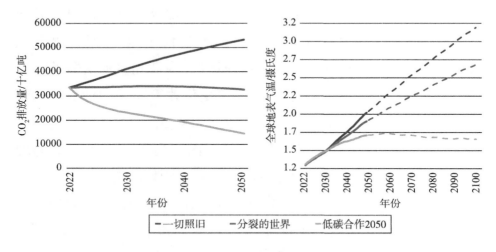

图3-4 减少碳排放需要国际合作

资料来源： 贝克克斯等（2022）。

注： 基于WTO GTM的结果。"一切照旧"假设各国继续在2021年的水平上实施气候变化政策。"分裂的世界"假设各国单方面采取气候变化政策。"低碳合作2050"假设各国通过建立一个全球碳定价机制进行合作。

"低碳合作2050"情景，假设各国通过采取全球碳定价机制等高雄心水平的气候变化政策，合作应对气候变化。与单边和不协调的气候变化政策形成鲜明对比的是，国际合作和协调行动可能导致全球年度碳排放量降至14.4 Gt CO_2，到2050年全球平均气温上升约1.7℃，低于《巴黎协定》将全球变暖控制在低于工业化前水平2℃的目标。

除了实现碳减排目标外，还需要加强国际合作，以确保公正的低碳转型。脱碳的影响在高收入和低收入地区之间分布不均。在缺乏补充和调整政策的情况下，低收入经济体的经济增长可能会放缓，因为，与中高收入经济体相比，低收入经济体的经济多样化程度较低，对化石燃料的依赖程度相对较高（除了FFEDC）。此外，低收入经济体往往面临较高的资本成本和有限的国际金融市场准入，这阻碍了这些国家的政府和企业为向低碳经济转型提供资金。

文献中讨论了几种备选方案，包括额外的金融机制，以使发展中国家，特别是LDC，能够抵消从以相对廉价的化石燃料为基础的经济向以低碳技术为基础的经济转型所带来的经济成本。例如，所谓的"全球碳奖励"（GCI）将设立一个全球基金，排放量高于全球平均水平的区域将向该基金捐款，而排放量低于平均水平的区域将从该基金获得收入（Cramton等，2017；Rajan，2021）。

WTO GTM被用来探索这样一个全球基金如何能够促进公正的低碳转型。模拟表明，实施额外融资机制，在高收入和低收入成员之间分配低碳转型负担，可以使低收入和中低收入成员的实际收入分别增加4.5%和3.2%，从而将脱碳对低收入成员最初的负面影响转化为对经济增长的积极影响（见图3-5）。因此，额外的融资机制可以在以相对最小的成本重新平衡脱碳影响方面发挥重要作用，并有助于实现低碳转型。

二、气候适应国际合作广泛而多样

减缓气候变化的国际合作是贯穿各领域的，涉及国家、区域、多边和多边各级的广泛行为者。UNFCCC是应对气候变化的核心多边框架，为全球气候变化谈判提供了一个国际论坛，同时也协调气候政策的实施。这种协调可以在制定国家GHG减排政策方面发挥重要作用，因为它可以向国内决策者保证，主要贸易伙伴正在国际上采取相应的努力。一些国家在履行UNFCCC规定的承诺的同时，也在寻求达成减缓气候变化的双边和区域协定（OECD，2015）。

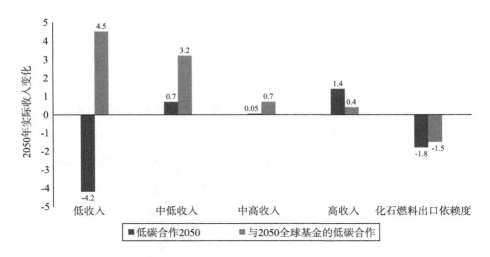

图3-5 加强合作有助于实现公正的低碳转型

资料来源： 贝克克斯等（2022）。

注： 基于WTO GTM的结果。该图显示了2050年实际收入相对于"一切照旧"情景的变化。"一切照旧"假设各国继续在2021年的水平上实施气候变化政策。"低碳合作2050"假设各国通过采用全球碳定价机制进行合作。"与2050全球基金的低碳合作"假设各国通过采用全球基金进行合作，以补偿受到不利影响的国家。每个国家向全球基金的净支付额是根据该国人均碳排放量与全球人均碳排放量平均值的差额，乘以该国人口和碳排放的全球参考价格计算的。

　　除了通过其他多边环境协定外，各国也开始关注如何在各自框架下加强协调，以支持气候行动。例如，《蒙特利尔破坏臭氧层物质管制议定书》缔约方通过了《基加利修正案》，旨在减少氢氟碳化物（HFCs）的生产和贸易，这种制冷剂具有高全球变暖潜力。预计到21世纪末，它的全面实施将防止全球变暖0.4℃。一些部门的合作努力与减缓气候变化直接相关，例如，国际热带木材组织（ITTO）对可持续林业的努力，国际能源署（IEA）和国际可再生能源机构（IRENA）对低碳能源转型的支持，以及国际海事组织（IMO）和国际民航组织（ICAO）对运输脱碳的努力（另见第五章）。

非政府组织（NGO）之间以及它们与政府之间的合作与协调也在增加。[27]私营部门也加强了其在减缓气候变化方面的国际合作。

三、国际贸易合作可以支持和加强气候变化减缓行动

尽管"国际贸易"一词并未出现在《巴黎协定》中，但其缔约方为支持气候努力，讨论了许多与贸易相关的内容，作为它们在几个技术机构下合作的一部分，这些技术机构包括应对措施论坛、卡托维茨专家委员会（KCI）和科罗尼维亚农业联合工作。在此类讨论中，贸易在支持缔约方气候努力方面的潜在作用经常被强调，包括贸易在帮助各国实现经济多样化，摆脱对碳密集型行业的依赖，以及劳动力向新的低碳行业的公正转型方面的作用（UNFCCC，2016b）。[28]

尽管目前数量有限，但越来越多的国家将国际贸易作为实现其减缓气候变化目标而设立的NDC的组成部分（WTO，2021f）。2015年《联合国气候变化框架公约》第21次缔约方大会（COP21）对已公布NDC的审议表明，尽管45%的NDC直接提及贸易方面，只有约22%的NDC提及旨在促进减排的具体贸易措施（Brandi，2017）。然而，NDC中所列出的一些明确措施的贸易影响可能不一定会实现，这取决于国内层面最终采取的文书和措施。

过去30年，区域贸易协定（RTA）迅速激增。尽管传统的RTA旨在降低关税和非关税贸易壁垒，但越来越多的RTA对可持续发展和环境问题进行了明确的规定。多年来，RTA中环境条款的数量和详细程度也显著增加（见图3-6），最详细的条款通常出现在专门讨论环境或可持续发展问题的章节中，或出现在环境合作协定中（Monteiro，2016）。

多年以来，RTA中明确应对气候变化的条款也有所增加，尽管

这些条款往往不如其他类型的环境条款频繁（向WTO通报的64项RTA）和详细（WTO，2021 b）。

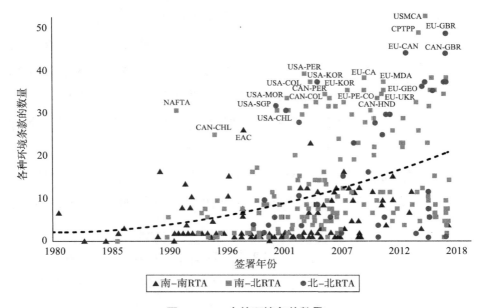

图3-6 RTA中的环境条款数量

资料来源：作者基于蒙泰罗（2016）更新后的数据进行的计算。

注：基于向WTO通报的RTA的分析。根据世界银行的国家分类，"北"被定义为高收入国家，而"南"被定义为中低收入国家。

关于气候变化的规定可以采取多种形式。一些条款强调了应对气候变化的重要性，包括通过环境产品和服务贸易以及减少化石燃料补贴，而另一些条款则要求缔约方有效执行《巴黎协定》并采取气候变化政策。[29]最常见的条款类型将减缓气候变化确定为一个合作领域，涵盖替代能源和节能、可持续林业管理，以及与国际气候变化制度与贸易相关的方面有关的活动等不同问题。[30]

关于气候变化的明确规定通常与其他环境规定相辅相成。例如，规定建立公平竞争环境承诺，以确保环境政策得到有效实施。

RTA还可以建立制度安排，作为确保实施的工具。例如，这可能需要设立委员会，以确保就执行情况进行对话，还有实施公共问责机制，并对承诺执行情况进行事后审查（Monteiro，2016；Monteiro和Trachtman，2020）。

除了区域贸易倡议外，多边贸易体制还提供了一个有利的框架，有助于支持气候减缓工作。如下文更详细地讨论的那样，WTO规则、WTO的监测和透明度职能，以及贸易援助倡议都为促进贸易和气候政策之间的一致性提供了重要机制。

四、WTO规则有助于防止保护主义，促进与贸易相关的气候政策的高效和有效实施

WTO成员为实现气候目标而采取的措施，就其性质而言，可能会限制贸易，从而影响其他成员在WTO规则下的权利。WTO协定明确承认WTO成员有权采取措施保护环境，只要这些措施不是任意实施的，并且没有超出必要限制。WTO成员也在政治层面重申，WTO规则不凌驾于环境保护之上（WTO 和 UNEP，2009，2018）。[31]

《马拉喀什建立世界贸易组织协定》（《WTO协定》）[32]序言指出，可持续发展和环境保护是多边贸易体制的核心目标。根据WTO的法理，《WTO协定》的序言"告知"了所有WTO涵盖的协定的解读，并"表明该协定的签署方在1994年充分意识到环境保护作为国家和国际政策目标的重要性和合法性"。[33]

正如《巴黎协定》所规定的那样，在气候问题上采取迫切行动的共识非常重要，因为WTO的法律不应"脱离国际公法进行解读"。[34]贸易界更深入地理解多边气候框架的内容和基本原理，或许是加强两个体系之间相互支持的关键。这需要加强参与贸易、气候政策及外交的各部委和国内机构之间的国内协调，但这也由贸易与环境委员会（CTE）的定期工作进行的，如下文所述。

尽管WTO规则并不阻止成员采取一系列高水平的气候措施，但也确实提出了一系列要求，以确保气候措施符合其目标。[35]特别是，寻求采取与贸易相关的气候措施的成员须遵守一系列关键的WTO原则，例如，国内外产品之间（国民待遇）和贸易伙伴之间（最惠国待遇）的非歧视原则，保证设计和实施措施的透明度，避免制造不必要的贸易壁垒，以及禁止对贸易进行数量限制。

然而，即使某些气候措施起初似乎与《WTO协定》中定义的一项或多项原则相悖（例如，因为对某些产品，特别是碳密集型产品的贸易施加限制），WTO规则也包含重要的灵活性，允许适应合法的政策。《关税与贸易总协定》（GATT）第二十条引入了该协定义务的"一般例外"，这是这种灵活性的主要例子之一。然而，其他一些《WTO协定》也包含类似的灵活性，如《服务贸易总协定》（GATS）、《技术性贸易壁垒（TBT）协定》和《与贸易有关的投资措施协议》（TRIMs）。WTO裁决者一再重申，WTO成员有权决定自己的环境和气候政策，以及它们选择的保护程度，即使这会严重限制贸易。[36]

WTO与环境有关的争端有助于澄清，有一些有用的检查措施，可以确保与贸易有关的应对气候变化的措施不会被滥用于保护主义目的。这些检查包括：

● 一致性：国内产品和进口产品之间的贸易限制或待遇差异可以通过追求合法目标来解释，而不是通过给予国内行业保护来解释。

● 适用性：该措施能够以平衡的方式有效地促进合法目标，或者作为国内保护政策的一部分，也限制了国内生产或消费。

●整体性：该措施是整体气候政策的一部分，并考虑了对其他国家的影响，以及对同一主题的其他国家、区域和国际努力的影响。

●灵活性：该措施以结果为导向，并考虑了替代措施，以有效应对同样的挑战。

在WTO争端之后，环境措施根据上述原则修改，并产生了更一致和有效的环境保护措施，即使这些措施也造成了更重大的贸易影响。这是因为，一旦纠正或消除了这些措施中不合理或任意的歧视性因素，环境政策就能更有效地适用于更广泛、更一致的产品，也更符合合法目标（WTO，2020b）。

WTO的其他一些规则也致力于实现同样的目标，即确保制定更加合法、更加有效和不那么扭曲的贸易政策。WTO的一些协定涉及特定类型的贸易相关措施，这些措施可用于应对气候变化。

《TBT协定》涵盖所有产品（包括工业和农业产品）的强制性技术法规、自愿性标准和合格评定程序。它建议技术法规应当尽可能以性能为基础，而不是以设计和描述性特征为基础。这一原则有助于确保任何地方的生产商和创新者，包括发展中成员和LDCs，都能找到最有效的方式来满足技术法规的要求。它还可以避免"锁定"某些未来可能不再是最环保的技术解决方案。《TBT协定》还承认有必要支持发展中成员生产商遵守这些要求。

《与贸易有关的知识产权协定》（TRIPS）为创新者和技术使用者之间建立了一种互利的平衡框架，同时也促进了创新和技术的传播，特别是通过一系列有针对性的国内措施来管理知识产权（IP）系统，从而推动社会和经济福利的发展。IP系统与国际贸易相结合，促进关键减排技术的知识转移和扩散，具体包括通过GVCs和知识溢出效应，以及知识密集型产品的贸易（Delgado和Kyle，2022）。

　　TRIPS第66.2条要求发达国家成员为其境内的企业和机构提供激励措施，鼓励向LDCs进行技术转让。自2003年以来，发达国家成员被要求提交年度报告，说明其在该领域已经采取或计划采取的行动。对2018年至2020年9个发达国家成员提交的年度报告进行的审议显示，约有754个技术转让项目，其中152个涉及向41个LDC受援方转让环境和气候变化技术。[37]其中约82%的项目侧重于各种气候相关问题，包括可再生能源、能源效率、气候适应，以及可持续水和森林管理（见图3-7）

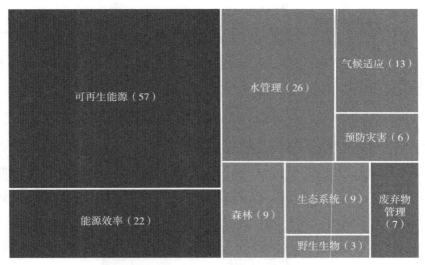

图3-7 大多数环境技术转让项目都与气候变化有关

　　资料来源：作者基于发达国家成员根据 TRIPS 第66.2条提交的报告进行的计算。

　　注：括号中的数字报告了 2018—2020年根据 TRIPS 第66.2条报告的环境技术转让项目（按环境目标类型划分）的数量。

　　《补贴与反补贴措施协定》(《SCM协定》)对补贴的使用进行了规范，并规定了WTO成员为应对补贴影响可以采取的行动。《SCM协定》虽然并未涵盖所有气候支持措施（因为其只涵盖了财政资助、收入或价格支持），但针对那些对特定企业造成不利影响的补贴，受影响的WTO成员可以采取国内措施（反补贴税）或通过WTO争端解决机制来"采取行动"（WTO，2020b）。此外，根据使用国内产品或出口业绩发放的补贴被认为对贸易特别有害，因此被禁止。[38]

　　《SCM协定》曾包括某些"不可诉"补贴清单，包括用于R&D、区域发展和改进现有设施以适应新环境要求的补贴。然而，该条款只适用于《SCM协定》生效的前5年。在政府支持减缓气候变化的背景下，很多恢复不可诉补贴的议题经常被讨论（Howse，2010）。[39]

　　近年来，一些关于支持可再生能源发电并以使用国内含量（当地含量要求）为条件的争端被提交给WTO争端解决机制。[40]在这些争端中，促进可再生能源的目标都没有受到质疑。然而，被认为违反WTO规则的方面是要求能源生产商使用当地组件和产品。此外，上诉机构表示，在评估可再生能源支持措施效益时，应该合理考虑一个国家的可持续能源生产目标，并且应当采用一个适当的基准，该基准可以考虑化石燃料能源和可再生能源生产所涉及的成本和环境外部性的差异。[41]

　　实际上，这些贸易争端提出了一个问题，即当地含量要求是否是促进可再生能源生产的有效和适当手段。一些证据表明，当地含量要求阻碍了太阳能光伏和风能领域的全球国际投资流动，降低了国际贸易和投资的潜在效益（OECD，2015年；Stephenson，2013），最终可能阻碍或减缓气候变化缓解工作（WTO和IRENA，2021）。

针对可再生能源产品和其他低碳能源转型所需产品的进口，贸易防御措施（反倾销、反补贴和保障措施）的使用越来越多，这也引发了人们对这些措施对于减缓气候变化工作的影响产生了一定的担忧（见第六章）（Horlick，2014；Kampel，2017；Kasteng，2014；UNCTAD，2014）。

虽然WTO成员有权决定是否启动调查和采取贸易防御措施（包括基于气候变化等公共利益考虑），但WTO规则力求确保这些措施和程序不被滥用。

《农业协定》（AoA）旨在消除各种导致农产品贸易受限制的因素。通过减少市场准入壁垒、限制出口补贴，以及削弱直接刺激生产和扭曲农业贸易的补贴。然而，AoA载有一类允许的补贴，称为"绿箱"支持措施，其中包括为了环境目的而提供的国内支持，并且具有一定的灵活性。除此之外，有限扭曲性方案和其他灵活性条件也为成员在农业领域采取与气候相关的措施提供了机会（见第二章）。

WTO的《政府采购协定》（GPA 2012）缔约方以互惠的方式向彼此的供应商开放政府采购市场。[42] GPA 2012可以帮助各成员政府通过全球行动纲领为气候友好型产品和服务获得更高的性价比。该协定特别允许缔约方采用旨在促进自然资源保护或保护环境的技术规范，以及将产品或服务的环境特征作为评标标准。

由于低碳转型需要改变能源贸易的构成，以及生产可再生能源所需的制成品和互补产品的贸易，政府可能会越来越多地诉诸贸易政策来适应和支持这一转型。需要在贸易救济、补贴、IP保护和本地含量要求等贸易政策方面加强合作，以便进一步讨论并澄清、加强和更新WTO规则，以确保尽可能顺利地实现低碳转型。

五、透明度和对话有助于形成连贯且适用的气候变化政策

透明度是解决气候变化等跨界问题的决策和监管行动的重要特征（Gupta 和 Mason，2014）。它有助于建立信任，加强问责制，并有可能提高气候变化政策的有效性。

WTO的一些协定要求WTO成员相互通报新的或即将采取的与贸易有关的措施，包括与气候变化有关的措施。通报程序是一个必不可少的工具，方便获取成员考虑的与贸易有关的气候措施信息。

在贸易政策审议机制下，WTO成员还对每个成员的贸易政策和实践进行集体评估。这些审议促进了成员贸易政策的透明度和可理解性，包括那些与气候变化直接相关的政策。

WTO环境数据库（EDB）在一个界面中汇编了成员通报的与环境相关的措施，以及成员贸易政策审议报告中所包含的与环境相关的信息。

为了使透明度有效，必须超越简单的贸易信息交流，了解所通报的内容及其对其他成员的影响。通过其委员会和其他机构，WTO提供了一个论坛，使成员有机会分享经验和最佳做法，解决贸易关注问题，避免贸易摩擦。[43]

多数WTO机构都会讨论与气候相关的贸易措施。例如，货物贸易理事会最近讨论了欧盟的碳边境调节机制计划。[44]服务贸易理事会讨论了与环境服务相关的市场准入问题。[45]TRIPS理事会讨论了涉及IP、气候变化和发展之间相互作用的广泛政策和倡议。[46]TBT委员会审议了与能源效率相关的技术法规和合格评定程序相关的几个具体贸易问题。[47]

CTE将就贸易和气候政策进行更集中的讨论，成员们将专门开会讨论贸易和环境措施如何更好地协同促进可持续发展。这些讨论和信息交流还涉及与低碳转型相关的问题，例如，环境税和标签制度、可持续自然资源管理、环境产品和服务，以及产品和组织的环境足迹。CTE还作为一个论坛，供UNFCCC等多边环境协定秘书处和国际民用航空组织等其他机构定期向WTO成员介绍其与贸易有关的环境工作。

与此同时，可以采取更多措施，确保WTO的工作能够带来支持向低碳经济转型的解决方案和具体行动。三项新的环境倡议——贸易与环境可持续结构化讨论（TESSD）和塑料污染与环境可持续塑料贸易非正式对话（IDP）（均于2020年11月启动），以及化石燃料补贴改革（FFSR）倡议（于2021年12月启动），共同目标是确保贸易和WTO构成气候变化和环境退化解决方案的一部分。[48]这些倡议对所有WTO成员开放，并积极邀请外部利益相关者参与，例如，NGO、企业、学术界和其他国际组织，每个参与者都能提供技术专长和经验。

气候变化是TESSD的主要议题之一，旨在完善CTE的讨论。TESSD的参与者一直在讨论如何使与贸易相关的气候变化措施最好地服务于气候和环境目标及承诺，同时保持与WTO规则的一致性。它们正在努力寻找解决方案和具体行动，以促进向低碳经济转型，包括环境产品和服务、循环经济、可持续供应链，以及补贴的贸易和环境影响。

IDP关注塑料污染带来的环境、健康和经济成本日益上升，因为99%的塑料都来源于化石燃料，在其整个生命周期中可能会释放排放物（CIEL，2019）。目前，塑料产生了18亿吨二氧化碳当量，如果不采取更加严格和协调的行动，到2060年，这一数字可能会增加一倍以上（OECD，2022c）。IDP的参与者一直在讨论WTO如何为加强政策的一致性做出贡献，探索WTO成员之间的集体方法，以及改善对发展中国家的技术援助，以支持减少塑料废物和迈向循环塑料经济的全球努力。

FFSR倡议鼓励合理化和逐步淘汰导致浪费消费的低效化石燃料补贴。2021年，全球各国对化石燃料生产和消费的补贴总额超过4400亿美元（IEA，2022d）。该倡议预计将探索在多边贸易体制中讨论FFSR的贸易相关性，包括总结国际努力和成员的优先任务，讨论FFSR的发展和社会方面，并更新成员在透明度和改革方面所做行动的最新情况。

除了专门的环境倡议之外，WTO还可以进一步加强其作为贸易和气候变化协调和对话论坛的作用，以及与其他国际组织合作，就向低碳经济转型所需的贸易相关政策和工具提出建议（如参见关于碳定价的第四章）。此外，WTO还可推出与私营部门的对话，以应对供应链脱碳的贸易相关挑战（另见第五章）。[49]

六、贸易援助在支持向低碳经济公正转型方面发挥重要作用

正如第三章第二节所述，气候融资对于向低碳经济公正转型至关重要。然而，气候融资水平仍远低于防止全球气温升至1.5℃以上所需的水平。现有估计表明，虽然2011年至2020年，气候融资总量平均增长了近15%，但近年来，年度气候融资流量的增长有所放缓。预测显示，年度气候融资流量需要增加590%，才能在2030年前将GHG排放量减少45%，并避免气候变化最危险的后果（Climate Policy Initiative，2021）。

贸易援助倡议可以帮助发展中国家和LDC调动一些必要的财政支持，以实现其贸易一体化目标，同时寻求向低碳经济转型。

虽然贸易援助主要追踪减让性融资（官方发展援助流），但气候融资也包括非减让性融资（其他官方流）、出口信贷和通过公共气候融资调动的私人融资。2020年，与气候相关的贸易援助占与气候相关的官方发展援助流量的50%以上，说明贸易、发展和气候议程的互补性日益增强（OECD和WTO，2022年）。

2013—2020年，向以减缓气候变化为目标的贸易援助项目拨款800亿美元；2013年（65亿美元）至2020年（123亿美元），支出额几乎翻了一番（见图3-8）。2020年，43%的减缓气候变化相关的贸易援助用于可再生能源发电、配电和节能，23%用于气候友好型基础设施，17%用于农业、林业和渔业。

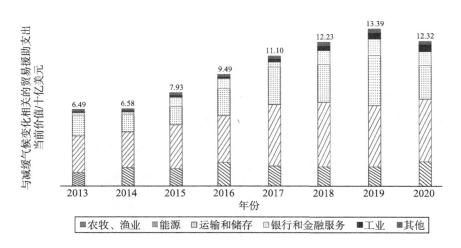

图3-8 大多数与减缓气候变化相关的贸易援助支出涵盖能源和运输

资料来源：作者的计算基于经济合作与发展组织（OECD）DAC-CRS（发展援助委员会债权人报告系统）援助活动数据库。

注：只有明确目标是减缓气候变化的项目，以及将减缓气候变化确定为次要目标的项目，才会被视为与适应有关的官方发展援助。

随着越来越多的发展中国家及其融资伙伴在发展规划中将减缓气候变化列为优先事项，用于向低碳经济转型的贸易援助份额将增长。然而，为了利用气候融资和贸易援助之间的协同效应，我们还可以做更多的工作，可以将贸易考虑纳入气候战略的主流，还可以将气候考虑纳入贸易合作战略的主流。

第五节　小　结

向低碳经济转型需要能源、生产、运输和土地使用系统的重大转变。如果没有高雄心水平的气候变化政策，这种转变不太可能实现，这些政策可能包括广泛的不同措施，包括基于市场的措施、指挥和控制法规，基于信息的工具和自愿协议。

贸易可以通过激励环境创新、利用低碳技术和可再生能源生产方面的比较优势，以及关键低碳产品和服务的获取和应用，为支持低碳转型做出贡献。向低碳经济转型还可能改变贸易的内容、对象和方式。可再生能源和电力贸易，以及用清洁能源生产和交付的产品和服务贸易将大幅扩大。

虽然脱碳为包括发展中国家在内的许多经济体提供了新的贸易机会，但公正的低碳转型可能需要辅助性政策来帮助受影响的地区和弱势群体，包括MSME，以更顺利地脱碳和调整生产和消费模式。运行良好的劳动力和金融市场对于支持迈向低碳未来所需的经济变革至关重要。

国际合作对于实现低碳经济至关重要。WTO通过多种方式为支持减缓气候变化行动做出了贡献。WTO规则的确起到了防止非生产性摩擦和壁垒的作用，同时也确保与贸易有关的高效和有效的气候政策，以支持成员实现其气候目标。WTO通过提高透明度和提供政策对话论坛，促进了协调一致以及切合目的的气候政策。此外，贸易援助倡议可以支持向低碳经济的公正转型。

然而，全球气候行动的进展不足以完全遏制全球气温升高。在减缓气候变化方面，加强国际合作对于促进公正的低碳转型至关重要。WTO可以通过推进与贸易相关的气候行动解决方案，进一步促进加强贸易与气候目标之间的相互联系。

注释：

1.GHG包括二氧化碳（CO_2）、甲烷（CH_4）、一氧化二氮（N_2O）和含氟气体，包括氢氟碳化合物（HFCs）、全氟化碳（PFCs）和六氟化硫（SF_6）。尽管关于气候变化的讨论往往集中在CO_2上，因为它是气候变化的主要因素，约占总排放量的四分之三（74.1%），但据估计，甲烷的排放量为17.3%，一氧化二氮为6.2%，其他排放量为2.4%（WRI，2022）。

2.减少生产和消费以减少GHG排放通常被称为"去增长"。尽管存在争议，但一些学者提出这一战略是实现低碳经济的替代手段，可以最大限度地减少与旨在脱钩GDP和GHG排放的战略相关的不可行性和不可持续性风险（Keysser 和 Lenzen，2021；Lenzen、Keysser 和 Hickel，2022）。

3.与UNFCCC之前的气候行动框架——《京都议定书》不同，《巴黎协定》要求所有缔约方，无论是发达国家还是发展中国家，都要采取行动，为减缓和适应气候变化做出贡献。

4.然而，文献中已经确定了向低碳经济转型的几个挑战。例如，如果化石燃料所有者选择更快地开采化石燃料并将其货币化，以应对预期的化石燃料资产逐步淘汰，从而导致更多的碳排放更快地被释放，那么就可能出现所谓的"绿色悖论"（Sinn，2012）。

5.例如，据估计，全球年度农业支持的87%（约4700亿美元）是价格扭曲的，对环境和社会有害，其中绝大多数支持提供给排放最密集的产品。取消财政补贴可能会使2030年全球农业生产GHG排放量减少1130万吨二氧化碳当量（CO_2e），而取消所有边境措施可能会使GHG排放量进一步减少6710万吨CO_2e。（FAO、UNDP和UNEP，2021）

6.政府采购每年约为11万亿美元，约占世界GDP的12%（Bosio和Djankov，2020）。

7.所谓的食品里程标签表明该产品是当地种植的。正如第五章所述，尽管国际运输，特别是航空和公路运输，会释放GHG，但它并不总是产品碳足迹的主要贡献者。

8.由政府机构授权的生态标签也可被视为环境法规。

9.与GGP一样，自愿协议在本质上也是自愿的。然而，GPP要求政府承诺在公共采购过程中使用环境友好型产品和服务，但自愿协议则要求私营企业做出承诺并采取行动，以减少排放。

10.在高收入国家，碳定价对贫困家庭的生活成本有更大的影响，因为他们往往将收入的一大部分用于燃料（Goulder等，2019）。相反，在发展中国家，碳定价政策对富裕家庭生活成本的负面影响往往比对贫困家庭更大（Dorband等，2019）。

11.取消化石燃料补贴的分配影响在发展中国家往往比在发达国家更具进步性（Goulder等，2019）。取消化石燃料补贴通过几个渠道影响公平。它通过提高燃料价格直接影响消费成本，并通过提高燃料密集型产品的价格间接影响消费成本。提高燃料价格往往也会导致生产劳动强度的增加。这反过来又增加了就业机会，而劳动力短缺的加剧提高了工资率与资本租金率的关系（Malerba和Wiebe，2021）。

12.加快国际公共财政的交付对于低碳转型至关重要，私营部门将需要为所需的大部分额外投资提供资金。事实上，在实现将全球变暖控制在1.5℃以下的能源转型路径所需的资金中，预计分别在2021—2030年和2031—2050年，约3.4万亿美元（59%）和2.2万亿美元（60%）将来自私营部门的股权和贷款（IRENA，2021）。

13.从长远来看，学习效应、规模经济和技术创新（如无人机和人工智能）可以降低可再生能源行业的劳动强度（IRENA，2021）。

14.然而，与化石燃料能源相比，能源载体是一种效率较低的能源传输方式，因为它们的生产和潜在的再转化过程需要能量（Brändle、Schönfisch和Schulte，2021）。

15.WTO GTM是一个可计算的一般均衡模型，侧重于全球经济的实体方面，对全球贸易关系进行建模。有关WTO GTM的技术说明，请参见阿吉亚尔等（2019）。

16.出于建模目的，可再生能源包括太阳能和风能。它不包括氢能，为了模拟的目的，氢能被包括在生产结构的非电力巢中。转向可再生能源可能会导致该能源的贸易增加，但也会导致其他矿物的贸易增加。

17.在这些模拟中，依赖化石燃料出口的国家和地区是俄罗斯、中东和北非。

18.尽管绿氢为能源贸易提供了机会，但氢能贸易的规模预计将小于目前化石燃料的规模。预计到2050年，绿氢贸易在能源贸易总额中的占比将达到17.6%，而2021年化石燃料出口的占比为

72.9%。

19.已通报的具有下列目标的贸易措施被认为与气候变化有关，即植树造林或再造林；减少空气污染；替代能源和可再生能源；减缓和适应气候变化；节约能源和提高效率；以及保护臭氧层。想了解更多信息，请参阅WTO（2021d）。

20.另见TBT通报—日本G/TBT/N/JPN/628。

21.另见SCM通报—中国G/SCM/N/343/CHN。

22.另见LIC通报—澳大利亚G/LIC/N/3/AUS/12。

23.另见CMA会议，日本—印度，G/MA/M/74。

24.另见CMA会议纪要G/MA/M/74；G/MA/M/73；G/MA/M/72。

25.根据WTO GTM预测的CO_2排放量，采用温室气体引起的气候变化评估模型（MAGICC），得到了不同碳排放路径所隐含的全球平均温度水平。对于"一切照旧"和"分裂的世界"情景，假设2050年后的CO_2排放量保持在2050年的水平不变。非CO_2排放遵循IPCC的共享社会经济路径（SSP）2—4.5情景，该情景假设一个"中间道路"的世界，其趋势大致遵循其历史模式，导致到2100年全球变暖2.5℃~2.7℃。对于"低碳合作2050"情景，假设CO_2排放量将在2050年后达到净零排放，并一直保持这种状态到2100年。非CO_2排放遵循IPCC的 SSP1—2.6情景，该情景假设一个以可持续发展为重点的增长和平等的世界，导致到2100年全球变暖1.7℃~1.8℃。

26.出于建模目的，没有区分不同的气候变化政策工具。这些政策在模拟中以生产方式中的成本中性转变实施。

27.倡议的例子包括全球商业联盟、基于科学的减排目标倡议、联合国可持续时尚联盟、全球水泥和混凝土协会（GCCA）2050年全球净排放产业路线图，以及COP26关于加速向100%零排放汽车和货车转型的宣言。

28.贸易也将为《巴黎协定》第6条的实施发挥作用，该条款规定了国际转移缓解成果（ITMO）的规则，即促进减排量交换的合作方法，这些减排量高于NDC承诺的减排量。据估计，到2030年，ITMO下的碳交易（政府授权的与一定数量的GHG排放相对应的信用额度的买卖）仅在能源领域每年就可以节省2500亿美元的气候减缓成本（Edmonds等，2019）。

29.参见《哥伦比亚—厄瓜多尔—欧盟—秘鲁RTA》和《欧洲联盟—英国RTA》。

30.尽管关于RTA中气候变化条款有效性的经验证据有限，但RTA中的环境条款已被发现可以减少某些污染物的排放，包括CO_2排放（Martinez-Zarzoso和Oueslati，2018）和森林砍伐（Abman、Lundberg和Ruta，2021）。

31.在2001年的多哈部长级会议上，WTO成员承认，根据WTO规则，只要这些措施不是以在条件相同的国家之间构成任意或无理歧视的手段，或对国际贸易的变相限制的方式实施，就不应阻止WTO成员采取其认为适当的环境保护措施。参见 https:// www. wto.org/english/ thewto＿e/minist＿e/min01＿e/mindecl。

32.参见https://www.wto.org/english/docs_e/legal_e/04- wto_e.htm。

33.上诉机构报告，美国虾案(1998)，第129页。

34.上诉机构报告，美国汽油标准案（1996），第17页。

35.上诉机构报告，美国汽油标准案（1996），第25页。

36.上诉机构报告，美国汽油标准案，美国虾案；欧共体石棉案，巴西翻新轮胎案；美国金枪鱼案（墨西哥）。

37.9个发达国家成员是欧盟（55个技术转让项目）、美国（35个）、挪威（24个）、日本（10个）、瑞士（10个）、英国（8个）、澳大利亚（6个）、加拿大（3个）和新西兰（1个）。技术转让项目的主要LDC受益者是孟加拉国、柬埔寨、莫桑比克、卢旺达、塞内加尔、坦桑尼亚、乌干达和赞比亚。

38.虽然不是直接关注气候减缓，但2022年6月WTO第12届世贸部长级会议通过的《渔业补贴协定》也有助于通过提高船舶的能源效率（Kristofersson、Gunnlaugsson和Valtysson，2021）和支持更可持续的饮食来促进气候变化减缓战略（Gephart等，2021）（见专栏2-5）。

39.过去，一些WTO成员正式提议重新引入不可诉补贴类别，包括为环境目的采用的补贴，特别是对发展中国家成员有利的补贴。到目前为止，还没有就这个问题做出任何决定。参见WTO官方文件编号WT/MIN（01）/17，TN/RL/W/41和WT/GC/W/773，都可在https:// docs.wto.org/上查阅。

40.例如，参见加拿大电网回购案；印度太阳能电池案；美国可再生能源案。

41.参见加拿大电网回购案，第5.174-190段。

42. 2012年GPA有21个缔约方，涵盖48个WTO成员。更多信息请访问：https://www.wto.org/ english/tratop_e/gproc_e/gproc_e.htm。

43.例如，据估计，通过TBT委员会在具体贸易问题上的工作，在10年间避免了影响EU出口的价值800亿欧元的不必要的贸易成本（Cernat和Boucher，2021）。

44.参见https://www.wto.org/english/news_e/news20_e/good_11jun20_e.htm。

45. 参见 https://www.wto.org/english/news_e/news20_e/serv_ 23oct20_e.htm。

46. 参见 https://www.wto.org/english/news_e/news21_e/trip_11mar21_e.htm。

47. 参 见 https://www.wto.org/english/news_e/ news22_e/tbt_15jul22_e.htm。

48. 2021年12月15日，在联合活动中发布了3个独立的部长级声明：《TESSD部长级声明》（WT/MIN（21）/6/Rev. 2）；《IDP部长级声明》（WT/MIN（21）/8/Rev. 2）；《FFSR部长级声明》（WT/MIN（21）/9/Rev. 1）。

49. 例如，2021年10月26日，WTO和国际商会（ICC）主办了虚拟"贸易和气候"对话：https://www.wto.org/english/tratop_e/envir_e/trade4climate_e.htm。

第四章 碳定价与国际贸易

尽管有多种手段可以缓解气候变化，但碳定价已经引起了越来越多的关注。本章探讨了碳定价在减少温室气体排放中的作用及其对国际贸易和贸易政策的影响。碳定价为碳排放定价，这可以激励企业和个人做出更有利于气候的投资和购买决策。虽然碳定价机制的激增凸显了应对气候变化的紧迫性，但也可能导致国内和地区计划不必要的复杂拼凑。加强国际合作是寻求碳定价的共同解决方案的关键，WTO仍然是推动这些努力的适当平台。

关键事实和调查结果

全球46个国家司法管辖区已实施了近70项碳定价倡议，覆盖全球温室气体排放的23%。不同碳定价倡议的激增增加了创建复杂混杂的各种倡议的风险。

与区域碳价相比，统一的全球碳价将更有效地帮助实现减排目标，因为统一的全球碳价使成本较低的地区能够减少排放。

在没有调整政策的情况下，碳定价政策可能会对低收入地区以及化石燃料和排放密集型产品的出口商造成不利影响。然而，碳定价政策也可以帮助各国实现经济多样化，减少对化石燃料能源的依赖。

如果碳定价政策不协调，那将增加碳泄漏的风险，降低实施积极气候政策的地区的竞争力，并产生额外的行政成本。

尽管碳边境调节在一定程度上有助于解决碳泄漏问题，限制竞争力损失，但也可能给受影响国家带来贸易冲突和经济损失。

第一节　导　言

为了避免气候变化造成的最严重后果，政策制定者面临着一个紧迫的挑战：以必要的速度实现大规模温室气体（GHG）减排。这重新引发了有关适当气候政策应对措施的辩论。碳定价通常被视为加速低碳转型的重要工具，它鼓励企业和个人减少碳排放或为其碳排放买单。

本章探讨了碳定价的特征、挑战和贸易影响。本章回顾了全球碳定价机制的贸易相关性，认为这是防止不协调的碳定价政策拼凑在一起的一种手段。多种碳定价政策的涌现可能导致交易成本高企，引入碳边境调节（BCA）机制，这反过来又可能引发贸易冲突。本章最后讨论了国际合作对于解决碳定价机制碎片化问题和支持高雄心水平的气候减缓行动的重要性。

第二节　碳定价成为减少碳排放的重要工具

GHG排放造成的社会和市场成本，也称为外部性，并未反映在产品、服务或金融资产的价值中（见第三章）。为了纠正这种市场失灵，许多经济学家通常将碳定价视为减少GHG排放的最有效方法。

碳定价是一种基于市场的工具，为二氧化碳（CO_2）或等量GHG排放定价。碳价反映了额外排放一单位GHG（一吨CO_2或等量GHG）对环境和社会造成的额外成本。碳定价鼓励生产商降低生产和运输过程中的碳强度，并鼓励消费者购买碳密集度较低的产品和服务。

当前关于气候变化政策的辩论很大程度上与碳定价有关，但因为这可能会在国内和国际上产生重大的分配后果，碳定价机制的实施面临着重大的政治挑战。设计精良的碳定价政策需辅以额外政策，以解决与低碳转型相关的分配问题和其他市场失灵问题（见第三章）。

一、碳定价机制激增，但只覆盖了一小部分排放

碳定价可以通过基于价格的法规（如化石燃料价格或可再生能源补贴）的合规成本隐性地实施，或者明确地直接对碳排放定价。明确的碳定价主要有两种形式：碳税和碳排放交易体系（Fischer 和 Fox，2007；Goulder 和 Schein，2013；WTO 和 UNEP，2009）。[1]

碳税由监管机构确定，监管机构通过对 GHG 排放或化石燃料的碳含量征税或收费来设定碳价。虽然碳价是固定的，但排放到大气中的排放量最初是未知的，并将取决于企业和消费者对碳税的反应。有些人可能会选择缴纳碳税并排放 GHG，而有些人可能会选择为避免缴纳碳税而减少碳排放。因此，碳税使碳减排目标的实现更加不确定。

在碳排放交易体系（亦称为"限额交易"或"排放许可交易"）下，监管机构设定特定年份允许排放的最大 GHG 量（上限），并发放排放许可（或称排放许可证），以匹配总排放上限。运营商必须持有每吨 GHG 排放的许可。为了允许运营商买卖这种许可，便设立了许可市场。GHG 排放量超出配额的运营商必须购买配额。相反，减少碳排放的运营商可以出售其未使用的配额。市场供需之间的相

互作用决定了配额的价格，即碳价。与碳税不同，碳排放交易体系下的碳价不太确定，但GHG排放量更易预测。

近年来，实施碳定价机制的司法管辖区数量有所增加。截至2022年，46个国家管辖区实施了近70项碳定价倡议（World Bank，2022）。大多数碳定价机制已经在中高收入经济体中采用，而科特迪瓦和巴基斯坦等一些中低收入经济体正在考虑引入碳定价机制。

碳税比碳排放交易体系更为普遍，部分原因在于碳税比碳排放交易体系更易管理，涉及的行政成本更低。一些辖区已实施碳税和碳排放交易体系，以解决不同来源的排放问题。

各司法管辖区的现有碳价差异很大，从每吨CO_2不到1美元到超过130美元不等（见图4-1）。高收入经济体的碳价往往更高，2021年许多司法管辖区的碳价已创下历史新高。

虽然实行碳定价的国家越来越多，但现有的碳定价机制仅涵盖碳排放总量的23%。此外，目前全球碳排放中只有不到4%被纳入2030年所需的碳价范围内，以防止全球平均气温上升2℃（World Bank，2022）。碳价高级别委员会在回顾文献和政策经验的基础上得出结论认为，要实现《巴黎协定》的温度目标，每吨CO_2的价格应在50美元至100美元之间（High-Level Commission on Carbon Prices，2017）。

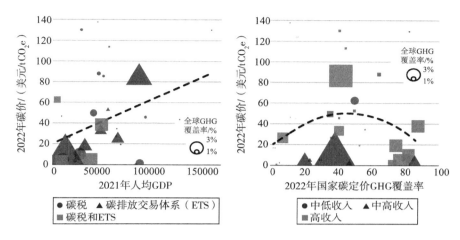

图4-1　碳价差异很大，但其GHG排放覆盖率仍然很低

资料来源：作者根据世界银行碳定价仪表盘的碳定价机制数据计算得出。

注：数据显示2022年国家和地区碳价。每个气泡代表一个国家的碳定价机制相对于全球GHG排放的GHG覆盖率。平均碳价是针对拥有多个区域、国家和次国家碳价方案的国家计算得出的。

二、全球碳定价将极大地促进低碳转型

在通过《巴黎协定》时，各国共同承诺将全球平均气温上升幅度控制在2℃以内，并努力在20世纪末将升温幅度限制在1.5℃。为实现这一目标，各国政府选择了自己的国家自主贡献（NDC），以限制和减少GHG排放（见第三章）。然而，尽管国际气候变化制度鼓励广泛参与，但它也导致各国气候变化政策的异质性，一些国家实施的气候政策比其他国家更为严格。

各国每5年需要修订和更新其NDC。最近的分析表明，目前采取的NDC和其他气候缓解措施，到2030年只会将全球碳排放量减少7.5%，远低于将全球气温上升限制在1.5℃以下所需的到2030年减少50%的水平（UNEP，2021a）。

鉴于向低碳转型取得的进展有限，一些经济学家、政府、国际组织和非政府组织（NGO）呼吁建立全球碳定价机制，其基础是共同的做法将提高价格，从而减少对碳密集型产品和服务的需求，从而减少 GHG 排放量。

大量相对较新的经济文献分析了全球碳定价机制的特征、挑战和贸易影响（Böhringer 等，2021；Nordhaus，2015；Stiglitz，2015）。文献中提出了不同类型的全球碳定价机制。

在国际碳排放交易体系下，各国设定了具体的 GHG 减排目标，各国将出售或购买排放权的盈余或赤字。相比之下，国际碳税制度要求各国对 GHG 排放征税，或制定相应的减少 GHG 排放的政策（Cramton 等，2017；Nordhaus，2013）。

WTO 全球贸易模型（GTM）[2] 用于模拟不同情景下的碳排放路径，并推测出到 2030 年实现特定减排目标所需的碳价。碳价是根据统一的全球碳定价机制和不协调的特定区域碳定价机制进行分析的。为了模拟的目的，考虑了两个全球减排目标：（1）实现 2015 年提交的初始 NDC 所需的全球减排；[3]（2）将全球平均温度上升幅度控制在 2℃ 以内的全球减排。

模拟结果表明，与各国不采取气候行动的基准情景相比，实施初始 NDC 将相当于 2030 年全球碳排放量减少 10%。然而，要防止全球平均气温上升 2℃ 以上，则需要在 2030 年将碳排放量减少 27%（IPCC，2022b）。

模拟结果进一步证实，统一的全球碳定价机制比不协调的区域碳定价机制更有效。特别是，在不协调的碳定价机制下，为了防止全球平均气温上升超过 2℃，需要将国际碳价平均提高到每吨 73 美元。[4] 然而，也可以通过降低统一全球碳价至 56 美元来实现同样的气候目标（见图4-2）。与不协调的碳定价机制不同，统一的碳价激励运营商在全球范围内寻求成本最低的减排方案，使GHG减排在成本最低的地方进行。此外，全球碳价建立了一个透明的价格信号，可以刺激更大的低碳创新。

然而，碳定价也会导致产出损失，因为它会对经济造成扭曲。随着碳价的引入，化石燃料能源和其他碳密集型产品和服务的价格会上涨，这会使生产更加昂贵，需求和生产都将减少。为了防止全球气温升至2℃以上，如果全球设定统一的碳价，预计的产出减少将相当于全球GDP的0.46%。相比之下，不协调的碳定价将导致全球GDP减少0.68%（见图4-2）。

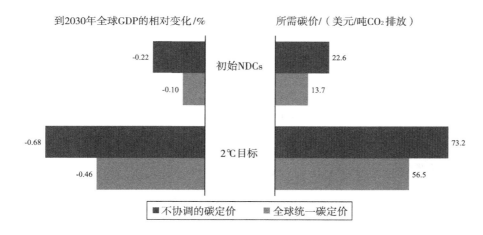

图4-2　全球碳定价比不协调的碳定价更有效

资料来源：贝克克斯和卡里奥拉（2022）

注：基于WTO GTM的模拟结果。右图显示的是实现各自碳减排目标所需的（加权）平均碳价（以美元/吨CO_2排放量为单位）。左图显示的是与假设的参照情景相比，在实施碳定价后，2030年全球GDP预计减少的百分比。"初始"情景假设各国的自主贡献中设定的2015年CO_2减排目标到2030年实现。"2℃目标"假设到2030年CO_2减排与将全球平均气温上升限制在2℃以下相一致。

然而，需要注意的是，这些报告中的GDP影响并没有反映缓解气候变化的全球和地区利益。碳定价纠正了市场失灵，从而有助于提高人们的福利水平，因为这有助于在全球层面限制和避免气候变化的后果，并在国家层面带来环境和健康的共同收益（另见第三章）。此外，碳定价还可以通过动员公共资金来实现。这些资金可以用于对符合低碳发展目标的资产进行长期投资，以确保这些投资能够经得起未来的考验。通过这种方式，各国将能够减少对化石燃料的依赖，并支持向更多元化的低碳经济转型。

三、全球推动碳定价面临重大挑战

虽然设计精良的全球碳定价机制可以支持低碳转型，但在全球范围内采用和实施该机制仍面临着重大挑战。特别是，推动全球碳定价机制面临两大挑战："搭便车"和公平分担负担。

（一）"搭便车"问题

由于缺乏协调，一些国家可能在经济上有所顾虑，选择推迟碳定价，先观察其他国家的行动，以便从其他国家的努力中获取利益。如果所有国家都能从气候缓解中受益，但碳定价的成本只有采取碳定价的国家来承担，那么个别国家可能没有足够的动力去引入碳定价。

基于WTO GTM的模拟结果证实，一旦那些具有更雄心气候目标的国家联盟决定采用碳定价，多数国家和地区将没有足够的动力去引入碳定价机制。[5]如上所述，这是因为碳定价会造成扭曲，并提高能源价格和生产成本，从而抑制生产。引入碳定价导致的产出损失将阻止大多数国家采取碳定价政策。

在碳定价的文献中，提出了各种解决"搭便车"的方法。例如，可以对非参与国征收碳关税，以鼓励它们加入已采用共同碳定价机制的国家联盟（"关税气候俱乐部"）（Böhringer、Carbone 和Rutherford，2016；Nordhaus，2015）。已经提出了不同类型的碳关税，包括对非气候俱乐部国家的进口产品统一征收进口关税，无论进口产品的碳含量如何（Nordhaus，2015），以及根据进口产品的碳含量（BCA）确定的进口关税政策。如下文所述，此类选择可能具有重要的贸易影响。或者，全球碳定价机制可以辅之以金融或合作机制，通过向非参与国提供财政或技术支持，激励它们加入联盟。例如，如第三章所述，全球碳基金可以在地区之间重新分配碳定价的收入。

WTO GTM 用于模拟潜在的假设情景，以说明促进碳定价的挑战。模拟结果表明，那些雄心勃勃的地区[6]采取碳定价机制，并对非参与国征收基于进口产品碳含量决定的进口关税，并不能有效鼓励碳定价机制的采用。这是因为，对于那些非参与国家，逃避面对碳关税的动机不足以抵消引入国内碳政策所带来的负面影响。同样，全球碳基金根据人均排放水平在地区之间重新分配碳定价收入（Rajan，2021），这也不会为非参与国采取国内碳定价机制提供足够的激励。

相反，模拟结果表明，无论进口产品的碳含量如何，雄心勃勃的地区联盟对非参与方进口产品任意征收的统一进口关税，将为非参与方加入碳定价联盟提供充分的激励（Nordhaus，2015）。同样，对发达经济体的减排目标设定得相对较高的排放交易体系，可以激励发展中经济体参与全球排放交易体系。

然而，引入全球排放交易体系可能会遇到众多设计挑战。如果经济增长的结果超出预期，最初设定的减排目标可能面临过高的风险，对单个国家来说，它们可能不愿意就远期排放目标做出承诺。此外，如果先谈判全球目标，再谈判国家一级的排放目标，那么每个国家都可能会为自己设定相对较低的目标，而让其他国家做出更加雄心勃勃的承诺。相比之下，就全球碳税机制达成协议将要求所有国家同时承担责任（Cramton等，2017）。

（二）公平分担负担

实施碳定价机制产生的经济成本需要按照《巴黎协定》确立的"共同但有区别的责任"原则（CBDR）公平分担。根据CBDR原则，所有政府都有责任应对全球环境破坏，但责任并不平等，因为需要认识到这样一个事实，即历史上较早工业化的经济体对环境退化的"贡献"大于最近或正在进行工业化的经济体。CBDR原则还反映了各方为气候缓解和适应努力做出贡献的经济能力的差异。

如上所述，在缺乏补充政策和金融机制的情况下，采用碳定价机制可能会对非参与国，包括LDC和依赖化石燃料出口的国家产生负面影响。为了解决公平分担负担的问题，并激励更多国家引入碳定价机制，文献中提出了几项建议。例如，国际碳价下限（ICPF）机制根据各国的经济发展情况设定差异化的最低国际碳价，高收入经济体的国际碳价下限较高，而低水平经济体的国际碳价下限较低（Parry、Black和Roaf，2021）。

基于WTO GTM的模拟结果表明，对低收入、中等收入和高收入地区分别设置25美元、50美元和75美元的差异碳价下限，不足以使低收入地区免受碳定价和实际收入减少的不利影响（见图4-3）。对于许多发展中地区来说，实际收入下降幅度几乎与在能够产生与全球碳排放同等减少的48美元统一碳定价下一样大。发展中国家从碳价差异中获益有限，因为即使是低碳价也会影响生产决策，从而减少实际收入。[7]此外，当高收入地区引入更高的碳价时，可能会对低收入地区产生不利的溢出效应。例如，以低收入国家出口的化石燃料在出口到高收入地区时将面临更高的税收。

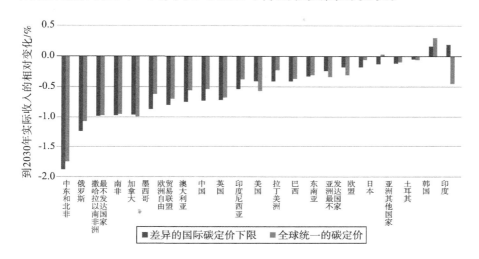

图4-3　如无补充机制，低收入地区将受到全球碳定价的不利影响

资料来源：贝克克斯和卡里奥拉（2022）。

注：基于 WTO GTM 的模拟结果。该图显示实际收入相对于假设的参考情况（各国未采取气候行动的情况）的变化。"差异的国际碳定价下限"情景考虑了低收入、中等收入和高收入国家的碳价下限分别为25美元、50美元和75美元。"全球统一碳定价"情景考虑了48美元的统一碳价，取得了等效的碳排放总量减少。缩写如下：欧洲自由贸易联盟（EFTA），欧盟（EU-27）及中东和北非（MENA）。

　　根据WTO GTM模拟分析，其他类型的碳定价机制，如由国家联盟实施的碳定价机制，结合统一的进口关税或BCA，在没有支持措施的情况下，也会对低收入经济体产生负面影响（Bekkers和Cariola，2022）。事实上，模拟结果表明，配合全球碳基金的碳定价方案（Rajan，2021）或者在排放交易体系中，设定相对发展中经济体更大的减排目标，将使得高收入国家和低收入国家之间的一部分碳定价经济负担重新平衡。

（三）全球碳定价的技术挑战

除了上述两大挑战，在全球范围内推广碳定价还涉及许多设计和实施问题。

一个关键的选择是选择国际碳税制度还是国际排放交易制度。通常认为，碳税比排放交易制度更易实施。碳税相对于排放交易制度的其他优势包括稳定的碳价，可以促进投资决策，而不必担心成本波动，并有可能产生大量税收收入（Avi-Yonah 和 Uhlmann，2009）。

另一方面，全球碳税谈判也面临挑战。设定国际碳价以及计算产品和服务的碳含量需要相关的详细和最新信息，包括碳排放方面的信息，对于某些国家或行业来说，这些信息可能缺失。全球碳定价机制的可信度和有效性还取决于运行良好的机构及高水平的监管能力和监督体系（Rosenbloom 等，2020）。

全球碳定价机制还需要各司法管辖区之间的高度协调。跨国金融和技术转移也可能需要得到保证，这可能涉及艰难的谈判。

此外，在缺乏负担得起的替代低碳技术和解决方案的情况下，碳定价可能无法改变企业和消费者的行为，特别是在对碳密集型产品和服务的需求对价格变化不敏感的情况下。在采取严格的气候政策之前，可能需要先实施其他的气候政策，以解决一些经济和政治上的障碍（Lonergan 和 Sawers，2022）。更广泛地说，有效的碳定价政策需要其他政策的配合，包括创新、能源和基础设施方面的政策，以确保低碳技术的可用性，并解决在低碳转型期间可能出现的经济和政治障碍。

第三节　不协调的碳定价政策可能会破坏气候行动，
并引发贸易紧张局势

除了"搭便车"的风险，单边和不协调的碳定价政策可能使人对其环境有效性和对国际竞争力造成的影响感到担忧。不同国家之间对碳定价的巨大差异可能引发一些关于引入BCA机制的呼声，这有可能引发贸易紧张局势。BCA在其设计和与WTO规则的相关性方面存在一系列问题。

一、不协调的减排政策可能导致碳泄漏、竞争力下降和沉重的成本

不平衡且不协调的气候变化缓解措施可能会使碳排放从气候政策较严格的地区转移到气候政策较宽松的地区；这被称为碳泄漏（Mehling等，2019）。碳泄漏还可能导致气候变化减排目标更大的行业和地区竞争力下降，并使得那些在不同司法管辖区遵守政策的公司产生巨大的合规成本。

（一）碳价差异可能导致碳泄漏

当一个司法管辖区单方面实施气候政策（如碳定价）导致其他司法管辖区排放量增加时，就会发生碳泄漏。碳泄漏可以通过不同的渠道实现：竞争力、能源市场和收入（Dröge等，2009）。

当单边碳政策提高一个司法管辖区的生产成本，导致国内企业相对于外国企业失去市场份额时，就会发生通过竞争力渠道的碳泄漏。因竞争力丧失而导致的碳泄漏随着贸易伙伴之间的排放差异、排放强度和产品贸易风险而增加（Böhringer等，2022）。特别容易

受到碳泄漏影响的行业，包括水泥、钢铁和铝等。

当单边碳政策的辖区对化石燃料的需求减少时，就会通过能源市场渠道出现碳泄漏，这会压低化石燃料的全球价格，从而增加没有碳政策的辖区的燃料消耗和碳排放。当单边碳政策导致贸易条件发生变化，进而影响收入、消费和排放的全球分配时，就会发生通过收入渠道的碳泄漏（Cosbey等，2020）。

不同的因素可以降低碳泄漏的风险。例如，在未实施碳政策的司法管辖区采用单边碳定价政策所产生的环境创新，通过技术溢出效应，可以有效地减少碳泄漏（Barker等，2007）。

碳泄漏的衡量方式可以多种多样，其中包括泄漏率，定义为由于单方面排放定价导致的直接后果，即外国排放量相对于国内减排量的变化。例如，在给定管辖范围内，x%的泄漏率表明，排放定价导致的国内减排量的x%被国外排放量的增加所抵消。[8]

关于碳泄漏程度的经验证据喜忧参半。例如，许多实证研究发现，几乎没有证据表明欧盟排放交易系统导致碳泄漏到欧洲以外的司法管辖区，并将这种情况归因于为避免泄漏而自由分配给排放密集型贸易暴露（EITE）行业的大量配额（Dechezleprêtre等，2022；Naegele和Zaklan，2019）。

另一方面，一些经验证据也表明，碳泄漏因国家而异，在某些情况下可能会相当严重，这主要针对小型开放经济体（Misch和Wingender，2021）。平均泄漏率为25%，这意味着国内碳排放量每减少100吨，国外碳排放量将增加25吨。

除实证研究外，模拟研究还评估了与碳定价相关的碳泄漏风险。一份主要由可计算的一般均衡分析报告组成的研究分析文献综述报告称，平均碳泄漏率约为14%（Branger和Quirion，2014）。最近，工业化国家的碳泄漏率估计在5%至30%之间（Böhringer等，2022）。

根据WTO GTM模拟分析，估计的总碳泄漏率似乎相对有限，不超过13%（Bekkers和Cariola，2022）。[9]然而，估计的碳泄漏率因行业而异，其中，化学和EITE行业尤其容易受到碳泄漏的影响（见图4-4）。

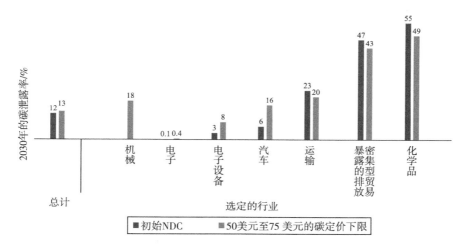

图4-4 预计某些行业的碳泄漏可能很大，但在总体水平上仍然有限

资料来源： 贝克克斯和卡里奥拉（2022）。

注： 基于WTO GTM的模拟结果。泄漏率被定义为气候政策目标较低的地区排放量的增加除以气候政策目标较高的地区排放量的减少。行业泄漏率也包括用电的间接排放。"初始NDC"情景假设一组高收入国家采用区域碳定价机制，将排放量从零减排目标减少到其初始NDC目标水平，而其他国家则没有任何目标。"碳定价下限"情景假设高收入国家将其碳价从50美元提高到75美元，而其他地区设定的碳价为25美元（低收入地区）和50美元（中等收入地区）。

（二）排放密集型贸易行业的竞争力下降巨大

在碳政策更为严格的地区，企业可能会面临竞争力下降的问题，因为更高的碳价会增加减排成本和生产成本，企业不得不将资金和技术资源从生产转移到减少GHG排放上。

关于环境政策对竞争力的影响的经验证据喜忧参半，部分反映了考虑的污染物类型（当地、区域和全球污染物）的差异，以及使用不同的理论框架、数据来源和代替物，以及计量经济学方法（WTO，2013年）。碳定价对短期竞争力的影响很小（Venmans、Ellis和Nachtigall，2020）。

更一般地说，实证文献表明，环境政策严格程度的差异往往会影响污染密集型产品在各国之间的分布，这表明更严格的环境政策可以对污染密集型产品的生产产生威慑作用。例如，在加拿大，更严格的空气质量标准导致出口收入减少约20%（Cherniwchan和Najjar，2022），而在美国，环境合规成本的变化估计占美国对加拿大和墨西哥贸易流量变化的10%（Levinson和Taylor，2008）。然而，没有确凿的经验证据表明，严格的环境政策的潜在威慑效应足以成为贸易或投资流向的主要决定因素（Copeland、Shapiro和Taylor，2022）（另见第五章）。[10]

除了实证分析，模拟研究也被用于分析与碳定价相关的竞争力损失风险。例如，单边碳定价已被发现会导致EITE行业的竞争力损失（Carbone和Rivers，2020）。WTO GTM模拟结果表明，尽管在气候目标更激进的地区，EITE行业的总体产量损失将不大，但对于水泥和铝等碳密集型行业，竞争力削弱的可能更为严重（见图4-5）（Bekkers和Cariola，2022）。

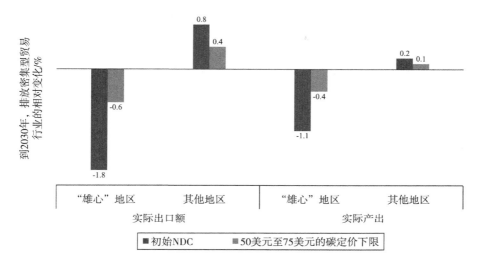

图4-5 预计排放密集型贸易行业的整体竞争力损失将会相对有限

资料来源： 贝克克斯和卡里奥拉（2022）。

注： 基于WTO GTM的模拟结果。该图显示了假设参考情景下EITE行业的出口和产出的变化，相对于此情景，各国并未采取气候行动。"初始NDC"情景假设一组高收入国家采用区域碳定价机制，将排放量从零减排目标减少到其初始NDC目标水平，而其他国家则没有任何目标。"碳定价下限"情景假设高收入国家集团将其碳价从50美元提高到75美元，而其他地区设定的碳价为25美元（低收入地区）和50美元（中等收入地区）。

（三）不协调的碳定价机制增加了行政和合规成本

除了对碳泄漏和竞争力损失的担忧外，碳定价政策的差异还会带来额外的行政和合规成本。

行政成本是指政府实施、监督和执行碳定价机制所产生的成本。碳税的行政成本包括纳税人登记、申报表和支付、检查、审计、欺诈调查和争端解决机制。排放交易体系的行政成本包括建立碳排放配额登记册、跟踪配额交易、确定免费配额的分配，以及确保配额拍卖的完整性等（Avi-Yonah和Uhlmann，2009；Goulder和Schein，2013）。与跨辖区协调排放交易体系相关的行政成本可能低于协调不同的碳税，因为配额建立了天然的交易单位（例如，

X美元兑换Y吨碳），将不同的排放交易体系联系起来（Stavins，2022）。

合规成本是指企业和消费者为遵守（或有时不遵守）碳定价机制规定的义务而承担的成本。不同碳定价机制激增，伴随着不同的要求，这使得出口商，特别是MSME，难以满足碳定价机制所依据的许多不同标准，尤其是当这些标准针对的是同一行业或产品时（Tietenberg，2010）。

二、缺乏协调的气候行动可能导致碳边境调节机制的采用

在缺乏协调的气候行动的情况下，气候目标更雄心勃勃的国家可能更有动力采取一些BCA机制，以降低碳泄漏的风险，以及国家之间碳价差可能导致的竞争力损失。文献中讨论了不同类型的BCA机制（WTO和UNEP，2009年）。

BCA要求对来自碳定价水平低于进口国的管辖区的进口产品，或对碳含量未另行定价的进口产品征收碳税。[11] BCA还可以通过对企业在出口产品时支付的国内碳价进行补贴，以补偿国内碳价高于出口企业的现象。由于边境调整，管辖区的最终消费者原则上在国内和进口产品上将面临相同的碳税率（Elliott等，2013）。

虽然BCA措施的基本概念相对直接，但它仍然是一个有争议的工具。越来越多的文献讨论了BCA的特点、优点和缺点，同时强调了与BCA相关的各种技术挑战。

（一）支持碳边境调节的经济论据

BCA可以通过竞争力渠道减少碳泄漏。通过缴纳BCA税，外国生产商在出口市场上将面临与该市场国内生产商相同的有效碳价。BCA机制可以有效地消除生产转移到碳价较低地区的动机。

模拟研究表明，BCA机制可以通过竞争渠道有效抑制碳泄漏（Bellora和Fontagné，2022；Böhringer、Balistreri和Rutherford，2012；Branger和Quirion，2014）。在研究EITE行业等特定行业的泄漏率的研究中发现，BCA在降低泄漏率方面的有效性更高，因为这些行业是泄漏率最高的行业（Böhringer等，2022）。基于WTO GTM的模拟结果表明，在上述模拟场景中引入BCA机制时，泄漏率将减少约一半。尽管碳泄漏的减少似乎很明显，但这对于全球碳排放的减少只能起到很小的作用。对BCA在现实世界中的实施进行案例研究表明，碳泄漏的减少最终将取决于BCA的设计方式和目标行业（Fowlie、Petersen和Reguant，2021）。

除了减少碳泄漏，BCA还可以限制国内生产商在EITE领域的竞争力损失。基于WTO GTM的模拟结果表明，应用BCA机制使气候目标更具雄心的地区的实际出口和实际产出水平接近引入碳税前的水平。[12] 在这种情况下，有时有人认为，引入BCA机制将减少国内对国内碳定价的反对，因为BCA可以为国内生产商创造公平的竞争环境（Böhringer等，2022）。

BCA机制的一个重要作用是鼓励那些受BCA影响的外国司法管辖区采取更有力的碳定价措施，以避免实施边境措施（Böhringer等，2022；Dröge，2011）。当预期到另一个国家计划引入BCA机制时，这可能会激发它们采取碳定价机制的动力（World Bank，2022）。然而，上述WTO GTM模拟结果似乎表明，BCA不会为那些没有碳定价的地区提供足够的激励措施，以便让其加入那些采取了雄心勃勃碳定价的地区行列。[13]

最后，为了遵守BCA，企业将需要报告其交易产品中所含的碳排放量，以便计算与BCA相关的关税。这有助于提高供应链中碳足迹的透明度。

（二）反对碳边境调节的经济论据

文献中提出了关于BCA的几个问题。首先，征收关税可能会降低全球对进口产品的需求，从而降低此类产品的价格，并使面临BCA的出口商的贸易条件恶化（Bellora和Fontagné，2022；Böhringer、Fischer和Rosendahl，2010；UNCTAD，2021）。预计的贸易条件不利影响往往集中在向实施BCA机制的国家出口能源密集型产品的国家（Weitzel、Hübler和Peterson，2012）。此外，如果高收入经济体引入BCA机制，并且设定了更加雄心勃勃的气候缓解目标，那么贸易条件的不利影响将集中在低收入地区，从而与CBDR原则产生潜在冲突（Böhringer等，2022）。

更广泛地说，关于CBDR原则与通过BCA机制解决公平竞争问题的努力之间的关系，可以提出一些重要问题。尽管CBDR原则承认工业化经济体有责任采取更积极的气候政策（如《巴黎协定》第2.2条和第4.3条），但BCA旨在确保来自不同地区的公司在同一市场中销售产品时面临相同的碳价。

无论这些原则和概念在适用的国际法律框架下的法律地位如何，文献中已经讨论过一些经济设计的方案，试图以此来缩小两个目标之间可能存在的差距。一种选择是，根据特定经济体的发展水平量身定制BCA。然而，这种做法可能会增加行政复杂性，不一定有助于建立公平竞争环境。另一个选择是，将BCA的收入分配给碳基金，用于低收入地区的减缓或适应（Falcao，2020）。

BCA还会给政府和公司带来可观的行政和合规成本。此外，BCA可能会在实施和面临此类征税的地区之间引发贸易冲突。模拟分析表明，对于一些经济体来说，采取应对策略来限制BCA

以减少不利经济影响是最理想的做法（Böhringer、Carbone和Rutherford，2016）。在这种情况下，BCA可能会导致针锋相对的贸易冲突，并引发其与WTO规则兼容性的问题。

（三）采用BCA涉及一系列设计问题

BCA的设计可以影响一个经济体的竞争力、碳泄漏、出口机会和碳定价政策的推广。正如丹尼尔·C.埃斯蒂在其观点文章中所讨论的，BCA机制的设计细节十分关键。关于设计问题的重要疑问可能包括：行业覆盖、国家覆盖、排放范围、嵌入式排放基准、"反驳"基准的可能性、外国碳政策的核算、出口退税、资金用途。[14]

行业覆盖是指BCA机制所针对的行业。该设计功能有两个主要选项：BCA可以仅覆盖EITE领域，也可以覆盖更多的制造行业。虽然覆盖更多的行业可能在行政上更为复杂，但可能带来更大程度的碳泄漏减少（Branger和Quirion，2014）。

确定BCA的国家覆盖范围，需要决定实施BCA的国家是否会将一些国家排除在政策之外。例如，实施BCA的国家可以对所有贸易伙伴统一实施一项政策，或者根据各种标准（如收入水平、涵盖行业的贸易量，或者实施的国家缓解政策）排除一些国家。

排放范围包括产品生命周期内的碳排量，这些碳排放量包含在BCA的计算中（Cosbey等，2020）。如第五章所述，虽然定义各不相同，但范围1排放通常指的是生产过程的直接排放，而范围2排放是购电产生的间接排放，范围3排放是整个供应链中发生的所有其他间接排放（不包括在范围2内）。这一设计方式之所以重要，是因为在某些行业，如果购买的电力源自化石燃料，那么间接使用电力产生的排放将很大。

进口国或出口国对嵌入式排放的参考涉及两个主要选择。第一种选择是使用国内确定的基准排放水平作为所涵盖产品的排放水平。第二种选择是使用具体国家的基准，这些基准由面临BCA的每个出口国确定。由于同一产品的排放强度可能因国家而异，因此这一设计方式可能会影响BCA计划实现其目标的有效性。

在实施BCA的国家，外国公司可能会有机会通过参照平均值或基准来"反驳"基于平均值或基准的边境税征收，这样一来，就能够确保最终征收的边境税是根据其自身的实际排放水平确定的。原则上，如果这些公司的个别排放低于基准水平，上述做法将会激励其减少排放量。

为了考虑外国的缓解措施，BCA可以采取不同的方法来调整边境价格，例如，可以基于不同形式的碳价或外国的非价格法规进行调整。

实施BCA的国家还须决定该计划是否包括出口退税。如果BCA措施包括此类退税，那么实施BCA的国家将为涵盖该产品的出口商提供退税以弥补其在国内支付高于目的地市场的额外碳价。如果该措施不包括出口退税，则BCA将只适用于进口。

最后，关于收入使用的讨论围绕着从BCA中获得的收入是应该转移到实施国家的一般政府预算，还是应该专门用于支持气候缓解行动，例如，在发展中经济体。这些收入的使用方式可能会改变BCA的分配结果。

第四节　加强国际合作，以推进碳定价政策

碳定价面临着一系列挑战，这些挑战源于国家间缺乏协调。根据《巴黎协定》提交的所有NDC中，有三分之二考虑使用碳定价来实现减排目标。这意味着超过100个国家可以通过排放交易体系、碳税和其他方式，潜在地将碳定价作为减少GHG排放的一种方式（UNFCCC，2021）。

不同地方、国家和区域碳定价机制的激增凸显了政府应对气候变化的雄心。然而，这也有可能造成不同制度、税率、涵盖产品和认证程序的拼凑，最终可能给企业带来不确定性，削弱全球减缓气候变化的努力效果，并带来额外的交易成本。

国际合作有助于克服与碳定价相关的挑战。协调相关行动对于应对碳泄漏风险与碳定价相关的竞争力担忧至关重要，从而避免非建设性的贸易摩擦。通过促进最佳实践交流和分担行政成本，国际合作可以有助于提高碳定价机制的效率并降低其行政成本（Mehling、Metcalf和Stavins，2018）。碳定价方面的合作与协调也有助于避免碳定价机制的碎片化，并确保在讨论碳定价方法时考虑到所有国家的观点和关切，包括发展中国家的观点和关切。

一、碳定价的国际合作正在逐渐形成

鉴于碳定价引发的经济、政策和法律问题，不同的碳定价方法和可能的BCA已经在多个国际论坛上引发了重要的讨论，包括在《联合国气候变化框架公约》（UNFCCC）、G7、G20、经合组织（OECD）和WTO的会议上。

各种区域和国际举措旨在促进碳定价政策的一致性。例如，

UNFCCC雄心勃勃的气候行动合作工具（CiACA）倡议，协助各缔约方制定碳定价工具，以实施其NDC，并与其他司法管辖区共同推动合作性气候行动。其他倡议包括碳定价领导联盟（CPLC），这是一个由国家和地方政府、企业和民间社会组织组成的自愿伙伴关系，提供了一个平台，以集体分享其在碳定价政策方面的最佳实践，并传播研究成果等。[15]国际碳行动伙伴关系（IACP）也是一个国际合作论坛，汇集了已经实施或计划实施碳排放交易体系的司法管辖区。[16]

近期，G7于2022年6月发表声明，表示打算在2022年底前建立一个符合国际规则的开放、合作的国际气候俱乐部，以支持《巴黎协定》的有效实施。[17]气候俱乐部将寻求：（1）推进雄心勃勃和透明的气候变化减缓政策；（2）联合改造产业，加速脱碳；（3）通过伙伴关系和合作，增强国际雄心，鼓励和促进气候行动，释放气候合作的社会经济效益，促进公正的能源转型。G7声明进一步要求OECD、国际货币基金组织（IMF）、世界银行、国际能源署（IEA）和WTO支持这一进程。

国际组织正在积极致力于提高碳定价政策的透明度，促进信息共享。如下文所述，WTO相关机构一直在就碳定价和碳足迹方法和机制的不同方面交换意见和经验。其他举措包括世界银行碳定价仪表板，该仪表板提供了有关现有和新兴碳定价倡议的最新信息，[18]以及OECD关于能源使用产生的CO_2排放定价的数据，包括燃料消费税、碳税和可交易排放许可价格。[19]

国际社会也在努力为各国政府制定和实施碳定价机制提供援助。例如，由世界银行管理的为期10年的"市场实施伙伴关系"项目，就是协助各国设计、试行和实施与其发展优先事项相一致的定价工具。

碳定价的一个关键步骤是测量和验证产品的碳足迹。如第五章所述，已发布了几项标准和指南，为计算产品和经济活动的碳足迹提供总体指导，如国际标准化组织（ISO）的《ISO14067：2018温室气体—产品碳足迹—量化要求和指南》和《温室气体核算体系：企业核算与报告标准》。需要进一步增强全球一致性，以避免不同标准和验证程序日益增多（见第五章）（WTO，2022c）。

观点文章

GHG定价对贸易的影响

作者：丹尼尔·C.埃斯蒂
耶鲁大学环境法律与政策中心主任，耶鲁可持续金融倡议主任

碳定价——更广泛、更恰当地被称为温室气体（GHG）定价，包括甲烷和CO_2以外的其他GHG排放——被许多政策制定者视为一个关键工具，能够降低排放，并激励所有行业的个人与企业迈向清洁能源的未来。目前，约有46个国家通过碳收费或排放配额交易系统对GHG排放进行定价，还有数十个国家正在探索定价方案。但各国的GHG价格存在差异，给国际贸易体系带来了战略挑战。

鉴于全球对停止GHG排放的承诺，未能对排放定价或以其他方式监管GHG的政府很可能被视为在向生产者提供不适当的补贴。为了创造公平的竞争环境，消除任何将生产转移到气候变化政策较为宽松、运营成本较低地区的动机，同时保护减排努力的效果，那些拥有强力的气候变化政策的政府已经开始制定BCA战略。此类机制旨在根据生产商的GHG定价水平与进口管辖区

的碳价之间的差异对进口产品征收关税。

那些寻求使贸易体系的结构与国际社会对气候变化行动的承诺更加一致的人，正在敦促WTO批准适当结构的BCA关税。但是，发展中国家对于这类关税是否会以歧视性方式执行或违反对共同但有区别责任原则表示担忧。这一公平原则是全球气候变化制度的重要基础。此外关于GHG核算以及技术能力限制是否会对发展中国家造成不利影响，人们提出了更多问题。

我认为，任何BCA机制的设计细节都是至关重要的，必须优先考虑分析的严谨性、有效性、公平性和透明度（Dominioni和Esty，2022）。我认为，旨在消除GHG外部性带来不公平优势的边境关税，应该基于实际有效的GHG价格差异，而不是明确的GHG价格，这将使各国在制定和执行其气候变化政策时具有更大的灵活性。更直接的办法是，要求关税基于未减少的GHG水平，这个水平是由进口产品产生的，并乘以全球统一的社会碳成本。当然，国内商品也必须遵守相同的GHG定价框架。

这种BCA方法将奖励那些在国内和国际上实际GHG排放量较低的生产商，并有效地减少了BCA关税作为变相贸易壁垒的可能性。建立排放计算标准仍需一些努力，但碳计算器和GHG含量数据库的可用性越来越高。出于公平考虑，最不发达国家从出口中收集到的任何资金都应该回馈给这些国家，以支持其在向可持续能源未来转型的投资。

明确承认可持续性要求，并认识到全球成功应对气候变化威胁的紧迫性，同时重申对可持续发展和促进发展中国家融入全球市场的承诺，将使贸易体系的合法性得到加强（Lubin和Esty，2010）。这些努力的基础将是一项WTO倡议，以验证精心构建的BCA机制，从而加强而非削弱GHG定价和其他国家气候战略。

二、国际合作有助于支持碳定价行动

鉴于碳定价对贸易的重要影响，贸易和贸易政策方面的国际合作有助于支持碳定价的采用和实施。

最近的一些区域贸易协定（RTA）包含明确解决碳定价问题的条款（WTO，2021b）。目前，在欧盟与英国之间的RTA中，关于碳定价的具体条款包含了最详细的条款。条款要求缔约方建立有效的碳定价体系，具体涵盖发电、供热、工业和航空的GHG排放。该条款进一步呼吁缔约方认真考虑将各自的碳定价体系联系起来。[20]新西兰和英国近期签署的RTA也要求缔约方推动碳定价，并支持国际碳市场发展中的环境完整性。一些RTA明确促进有关碳的设计、实施和运行机制，以及碳定价的信息和经验交流，以推动国内外碳市场的发展。[21]其他与碳定价特别相关的环境条款包括明确鼓励缔约方使用和依靠经济工具（包括基于市场的工具），有效实现环境目标的条款。[22]

WTO提供了一个框架，最大限度地减少碳定价政策产生的与贸易相关的负面溢出效应，同时促进其正面溢出效应，为碳定价方面的国际贸易合作做出了贡献。如第三章所述，WTO是讨论与贸易有关的问题和提高决策过程透明度的平台。

许多WTO成员在WTO各机构中提出了对BCA的担忧，认为其是不公平的，可能会导致保护主义。[23]WTO的讨论涉及计算进口产品碳含量的方法，以及如何将排放交易体系以外的碳减排政策（如排放标准和规例）考虑进去。[24]一些发展中国家表达的另一个担忧是，某些碳措施将违背《巴黎协定》的CBDR原则。

WTO的透明度机制及其作为对话平台的职能，有助于缓解因实施BCA而产生的潜在贸易摩擦。WTO的透明度纪律允许成员了解即将出台的监管提案，包括一些与碳定价倡议相关的提案。多边层面的对话也允许感兴趣的成员对这些提案发表评论，而寻求采取新措施的成员有机会根据提出的关切进行调整。贸易与环境委员会（CTE）和贸易与环境可持续结构化讨论（TESSD）的讨论，已探讨关于BCA的监管提案，以及WTO对此类措施的兼容性相关的问题。其他WTO机构，如市场准入委员会和货物贸易理事会，也讨论了具体的碳定价机制。[25]

在WTO和其他平台上持续进行包括即将出台碳定价政策的讨论，有助于实现重要的透明度目标，并为评论和交换意见提供有意义的机会。进一步的讨论可以侧重于在避免贸易紧张局势时应考虑的关键方面，包括采取避免双重收费的方法、推行等效税收原则、加强碳核算和收入使用，以及在碳定价范围上进行协调或统一（碳生命周期、行业和排放范围）。此外，还需要制定排放基准和行业平均值，并探讨责任分担和便利认证与核查的方法，同时遵循CBDR以及优惠待遇的指导。

三、WTO的规则有助于防止保护主义，促进设计精良的碳定价

本质上，根据WTO规则，WTO成员可以自由地在其选择的层面采取环境政策，包括与气候变化相关的政策。即使这些政策会严重限制贸易，只要没有引入无理的或任意的歧视或变相的保护主义（见第三章）即可。

如果碳定价机制或其调整影响国际贸易，WTO的几项纪律可能会发挥作用。关键的纪律包括非歧视义务〔国民待遇原则和最惠国（MFN）条款〕以及禁止数量限制。其他领域也可能与此相关，如适用于技术性贸易壁垒（TBT）和补贴与反补贴措施（SCM）的

领域（WTO 和 UNEP，2009）。

WTO 法律框架提供了大量的指导，涉及 BCA 措施可能对进口产品产生不利影响的各种情况，以及根据 WTO 规则，为证明这种不利影响的合理性而必须满足的各种条件。总体而言，碳定价政策和 BCA 机制必须连贯一致，符合目的；必须为减少 GHG 排放做出切实有效的贡献；不能被滥用于保护主义目的。

特别是，需要仔细设计碳定价政策，以便准确计算受这些政策影响的产品的碳含量，无论其产地在哪。同时避免碳足迹较高的产品被无理收取较低的碳税或承担较低的碳税负担。这将不可避免地涉及与碳定价政策措施、碳核算方法、获取认证的途径以及行业或产品特定的挑战的差异相关的重要问题。

四、所有国家，特别是发展中国家的需求，必须成为碳定价讨论的一部分

为了促进公正的低碳转型，碳定价应考虑到技术和财政资源有限的生产者，如中小微企业（MSME）以及发展中国家的企业所面临的挑战。促进获得低碳技术和服务，为碳核算提供支持，对于让碳定价更具包容性至关重要。

特别是，采取碳定价措施的政府应该认识到，在缺乏补充政策和设计良好的金融机制的情况下，某些国家和群体可能会受到碳定价的负面影响。文献表明，发展中国家，特别是 LDC，更有可能受到碳定价的负面影响，因为它们实现碳减排的资源往往较少，因此需要支持来限制和适应碳成本增加的负面影响。《马拉喀什建立世界贸易组织协定》明确承认了保护环境对于不同经济发展水平的国家来说至关重要，同时也承认了可持续发展的目标。

向发展中国家提供资金，使其有效向低碳经济转型，不仅出于"公正转型"的论据，而且还有效率论据。研究表明，发展中经济体的气候融资比发达经济体的气候融资更有效。这是因为支持脱碳的投资导致发展中经济体的减排量增加，而发展中经济体通常依赖效率较低的技术，更有可能用低碳能源替代高碳能源。

此外，还必须提供支持，以促进低碳技术的获取，因为这有助于发展中国家，特别是MSME在生产产品和提供服务时，降低碳的密集度，从而降低跨境碳调整的必要性，并帮助它们实现气候和可持续发展目标。对发展中国家生产者的碳核算和认证支持也是不可或缺的（见第五章）。这符合所有经济体的利益，包括那些考虑采用BCA的经济体。

还需要进一步的支持机制，这些机制可以采取国际合作的形式，包括征收和分配碳税，利用收入以直接收入为低收入国家提供支持或以环境创新的形式提供支持。

如果在全球范围内推动碳定价在短期内不是一个可行的选项，那么促进全球在定价政策上的统一是一个过程，随着时间的推移，可能会减少因采用不同方法而可能引发的贸易紧张局势。如上所述，WTO可以在此方面发挥关键作用，因为其已经为专门讨论这些问题提供了各种平台，所有国家，特别是发展中国家，可以在相关平台上表达对碳定价方法的观点和关切。

第五节　小　结

　　尽管碳定价被认为是气候变化减缓政策的重要组成部分，但其在世界各地的实施情况并不均衡。目前的碳定价机制只覆盖全球GHG排放的一小部分，其碳定价在不同国家和地区之间存在显著差异。

　　碳定价机制日益分散化，可能会引发碳泄漏和竞争力丧失的风险，特别是在碳密集型和贸易暴露型行业。不协调的碳定价政策可能会进一步给政府和企业带来额外的行政和合规成本。

　　碳泄漏和竞争力担忧可能会促使人们呼吁采取BCA措施，以确保外国竞争对手与国内生产商承担相同的碳成本。BCA机制既有优点，也有缺点。一方面，预计这将有助于减少碳泄漏，恢复因碳定价差异而导致的竞争力损失，从而为公平竞争环境做贡献；另一方面，这也可能会对低收入地区产生不利的贸易影响，并引发贸易冲突。不同司法管辖区之间的BCA机制也可能造成协调问题和额外的行政成本。

　　加强国际合作对于统一的碳定价解决方案至关重要。模拟研究表明，全球碳定价机制将比不协调的区域碳定价机制更有效地减少GHG排发。然而，就碳定价达成全球协议需要克服"搭便车"问题，并确保高收入国家和低收入国家公平分担碳定价的经济成本。财政支持等配套措施，可以帮助低收入地区应对和克服碳定价的潜在不利影响，实现向低碳经济的公正转型。

　　碳定价方面的国际合作有助于进一步实现全球碳定价的协调。WTO通过其核心职能，WTO仍然是一个合适的平台，可以继续作为讨论和交流碳定价信息和经验的平台，并与其他国际组织合作，以促进国际合作和推动更整合的碳定价策略。

注释：

1.虽然碳定价是一项相对较新的战略，但一些国家几十年来一直采用针对地方和区域污染物的碳税和碳排放交易体系。例如，20世纪70年代初，法国引入了废水税机制。美国于1995年通过一项关于二氧化硫和氮氧化物的排放交易体系。

2.WTO GTM是一个可计算的一般均衡模型，侧重于全球经济的实体方面，对全球贸易关系进行建模，请参有关WTO GTM的技术说明。

3.一些国家在其NDC中提交了两种不同类型的承诺:（1）"无条件承诺"；（2）以其他地区的减排努力、财政支持或其他类型的援助为条件的更雄心勃勃的承诺（Böhringer等，2021）。

该模拟情景基于无条件承诺为基础，不包括一些国家在其他国家减少排放的条件下愿意追求的承诺。

4.区域定价制度下的全球平均碳价计算为区域碳价的加权平均值，其中权重为区域CO_2排放量。

5.说明性政策实验比较了两种情况:（1）采用所有地区都参与的全球碳排放交易体系；（2）7个"雄心勃勃"的地区［澳大利亚、加拿大、欧盟、欧洲自由贸易联盟（EFTA）、日本、英国和美国］采用区域碳排放交易体系，而其余地区是发展中地区，不采用任何碳定价机制（Bekkers和Cariola，2022）。

6.说明性政策实验假设澳大利亚、加拿大、欧盟、欧洲自由贸易联盟（EFTA）、日本、英国和美国采用区域碳排放交易体系

（Bekkers 和 Cariola，2022）。

7.模拟结果表明，在"国际碳价下限"情景下，印度和韩国的实际收入预计将上升。这是因为印度和韩国是化石燃料净进口国。在这种情况下，化石燃料的需求减少，从而降低了化石燃料的价格，改善了其贸易条件。（Bekkers 和 Cariola，2022）。

8.碳泄漏率取决于转移到国外的生产活动的数量和该生产活动的排放强度。因此，在生产变化不大的情况下，有可能出现高泄漏率（Keen、Parry 和 Roaf，2021）。

9.在说明性模拟实验中，高收入国家包括澳大利亚、加拿大、欧盟、欧洲自由贸易联盟（EFTA）、日本、英国和美国。第一个实验假设高收入群体采用碳定价机制将其排放量从不减少（一切照旧）减少到其 NDC 目标水平，而其他国家和地区则没有目标。在第二个实验中，假设同一组高收入国家将碳价定为75美元，而不是50美元。其他地区将碳价定为25美元（低收入地区）和50美元（中等收入地区）。

10.大量实证文献通过检验所谓的"污染避风港"假说在实践中的适用性来评估环境政策的竞争力后果。"污染避风港"假说认为，贸易开放导致污染密集型生产从环境政策严格的国家转移到环境政策宽松的国家（见第五章）。

11.从理论上讲，如果某个碳定价水平较高的司法管辖区也对其出口产品实施BCA，那么BCA也可以适用于该司法管辖区进口的产品，从而对贸易产品实施"碳税中立"。

12.正如前面描述的示例性政策实验，如果7个发达地区的联盟引入了碳定价机制，而其他地区没有，那么平均而言，实施BCA机制可以有效地防止竞争力损失。然而，在引入碳定价机制的地区之间，其影响是异质的，并不能防止所有地区的竞争力丧失（Bekkers和Cariola，2022）。

13.如果通过假设地区可以对BCA机制征收反关税来修改模拟设置，则一些地区将有动力引入碳定价机制，而其他地区则倾向于征收反关税（Böhringer、Carbone和Rutherford，2016）。

14.对这些选择的更详细讨论超出了本报告的范围，例如，可在科斯贝等(2020)的文章中找到。

15.参见https://www.carbonpricingleadership.org/。

16.参见https://icapcarbonaction.com/。

17.参见https://www.g7germany.de/g7-en/current-information/g7-climate-club-2058310/。

18.参见https://carbonpricingdashboard.worldbank.org/。

19.参见https://www.oecd.org/tax/tax-policy/tax-and-environment.htm/。

20.脱欧后，英国不再参加欧盟排放交易系统，而代之以一项国家排放交易体系。

21.例如，参见《欧盟—越南RTA》。

22.例如，参见《智利—美国RTA》。

23.除其他外，见贸易与环境委员会（WTO官方文件编号WT/CTE/28/Rev.1，　第1.19段；WT/CTE/M/71，　第1.102-122段；WT/CTE/M/72，　第2.95-2.115段；WT/CTE/M/73，　第1.45-1.75段 ）、市场准入委员会（WTO官方文件编号G/MA/M/74，第12.3-12.43段）或货物贸易理事会（WTO官方文件编号G/C/M/139，第20.3-20.59段；G/C/M/140，第28.3-28.60段；G/C/M/141，第39.3-36.63段 ）的讨论。WTO官方文件可通过 https://docs.wto.org/ 查阅。

24.例如，贸易与环境委员会（CTE）在不同场合讨论了碳足迹和标签计划。见《产品碳足迹和标签计划信息会议总结报告》（WTO官方文件编号WT/CTE/M/49/Add.1）；贸易与环境委员会的报告（WTO官方文件编号WT/CTE/M/55）；贸易与环境委员会2017年度报告（WTO官方文件编号WT/CTE/M/55）。WTO官方文件可通过https://docs.wto.org/查阅。

25.例如，货物贸易理事会最近讨论了欧盟关于碳边境调整机制的计划。参见https://www.wto.org/english/news_e/news20_e/good_11jun20_e.htm。

第五章　国际贸易脱碳

　　向低碳经济转型要求包括国际贸易在内的许多经济活动进行转型。本章着眼于分析贸易造成温室气体排放的程度，同时评估贸易在传播使生产、运输和消费变得更加清洁的技术和知识方面的重要性。尽管近年来与贸易有关的碳排放有所下降，但为进一步减少与贸易有关的碳排放，仍需迈出更大的步伐。为支持供应链和国际运输脱碳的努力，需开展更广泛的国际合作。

关键事实和调查结果

　　据估计，世界出口中隐含碳排放2018年占全球碳排放量的比重略低于30%。这一比例自2011年以来缓慢下降。

　　出口隐含碳排放源于国内和国外投入品两部分。1995—2018年，估计国外投入品导致的CO_2排放占与贸易有关的总排放量的比例从24%上升至31%。

　　与假设的封闭经济情况相比，贸易增加了全球CO_2排放总量，但模拟分析表明，将超过与国际贸易有关的GHG排放成本，并被国际贸易的好处所抵消。

　　有必要在改善碳含量测量、减少运输部门排放和改善全球供应链可持续性等方面加强国际合作，这有助于减少与贸易相关的温室气体排放。

　　对发展中国家提供国际支持至关重要，这可以帮助它们减少与贸易有关的排放，包括与可持续农业供应链有关的排放。

第一节 导 言

向低碳经济转型可能导致大多数经济活动发生转变，包括国际贸易。减少温室气体（GHG）排放对于保持竞争力和效率越来越重要。贸易脱碳不仅涉及生产环节，还需要在运输环节减少碳排放。

尽管衡量贸易对碳排放的整体影响是复杂的，但是找到供应链上GHG密集排放的碳热点在哪里，对优先实施气候变化减缓战略至关重要。

本章探讨如何衡量国际贸易导致的碳排放，评估国际贸易增加或减少碳排放的方式，并探讨在没有发生国际贸易的反事实分析情景下，碳排放和福利的水平会如何变化。本章最后讨论了WTO等框架下的国际合作有助于减少与国际贸易相关的碳排放，如提高运输的碳效率和确保供应链的环境可持续性。

第二节 国际贸易碳排放的复杂核算

从概念上来说，贸易产品的隐含碳排放——有时指碳足迹——包括产品全生命周期的所有直接GHG排放，例如，产品的生产、组装、包装、运输和处理。对隐含碳排放更广泛的衡量要将生产最终产品或服务所需投入品的生产和运输所产生的间接GHG计算在内，包括生产过程中用电所产生的GHG。

用于生产产品和服务的土地使用方式发生变化（如为农业用途而砍伐森林）会影响GHG排放，因而可以将其纳入对贸易产品隐含碳排放的评估。1990—2010年，估算土地使用变化的碳排放占与人类活动有关的碳排放的12.5%（Houghton等，2012）。农业扩张和贸易产品生产被认为是全球土地使用变化的重要驱动因素（Böhringer等，2021）。

实践中，全面估算产品或经济活动的碳足迹是复杂且数据密集的。碳核算的常用方法，是使用部门碳排放数据和投入产出（I-O）表来跟踪经济活动中产品和服务循环流动，以估算与国际贸易相关的碳排放（WTO，2021a）。[1]

根据最新估测，2018年世界出口隐含碳排放累计达100亿吨，略低于全球碳排放量的30%（OECD，2022d）。自2011年以来，贸易中碳排放量占碳排放总量的比例呈下降趋势（见图5-1），尽管这一比例在1995—2008年显著增长。此外，自2008年金融危机以来，相对于贸易对GDP或全球价值链（GVC）参与的贡献，贸易隐含碳排放似乎有所下降，这意味着碳排放和贸易脱钩，其部分原因是能源效率的提高。

汇总的会计结果掩盖了重要的地区差异。例如，加拿大、中国、欧盟、印度、日本、韩国、俄罗斯和美国被认为是国际贸易全球碳排放的主要贡献者（见图5-2）。在过去10年中，贸易中的全球碳排放增长主要由少数高收入和中等收入国家驱动。

出口的隐含GHG排放量是由一系列因素决定的，包括经济规模、对外贸易的部门构成、参与全球价值链的程度、进出口所使用的运输方式，以及部分由环境和能源政策决定的生产系统的能源效率（WTO，2021a）。例如，包括能源和运输在内的一些部门在国际贸易隐含GHG排放量中的占比超过75%（Yamano 和 Guilhoto，2020）。

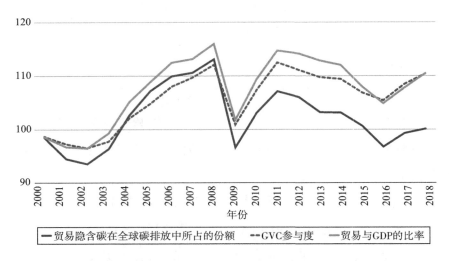

图5-1 国际贸易中碳排放量占碳排放总量的比例一直在缓慢下降

资料来源： 作者的计算基于OECD隐含二氧化碳（TeCO₂）数据库关于贸易中的碳排放量、世界银行的全球发展指标关于贸易与GDP的比率，以及OECD贸易中的附加值（T₁VA）数据库关于在GVC中的参与度。

注： 为说明趋势差异，2000年的数据都记为100。GVC参与度以出口中的国外附加值的份额衡量。

鉴于国际贸易将生产和消费在空间上分开，碳排放核算既可以从生产角度（如产品和服务在国内的生产和出口）进行分析，也可从消费角度（如产品和服务在国内的消费和进口）进行分析。生产和消费的不同决定了碳排放的贸易余额，即经济体是碳排放的净进口国还是净出口国。发达经济体往往是碳排放的净进口国，而发展中经济体和依赖化石燃料大宗商品的经济体往往是碳排放的净出口国（OECD，2022d）。

尽管高收入经济体比中等收入经济体更加依赖进口的碳密集型活动，但近年来，隐含碳排放的净进口有所下降，部分原因是能源效率的提高（见图5-3）（Wood等，2020）。然而，很少有经济体从碳排放的净进口国转变为净出口国，反之亦然（Yamano 和 Guilhoto，2020）。

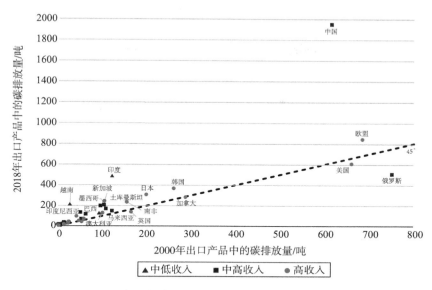

图5-2 国际贸易中碳排放的增加主要是由少数经济体推动的

资料来源： 作者基于OECD TeCO₂数据库计算得出。

注： 横轴表示2000年出口中所含碳排放量的对数，纵轴表示2018年出口中所含碳排量的对数。虚线表示45度线。线以下的国家在2000—2018年降低了出口中的碳排放。

GVC的发展使生产过程更加分散。因此，贸易的隐含碳排放来自产品的生命周期，也来自国内和国外投入品中的隐含碳排放。经济体融入GVC的程度越深，其进口中间投入品的隐含碳排放份额上升得越快，进而推高了其出口隐含碳排放。1995—2018年，来自国外因素的碳排放占与贸易有关的碳排放的比重从24%上升至31%（OECD，2022d）。

虽然碳排放核算为国际贸易中的碳排放量及其演变提供了有趣的视角，但它作为一种纯粹的描述性分析，无法解释贸易和碳排放之间复杂关系的方方面面。例如，碳排放和福利水平在没有国际贸易的反事实分析的情景中如何变化，碳核算没有对此提供解释。总的说，碳核算无法对贸易隐含碳排放的决定因素以及贸易之于碳排放的净影响做出解释。

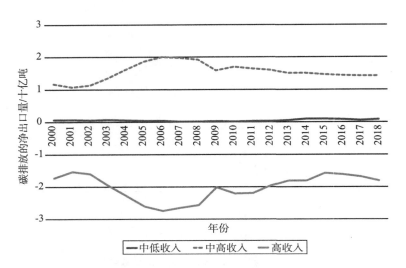

图5-3 高收入国家的净进口中的碳排放量在2006年达到峰值

资料来源： 作者基于OECD TeCO$_2$数据库计算得出。

注： 碳排放的净出口是指出口中所含的碳排放和总进口中所含的碳排放之间的差值。负的净出口对应的是碳排放的净进口。

第三节　国际贸易以多种方式影响碳排放

贸易对环境的影响在理论上是不确定的，因为不同的机制朝着相反的方向发挥作用，又有不同的因素来决定每种机制作用的重要性（WTO，2013）。因此，贸易对GHG排放的整体影响是一个实证问题。

一、国际贸易通过不同方式增加碳排放

贸易开放提高了产品和服务的生产、运输和消费水平，因此增加了碳排放。这通常被称为贸易的"规模效应"（Antweiler、

Copeland 和 Taylor，2001）。

GVC 的贸易扩张，占当今全球贸易的近一半（World Bank，2020），同时也增加了国际运输的碳排放，即扩大了规模效应。

不同的运输方式对碳排放会产生不同的影响，这主要由使用能源的来源而定（WTO，2013）。航空运输是碳排放强度最高的运输方式，其次是公路运输（例如卡车）。铁路和海运的碳排放强度相对较低。

据估算，国际运输部门2018年碳排放占全球碳排放的比重超过10.2%（OECD，2022d）。尽管国际运输部门的碳排放在2020年新冠疫情期间下降超过10%，但是其自1990年以来仍以年均1.9%的速度稳步增长（ITF，2021a）。

客运的碳排放占国际运输碳排放的比重超过三分之二，其余部分与国际货运有关。据估计，在国际间生产和运输产品过程中产生的碳排放占国际贸易碳排放的33%，其余67%的碳排放与国际贸易产品的生产有关（Cristea等，2013）。

大量的国际贸易仍通过海运进行，但是由于水果、蔬菜和电子消费品等对时间敏感的产品需要空运，所以预计与贸易有关的运输活动和碳排放将急剧增长。

贸易开放带来生产部门结构上的变化会增加或减少碳排放，而这取决于该国是否在碳密集产业上具备比较优势（McLaren，2012）。这通常被称为"结构效应"（Antweiler、Copeland 和 Taylor，2001）。

根据"要素禀赋假说"，贸易开放将导致一些国家资本充裕，尤其是发达经济体，专门从事资本密集型产品的生产，而发展中经济体则专门从事劳动密集型产品的生产。"要素禀赋假说"认为一个部门的污染强度往往与其资本密集程度密切相关。因此，发达经济体被认为是专门从事碳密集型产业的经济体。

另一种被称为"污染避难所假说"的理论认为，气候政策和企业减少或防止碳排放的成本是比较优势的主要成分。该假说认为，贸易开放将导致碳密集型生产从气候政策严格的成员转移到气候政策相对宽松的成员（Copeland 和 Taylor，2004）。同样，企业在价值链中分割生产时，碳密集型部分可能从气候变化监管严格的成员转移到监管较弱的成员，这种现象被称为"污染外包"（Cherniwchan，2017；Cherniwchan、Copeland 和 Taylor，2017；Cole、Elliott 和 Zhang，2017）。[2]

如果贸易开放或者再分配会导致更高排放的活动（如森林砍伐），则可能出现额外的规模效应和结构效应。理论上，贸易开放对森林砍伐的影响既可以是正面的也可以是负面的（WTO，2021c）。然而，最近的实证研究发现，贸易开放显著地增加了森林砍伐（Abman 和 Lundberg，2019；Faria 和 Almeida，2016）。据估计，国际贸易推动了约三分之一的与森林砍伐相关的碳排放（Henders、Persson 和 Kastner，2015；Pendrill等，2019）。

二、国际贸易通过不同方式减少碳排放

贸易也可通过推动生产方式的改变（减少每单位产出的排放）来降低碳排放，这通常被称之为"技术效应"（Antweiler、Copeland 和 Taylor，2001）。国际贸易有助于获得和采用更清洁的技术，包括进口国缺少的碳友好型技术。开放型贸易带来的经济和人均收入增长会增加公众对清洁环境的需求。[3]

对环境友好方案的需求将产生更严格的气候政策，这将激励生产者降低生产的碳强度，前提是这些政策不会受产业游说集团影响而作出妥协（Magnani，2000；Nordström 和 Vaughan，1999）。

在部门层面，贸易开放可将产出份额转移至更高效且更清洁的公司，因为参与贸易的公司往往比仅服务于国内市场的公司有着更高的能源效率。[4]这被称之为"污染减排的合理化假说"（Copeland、Shapiro 和 Taylor，2022）。因投入品的关税降低，获取国外中间品的方式得到改善，产业内碳排放的强度将降低。[5]所谓的"污染光环假说"（pollution halo hypothesis）进一步认为，跨国公司通过对外直接投资可以向目的国转移它们的环境技术，如污染治理、可再生能源和节能技术等（Eskeland 和 Harrison，2003）。

贸易开放也能够通过不同方式刺激创新，包括环境创新（WTO，2020a）。创新和节能技术的应用有利于应对进口带来的竞争加剧。[6]例如，人们发现，因关税降低引起的进口竞争加剧，促使墨西哥生产部门提高能源利用率（Gutiérrez 和 Teshima，2018）。[7]同样，出口市场贸易自由化带来的出口扩张会促进创新（Bustos，2011）。例如，印度的出口制成业公司随着外国需求的增长而进行技术升级（Barrows 和 Ollivier，2021）。[8]

最后，贸易政策的变化也可能影响碳排放。碳密集型产业的关税和非关税壁垒往往低于清洁产业（见图5-4）。事实上，碳强度高的产品往往比碳强度低的产品贸易量大（Le Moigne 和 Ossa，2021）。这主要是因为上游产品（主要用于生产投入）的贸易壁垒往往低于下游产品（最接近最终消费品），而且上游产品的碳强度往往高于下游产品。最新的反事实分析（counterfactual analysis）表明，如果对所有产业采取相同的关税和非关税壁垒结构，以消除贸易政策中的环境偏见，贸易政策改革会产生双赢的结果：全球实际收入会稍许增加（0.65%），而全球碳排放会下降3.6%（Shapiro，2021）。[9]

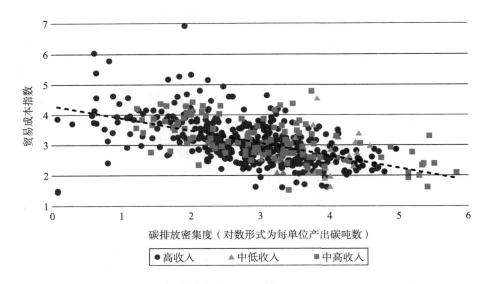

图5-4 碳密集型制造业的贸易成本往往较低

资料来源： 作者基于夏皮罗（2021）关于制造业碳排放强度的研究以及2011年的WTO进口贸易成本指数进行的计算。

注： 每个点代表一个进口产业（ISIC 3.1版两位数）组合。贸易成本指数衡量的是国际贸易相对于国内贸易的成本。

三、在国际贸易缺乏的情况下，由碳排放减少的福利损失将超过福利收益

有几项研究通过调查贸易对生产和运输、产业结构和产业排放强度（规模、结构和技术效应）的影响，实证分析了贸易对碳排放的影响程度。总体来说，实证文献表明，与贸易相关的减排主要是由于技术效应，而结构效应的作用往往非常弱（Copeland、Shapiro和Taylor，2022）。[10]结构效应相对较弱的证据表明，由比较优势驱动的国际贸易并没有像"污染避难所假说"所预测的那样，污染密集型生产会系统性地迁出具有严格环境管制的成员（Cherniwchan和Taylor，2022）。这是因为减排成本往往只占企业总运营成本的一

小部分，而资本成本、劳动力成本和临近市场程度等其他因素是企业选址的决定因素。

结构效应相对较弱，那么贸易开放是减少还是增加碳排放总量，取决于技术效应是否能超过规模效应。关于贸易对碳排放净影响的实证证据十分复杂。该影响需具体到部门级和国家级，并取决于诸多因素，包括污染物的类型、成员的发展水平、能源密集度、能源类型、贸易产品类型、国际运输方式、贸易伙伴位置以及现行的能源和环境政策。

对于全球污染物，例如二氧化碳（CO_2），规模效应往往占主导地位，意味着贸易会增加碳排放。然而，对一些本地和区域的污染物，例如颗粒物（PM）和二氧化硫（SO_2），技术效应可能超过规模效应，因为考虑到减少污染会直接地惠及公民，所以政府更有动力减少当地污染物的排放。

在发达经济体，相对于规模效应，技术效应往往占主导地位。但发展中经济体的情况则相反，这是因为它们的环境法规相对不那么严格，而且获取污染治理技术的机会有限（Managi，2006）。因此，贸易开放使高收入经济体产生更少的碳排放，而发展中经济体则会有更多的碳排放。

这一发现证实了上一节讨论的碳核算分析，并表明高收入经济体往往是碳排放的净进口国，发展中经济体有大量碳排放，是为了生产出口到高收入经济体的产品和服务。

在技术效应基础上，一些机制有助于减少污染的排放强度。例如，美国制造业的氮氧化物（NOx）排放的减少几乎完全是由更严格的环境法规所驱动（Shapiro 和 Walker，2018）。[11]同时，贸易通过将市场份额重新分配给出口企业来影响污染的排放强度。研究发现，与非出口企业相比，印尼的出口企业能效更高，对化石燃料的依赖程度更低（Roy 和 Yasar，2015）。在印度，贸易导致了行业内市场份额重新分配，大大减少了GHG排放（Martin，2011）。

贸易改变企业的相对规模、促进企业优胜劣汰，这导致行业特定的颗粒物（PM）和二氧化硫（SO_2）的排放强度发生变化，（Holladay 和 LaPlue，2021）。最后，贸易开放促进创新活动，并有利于获得外国中间品，这都有助于降低工业污染的排放强度（Akerman、Forslid 和 Prane，2021）。

鉴于国际贸易本身产生碳排放，有人呼吁通过本地化生产和消费来减少国际贸易。这导致一个问题：如果各经济体只在本地生产和消费，同时还要保持高水平的福利，碳排放水平将会是多少呢？尽管国际贸易本身会排放GHG，但国际贸易通过促进经济增长、降低价格、增加产品种类（包括气候友好型的产品、服务和技术），产生贸易收益，并增加社会福利。

虽然经济自给自足的情况难以观察，但经济学家们已用经济模型来检验这个问题。在各国关闭其边界停止国际贸易的情形下，本国需要增加中间产品和最终产品的生产，以满足之前对进口产品的需求。与经济自给自足的假设情况相比，开展国际贸易将使全球CO_2排放量增加约5%，相当于每年1.7亿吨CO_2（Shapiro，2016）。生产和运输（规模效应）在产生这种效应方面几乎发挥着同样的负面作用。因为在没有贸易的情况下，为国际市场生产产品和服务的资源将被用于满足国内需求。然而，国际贸易给生产者和消费者带来的收益约为5.5万亿美元，比碳排放造成约340亿美元的环境成本高出两个数量级。

上述分析表明，与诸如生产"再回流"和推动经济自给自足等抵制贸易一体化的做法相比，更好的选择是以更清洁的方式开展贸易，如减少运输过程中的碳排放强度，以及开发和使用环境友好型和碳友好型的技术，鼓励采购低碳投入品和产品。

第四节　减少与贸易相关的碳排放需要加强国际合作

虽然国际贸易不是GHG排放的主要原因，但减少与贸易有关的GHG排放对于促进低碳经济转型至关重要。国际合作对于加强有关国际贸易和运输脱碳战略，以及减少阻碍低碳贸易发展的不利影响非常重要。

国际合作可作为成员减缓气候变化政策的一个重要方面，展现对国际贸易脱碳更可信的承诺，从而推动建立一个更加协调和可预测的政策环境。同样，加强国际合作，可提高减少贸易碳排放措施的透明度，有助于审议和监测这些行动，帮助克服减少贸易碳排放的阻力。

国际合作可进一步调动财政和技术资源，克服能力不足，有利于获得与减少贸易碳排放有关的资本和技术。技术援助、能力建设以及知识经验的交流也有助于促进向低碳贸易的公正转型。

许多区域和国际机构，包括多边和区域金融机构，从不同角度开展了与国际贸易有关的脱碳工作。私营部门在贸易脱碳方面也较为积极。

此外，国际合作还可以支持国际贸易自身的减排努力。越来越多的区域贸易协定（RTA）明确支持有助于减排的活动，纳入了促进环境产品和服务的条款，包括可再生能源和节能产品。最新的一些协定特别强调通过信息和经验分享来促进可持续运输方面的合作。[12]

WTO还可以通过其现有规则、谈判功能、透明度要求、监督系统和能力建设来支持低碳贸易的转型。

一、需要更深入的国际合作来促进碳测量和验证

减少与国际贸易有关的碳排放需要准确跟踪产品和服务在生产和贸易过程中产生的碳排放，以及在减少这些排放方面取得的进展。目前已有不同的方法来量化产品和经济活动中的碳排放。

价值链内有关碳足迹的范围是界定所有相关排放边界的一个重要标准。如第四章所述，产品的碳含量可涵盖生产过程的直接排放（范围1），来自采购能源本身所产生的间接排放（范围2）和公司价值链中的间接上游排放和下游排放（范围3），包括投资、运输和分销所产生的排放。相关信息，包括衡量碳排放的基准，对于量化碳排放至关重要。

目前已有若干标准和准则为计算产品和经济活动的碳足迹提供了总体指导。例如，国际标准化组织（ISO）发布了ISO 14067：2018，该组织规定了产品碳足迹量化和报告的要求及指导方针。私营部门也启动了一些倡议，如《温室气体核算体系：企业核算与报告标准》，该标准为企业在准备企业级GHG排放清单时提供了相关指标和指导。

尽管在碳测量和验证方面已开展国际合作，但鉴于各种碳测量标准不断增加，在这一领域需要更多的全球协调。在成员层面，各成员制定了各种碳排放测量标准。还有一些特定行业标准，用于计算特定行业的碳含量（WTO，2022c）。

随着脱碳工作的推进，不同标准的广泛使用可能会给生产者带来不可预测性，并给企业造成繁重的负担，最终降低减排努力的有效性。此外，碳测量方法应该有一个健全的验证系统。如果没有对碳测量和核查方法达成一致或共识，在实施某些与贸易有关的减排气候政策时，各国可能会遇到困难。

碳测量与验证合作的一个重要方面是质量基础设施机构的发展和国际认可。质量基础设施是指提升贸易产品的质量、安全性和环境友好方面的政府和私营部门体系、政策和做法。它依赖于标准化、认证、合格性评估、计量和市场监督。

WTO致力于推动碳测量和验证方法的连贯发展，为此制定了一套规则。这些规则要求各成员达成共识，围绕统一的标准和验证程序展开合作，并提供一个平台，以确保世界各国都能拥有高质量的碳测量和验证基础设施。

基于这些原因，碳测量国际标准的制定方式将对相关国际标准的使用产生决定性的影响。WTO支持在这方面的国际合作。《技术性贸易壁垒（TBT）协定》鼓励使用相关的国际标准。TBT委员会制定了"国际标准、指南和建议制定的六项原则"：（1）透明度；（2）开放；（3）公正性和共识；（4）有效性和相关性；（5）一致性；（6）发展。这些原则涉及国际标准制定的重要方面。[13]这六项原则可在制定与碳排放量化有关的新国际标准方面发挥重要作用。例如，遵守这些原则可确保各方获得有关资料，为各方提供足够机会提出书面意见，确保各方不采用相互冲突的国际标准，以及将发展中成员面临的各种困难和限制纳入考虑范畴，这也很重要。

生产者和出口方提供的核对产品碳含量信息的验证方法，对于增强对核查过程和碳效率要求的信任非常重要。对核查程序结果的互认也有助于降低合规成本。《TBT协定》鼓励成员接受其他成员所采用流程的结果，即使这些流程与它们自己的不同。

发展中成员和最不发达国家（LDC）以及全球的中小微企业（MSME）能在多大程度上参与向低排放的全球经济转型，取决于它们测算和验证产品碳含量的能力。许多缺乏高质量基础设施的LDC和发展中成员面临被排除在外的风险，从而面临供应链脱碳的瓶颈，并阻碍低碳解决方案进入市场。

其他可能影响发展中成员的问题包括：直接和间接的土地利用变化能在多大程度上对碳足迹计算产生影响，以及发展中成员在获取当地土地利用变化的准确历史数据方面存在的挑战（Gheewala和Mungkung，2013）。

对发展中成员的国际支持非常重要，这些支持能够帮助它们准确地测算和验证其产品中的碳含量，并参与制定相关国际标准。一些多边组织支持发展中成员改善包括与标准化和合格评定有关领域的基础设施的质量。[14]这对于进一步加强对提高发展中成员在碳标准领域能力的支持是有益的。

此外，WTO的一些机构，如TBT委员会和贸易与环境委员会（CTE），已经就与贸易有关领域的碳足迹政策和方法进行了讨论。[15]同时，WTO作为一个平台，还可在多边层面就碳测量方法和核查程序中与贸易有关的内容，以及在这一领域支持发展中成员的可能方式等，进行更为具体的讨论。

二、减少国际运输中的碳排放需要更多的国际合作

如果不减少国际运输业的碳排放，就无法完全实现与贸易有关的GHG减排。运输是导致许多产品国际贸易排放GHG的重要源头

（Cristea等，2013），也是空气和水污染的主要来源。确保国内和国际运输更加可持续和气候友好，对实现低碳经济至关重要。

国际运输的主要脱碳途径包括转向使用低碳燃料（例如，生物燃料、氢或可再生电力），提高飞机、车辆和船舶效率，逐步淘汰高碳密集型车辆，以及通过规划有效路线和使用共享车辆等措施提高全系统的业务效率。[16]如果无法完全消除运输源头的碳排放，国际运输剩余的碳排放则可以通过碳抵消以及诸如碳捕获、利用和储存等新技术予以补偿。[17]

尽管目前已经取得了一些进展，但向低碳型国际运输的转型仍存在挑战，如确保生产替代、低碳燃料不增加排放，成功处理替代产品和低碳燃料的高成本和低能源密度问题，以及建造诸如电动汽车充电设施等必要的基础设施等。

与国内航空和航运不同，国际航空和航运活动的排放由于部分发生在国家领土边界之外，因而不包括在根据《巴黎协定》承诺的国家自主贡献（NDC）之内。国际海事组织（IMO）和国际民航组织（ICAO）分别负责在减缓国际海事和航空运输中GHG排放方面寻找解决办法。

（一）海上运输

虽然海上运输碳排放强度相对较低，[18]然而据估计，2018年国际航运碳排放仍占全球碳排放的2.9%（IMO，2020），这主要是由于国际航运是全球贸易的主要运输方式。

由于没有高雄心水平的减排目标，预计到2030年，国际航运碳排放量每年将增长15%。国际和区域一级的政府和私营行动部门都已发起并通过多项关于使航运脱碳的承诺和倡议。

在国际层面，IMO于2018年通过的《温室气体排放初始战略》，为减少国际航运的碳强度提供了政策框架和相关指导原则，以实现到2030年将其碳强度（每次运输工作的CO_2排放量）至少减少40%，到2050年努力减少70%，以及与2008年相比国际航运的GHG排放至少减少50%的目标。[19]IMO的《温室气体排放初始战略》还寻求加强对船舶的能源效率设计要求。

航运行业通过一系列倡议来支持IMO的《温室气体排放初始战略》。例如，零排放联盟是一个由政府和政府间组织支持的航运价值链上150多家公司组成的联盟，旨在推动2030年实现在深海贸易航线上运营船舶的零排放。[20]

区域合作也在积极支持国际海洋运输脱碳。例如，由斐济、基里巴斯、马绍尔群岛、萨摩亚、所罗门群岛、图瓦卢和瓦努阿图发起的"太平洋蓝色航运伙伴关系"，承诺到2030年将太平洋航运的碳排放减少40%，到2050年完全脱碳。[21]近期，22个发达国家和发展中国家于2021年签署了《克莱德班克宣言》，目标是到2025年在全球两个或多个港口之间建立6条零碳排放的海上航线。[22]

国际合作对于国际航运脱碳所需的大量资金也至关重要（Christensen，2020）。在这方面，IMO和挪威启动了"绿色航行2050"项目，以支持包括小岛屿发展中国家（SIDS）和LDC在内的发展中国家，实现对气候变化和航运能源效率目标的承诺（IMO，2019b）。[23]同样，"太平洋蓝色航运伙伴关系"正在向多边和双边发展基金和私营部门寻求5亿美元的支持，用低碳技术改造现有的货运和客运渡船，并购买零排放船舶。[24]

WTO也可以对国际海运在脱碳方面的努力予以支持。例如，通过促进减少航运低排放燃料生产过程中涉及的产品和服务贸易壁垒（见第六章），确保与贸易有关的监管措施的变化是非歧视性的，比如对能源效率的要求等，确保在WTO讨论航运脱碳的贸易影响时考虑到包括发展中成员在内的有关各方的意见。

此外，正如第三章所讨论的，WTO规则有助于确保航运脱碳过程中与贸易有关的气候变化缓解措施是透明的，如应用于国际航运脱碳的税收、支持措施和监管措施，确保不会扭曲航运市场。例如，《服务贸易总协定》（GATS）框架下的成员通报和在服务贸易理事会的信息分享，可以增加与运输有关的脱碳措施（如吨位和燃料仓税）的监管透明度，并有助于进一步提高贸易政策的可预测性和该部门实现脱碳承诺的可信度。

（二）航空运输

国际航空运输是碳排放最密集的运输方式，据测算，其CO_2排放量约占全球的1.3%（ICAO，2017）。[25] 在不同的排放类型和使用情景下（ICAO，2019），预计到2050年，国际航空的排放量将增长至2015年水平的2～4倍。尽管航空运输脱碳仍然具有挑战性，但这已经成为该行业商业战略的组成部分之一。政府和私人利益相关方正在提出或实施若干国际和区域倡议，以支持航空业向低碳的转型。

国际民航组织（ICAO）2016年通过了国际航空碳抵消和减排计划（CORSIA），允许飞机运营商从其他部门购买减排额度，以对冲自己任何超过2020年水平的排放额度，实现碳中和目标。[26] CORSIA的强制性义务将于2027年开始。此外，ICAO还将通过推动飞机技术发展、业务改进和使用可持续航空燃料等方式，使国际航空部门在2050年以前每年提高燃料效率2%和自2020年以后逐渐实现碳中和的目标。

观点文章

建立零排放货运的趋势

作者：苏菲·彭特

全球商业联盟常务董事，智能货运中心创始人

国际贸易不可或缺。然而，货物运输和物流所发挥的重要作用往往被遗忘。直到现在，各国领导人才意识到，无论是重大疫情、国际冲突，还是与气候有关的灾难，在危机时期，基本物资的供应非常脆弱。交通行业对全球CO_2排放量和全球GDP的贡献率均约为11%。建立一个可靠和可持续的运输系统，可在向脱碳未来转型以及适应气候变化影响方面发挥关键作用。

货运业实现零排放的关键在于以《巴黎协定》和联合国可持续发展目标为基础的国际合作。

首先，为了减少排放并应对供应链冲击或中断，我们需要提高物流供应链的透明度。碳排放是一个不会说谎的指标。可以通过谈判提高或降低价格，但你无法协商实际的CO_2排放量，这使得它成为一个比价格更可靠的决策指标。智能货运中心的全球物流排放委员会（GLEC）框架——一种协调计算和报告整个供应链的物流GHG足迹的方法——以及即将建立的ISO 14083标准，将保障对全球物流排放进行协调一致的计算和报告。如果与区块链技术相结合，该行业可能会带来一场透明度革命。即将出台的国际可持续发展标准委员会（ISSB）标准，以及EU和US的法规要求公司披露与投资者和利益相关者相关的可持续发展和气候信息，这一趋势将进一步加强。

其次，要全力推进货运脱碳。解决方案包括使用可持续航

空燃料、零排放船舶和卡车，以及提高运输团队的效率，还包括转向低碳密集型运输模式和减少货运需求。幸运的是，越来越多的复杂创新计划将利益相关者聚集在一起来实施此类解决方案。"先行者联盟"的50多家公司在"可行使命伙伴关系（Mission Possible Partnership）""智能货运中心"和"气候集团"等倡议的支持下，为零排放航空、航运和卡车运输传递出市场需求信号。碳抵消和消除CO_2应作为在缓解（尚且）不可能实现的领域采取的最后手段，但不能替代有关行动。目前，几家物流服务提供商提供的一项备受青睐的服务是"碳嵌入"：客户在物流行业内减少排放量，有助于推动对绿色技术和战略的投资。

最后，采取多种形式的合作和支持政策至关重要。例如，可持续贸易倡议与600家公司和政府合作，在新兴经济体的12个行业应用新的可持续生产和贸易模式，所有这些行业都涉及运输。涉及贸易和气候的政策包括碳边界调节机制、化石燃料补贴改革、可再生能源贸易和技术转让。"我们是商业联盟"的重点是在制定科学目标并采取行动的领先企业的支持下，提高政策的雄心水平。

政府、企业和社会都有充分的理由共同努力，在国际运输中实现碳中和可持续发展，对国际贸易和气候的好处将惠及未来几代人。

国际航空运输协会（IATA）是世界航空公司的行业协会，其于2021年批准了一项决议，要求全球航空运输业到2050年实现净零碳排放。[27]金融行业也积极支持航空业的脱碳工作。例如，由几家向航空业提供贷款的国际贷款机构于2022年发起的航空气候融资工作组要求，参与的金融机构每年要披露其资助的飞机、航空公司和租赁公司的GHG排放数据与1.5℃气候目标的一致程度。[28]

WTO还可以支持向低碳航空业转型。如第六章所述，减少电动和混合动力发动机等气候友好型飞机部件的贸易壁垒，有助于该行业脱碳，并刺激减排创新。改善对软件平台的使用，特别是根据《WTO协定》约束的软件平台，可以通过依据实时数据动态调整价格，将运输转移到低负荷航班，从而有助于优化飞机的可用座位或航空货运能力，这将有助于脱碳（ITF，2021b）。此外，还可以通过促进电话会议等数字服务贸易来减少碳排放，以减少对商务航班的需求（Munari，2020）。[29]

WTO框架下的合作也可以提高该行业的效率。虽然航空运输在很大程度上被排除在GATS的适用范围之外，[30]但GATS确实适用于影响三个航空分行业的措施：飞机维修和保养、计算机预订系统服务以及航空运输服务的销售和市场推广。[31]进一步开放飞机维修和保养服务，可使航空公司在国内和国外目的地更广泛地获得气候友好型飞机的维修和保养服务。同样，提高对外国机场运营商的开放水平以及外资的准入水平，有助于在节能基础设施、电气化地面处理服务、低能耗汽车和设备，以及零货物能源和燃料来源方面取得更积极的进展（ATAG，2020；ITF，2021 b；Nieto、Alonso 和 Cubas，2019）。[32]

（三）公路运输

公路货运对整个物流链至关重要。国际公路货运的碳排放量估计占全球碳排放量的3.7%（OECD，2022d）。据估计，公路货运的碳排放量占全球贸易运输碳排放量的53%。如果按目前的趋势持续下去，到2050年，这一比例可能上升到56%（WEF，2021）。

公路货运行业的脱碳尤其具有挑战性，需要采取协调一致的行动。例如，没有单一的燃料解决方案可以满足运营商的需求，因此必须同时采用各种技术来实现公路货运的脱碳（IRU，2020）。然而，低碳公路运输的国际合作与其他国际运输方式相比仍然更加分散。

在2021年联合国气候变化大会（COP26）上，许多政府、汽车制造商、托运人和金融机构签署了《格拉斯哥零排放汽车和货车宣言》，承诺确保在主要市场销售的新车和货车到2035年实现零排放，在世界其他地区销售的新车和货车到2040年实现零排放。[33]此外，15个高收入经济体签署了《关于零排放中重型汽车的全球谅解备忘录》，旨在共同努力到2030年将新型零排放卡车和公共汽车的销量提高到30%，到2040年提高到100%。[34] 2021年，代表80多个成员公路运输业的国际道路运输联盟（IRU）发起了一项《绿色契约》，旨在到2050年实现碳中和（IRU，2021）。

这些倡议与其他项目相辅相成。例如，世界经济论坛于2020年设立的公路零运费倡议，旨在帮助行业领导者共同制订解决方案，包括扩大融资机制及新的贷款和投资产品的行动计划。[35]

与其他国际运输方式的脱碳一样，WTO可以通过便利可再生能源和节能产品、服务和技术（包括电动汽车和卡车）的获取和应用，以及通过促进制定非歧视贸易法规，包括对能源效率的要求，支持减少公路货运碳排放的努力。最大限度地减少通关延误，在一定程度上也可以减少与贸易相关的运输排放（Duval和Hardy，2021；Reyna等，2016）。[36]

在此背景下，实施WTO《贸易便利化协定》（TFA）无疑是一个重要的举措，特别是其中关于单一窗口的规定，即允许贸易商在一个统一的入口点提交贸易和运输所需的标准化信息和文件，以及入境前预申报、电子支付、关税、税费和收费与放行分离等规定，这些措施可以加快通关速度，并减少国际贸易中的碳排放。[37]

三、需要国际合作以确保供应链脱碳限制市场分裂

如前所述，供应链脱碳可以通过不同方式实现（另见第三章）。然而，供应链脱碳中的大部分价值可能来自经济运营商向潜在利益相关者展示和传达的减排能力。在这种情形下，可持续性认证和标签体系可以成为进一步激励企业追求其价值链脱碳的重要工具。

可持续性认证和标签体系的增多是全球可持续产品市场迅速扩大的明显标志。近几十年来，世界各地的许多政府、生产者、零售商和非政府组织都在推动此类体系，以加强市场激励的力度，促使生产者选择更可持续的生产方式，同时培养消费者对环境和社会问题的意识。例如，可持续性认证和标签体系在农业领域的使用明显增多。自2000年以来，全球有机食品市场的价值翻了两番多，到2020年超过1200亿欧元（FiBL，2022）。

然而，近年来，可持续发展计划的激增引发了人们对这些计划对贸易成本的影响，以及可能对出口商（尤其是发展中国家的出口商）的市场准入产生影响的担忧。如这一类体系跨越地理领域，无法趋同或承认彼此间的等效性，或其在培训或检验等领域不纳入合作机会，成本就会增加（WTO和UNEP，2018）。

贸易可以在扩大可持续产品市场和经济机会方面发挥重要作用。然而，要实现这一目标，贸易必须以开放、透明、基于规则和包容的贸易体系为基础。必须确保可持续性要求透明并基于相关国际标准，同时不制造任何不必要的贸易壁垒（WTO和

UNEP，2018 ）。

因此，在采取有力行动以提高全球供应链可持续性的同时，考虑包括发展中成员在内的各种利益相关者的关注也很重要。

WTO对于更好地理解环境政策、可持续性认证和标签计划对贸易的影响发挥着重要作用。例如，CTE一直是WTO成员介绍和评论最近与农业和林业等各个行业有关的气候提案的重要论坛。[38] CTE还讨论了可持续供应链的其他问题，例如，需要加大提供与产品的环境影响有关的可比和可靠信息。[39]

WTO正在讨论的倡议可以为供应链脱碳提供进一步支持。例如，于2021年启动的贸易与环境可持续结构化讨论（TESSD）旨在确定和汇总最佳实践，探讨各种提案以确保贸易和贸易政策有助于促进可持续供应链，及应对使用可持续性标准带来的挑战和机遇，这对发展中成员尤为重要。关于塑料污染与环境可持续塑料贸易非正式对话还可以促进低碳供应链，为减少塑料污染和促进向环境更友好的塑料贸易转型做出贡献。

第五节　小　结

与任何经济活动一样，贸易会产生GHG排放。据估计，贸易产品的生产和运输所释放的碳排放量约占全球碳排放量的三分之一，这一比例近年来一直在缓慢下降。虽然估算与国际贸易相关的碳排放量对于确定减缓气候变化的优先事项很重要，但确定贸易对GHG排放的实际影响也很重要。

国际贸易以几种不同的方式影响GHG排放。一方面，贸易通过贸易产品的生产、运输、分配和消费产生GHG排放，并通过增加收入刺激经济活动从而增加排放；另一方面，贸易可以促进生产方式的改变，减少每单位产出的排放量，并通过允许产品和服务在不同区域进行生产和消费而调整经济的行业组成。

总体而言，相对于反事实分析中导致福利水平显著下降的"自给自足"情景，国际贸易导致碳排放的净增长相对有限。反之，国际贸易脱碳对于支持向低碳经济转型至关重要。

一个成功的国际贸易脱碳路径需要充分衡量和核实贸易产生的碳排放，提高生产和运输的碳效率，发展环境可持续的供应链，通过WTO进行的国际合作在支持和扩大这些努力方面可以发挥重要作用。

注释：

1.由于缺乏数据，现有的国际贸易碳排放估算大多涵盖高收入和中高收入国家。只有少数中低收入国家可以得到估计数。目前尚无LDC的估计数（OECD，2022d）。

2.文献区分了"污染避难所效应"和"污染避难所假说"。"污染避难所效应"假设环境标准的提高会减少碳密集型产品的出口（或增加进口）。"污染避难所假说"假设贸易成本的降低会导致碳密集型产品的生产转向环境标准较低的国家。"污染避难所效应"的存在是"污染避难所假说"成立的必要条件，但不是充分条件。虽然一些研究发现了"污染避难所效应"的证据，但没有"污染避难所假说"的实证证据（Copeland、Shapiro和Taylor，2022）。

3.环境污染与收入水平之间的关系可能不是线性的，而是倒U型的，正如环境库兹涅茨曲线所描述的那样。参见斯特恩

（2017b），以获取最近几十年来许多发达经济体排放量和GDP增长脱钩的最新证据，这与环境库兹涅茨曲线一致。

4. 里希特和席尔施（2017）为德国制造业企业提供了出口商排放强度低于其他企业的证据，巴纳吉、罗伊和亚沙（2021）为印度尼西亚企业提供了出口商排放强度低于其他企业的证据。

5. 伊姆布鲁诺和凯特勒（2018）为1991年至2005年印度尼西亚制造业提供了证据，证明成为外国中间产品进口商可以提高能源效率。同样，对中国加入WTO的影响进行的分析表明，投入关税降低1%，中国企业的二氧化硫（SO_2）排放强度就会降低6%~7%（Cui等，2020)。

6. 大量文献表明，该机制不仅适用于发展中国家（Gorodnichenko、Svejnar和Terrell, 2010；Shu和Steinweider, 2019），也适用于EU国家应对中国的进口竞争（Bloom、Draka和Van Reenen, 2016）。然而，这些研究并没有明确关注环境创新。

7. 然而，古铁雷斯和特思麻（2018）也发现了墨西哥生产设施在污染减排方面投资减少的证据。

8. 巴罗斯和奥利维尔（2021）发现，1998—2011年，虽然外国需求增长提高了印度的出口制造业公司的碳排放，但为应对外国需求增长而进行的技术升级缓解了约一半的碳排放增长。

9. 然而，夏皮罗（2021）也表明，消除贸易政策中的环境偏见将意味着欧洲碳排放大幅增加，中国碳排放略有增加，而其他地区的碳排放将减少。

10. 参见安特韦勒、科普兰和泰勒（2001），以及随后的贡献，包括科尔和艾略特（2003），格雷泽、麻思和德梅洛（2009），莱文森（2009，2015），马来拉吉、日比木和鹤见（2009），以及夏皮罗和沃克（2018）。

11.相反，北美自由贸易协定（NAFTA）之后的贸易自由化被发现通过工厂内变化降低了美国的颗粒物（PM）和二氧化硫（SO_2）生产强度，包括采用新技术和分散生产，以应对美国和墨西哥各地环境监管的差异（Cherniwchan，2017）。

12.例如，《美国—墨西哥—加拿大RTA》和《欧盟—英国RTA》。

13.参见WTO官方文件G/TBT/1/Rev.14第62-64页"WTO技术性贸易壁垒委员会自1995年1月1日以来通过的决定和建议"，可在https://docs.wto.org/上查阅。

14.在国际和区域层面运作、促进高质量基础设施建设的组织名单，以及国际质量基础设施网络的一部分，可在https://www.inetqi.net/about/members/上查阅。

15.例如，见《贸易与环境委员会会议记录》，2020年11月，WT/CTE/M/70，第2.24段；以及《技术性贸易壁垒委员会会议记录》，2021年11月，G/TBT/M/85，第2.171-2.175段。可在https://docs.wto.org/上查阅。

16.虽然此处未做详细讨论，但国际铁路运输的国际合作对于部分国际贸易的脱碳也很重要。

17.碳补偿允许航空公司和乘客通过投资其他领域的碳减排项目（如植树）来补偿飞机释放的碳。直接空气碳捕获是一种可以从环境空气中直接去除碳排放的新技术。

18.海上运输还会排放其他类型的空气污染，包括氮氧化物（NOx）、硫氧化物（SOx）和颗粒物，并造成海洋污染，如石油泄漏和垃圾污染。

19. 参见https://www.imo.org/en/MediaCentre/HotTopics/Pages/Cutting-GHG-emissions.aspx。

20. 参见https://www.globalmaritimeforum.org/getting-to-zerocoalition。

21. 参见https://www.councilpacificaffairs.org/news-media/pacific-blue-shipping-partnership/。

22. 参见https://www.gov.uk/government/publications/cop-26-clydebank-declaration-for-green-shipping-corridors/cop-26-clydebank-declaration-for-green-shipping-corridors/。

23. 参见https://greenvoyage2050.imo.org/。

24. 参见https://www.mcttt.gov.fj/decarbonising-domestic-shipping-industry-pacific-blue-shipping-partnership/。

25. 根据IEA，2019年国内和国际航空的CO_2排放量约占全球化石燃料燃烧CO_2排放量的2.8%。

26. ICAO只涵盖了国际航班的排放，约占航空业CO_2排放量的65%，而国内航班的排放则由各国根据2015年《巴黎协定》做出的承诺涵盖（https://www.un.org/en/climatechange/paris-agreement）。

27. ICAO的计划是尽可能减少来自行业内部解决方案的CO_2排放，如可持续航空燃料、新型飞机技术、更高效的运营和基础设施，以及开发新的零排放能源，如电力和氢能。任何剩余的排放将通过碳捕获和储存以及碳抵消来解决。

28. 参见https://climatealignment.org/。

29. 虽然数字化是脱碳的重要驱动力，但数字技术仅占GHG排放的1.4%～5.9%（The Royal Society，2020）。鉴于互联网使用量的增加，这一数字预计还会上升。提高数据中心和数据传输网络的能源效率，转向可再生能源，有助于实现低碳数字化。

30. 例如，GATS 不包括交通权（航空公司运营和/或载客的权利，来自、寄往、在或越过 WTO 成员领土的货物和邮件）和与行使交通权直接相关的服务。

31. 此外，应定期审查该行业的发展情况，以便"考虑该协议可能的进一步应用"（GATS 附件《航空运输服务》，第 5 段，可在 https://www.wto.org/english/docs_e/legal_e/26-gats_02_e.htm#annats 上查阅）。

32. 一些 WTO 成员认为，GATS 的覆盖范围应扩大到地面处理和机场管理服务。例如，请参见"GATS 关于航空运输服务的附件的审查——欧盟及其成员国的来文"（WTO 官方文件编号 S/C/W/280，可在 https://docs.wto.org/ 上查阅）。

33. 参见 https://www.gov.uk/government/publications/cop26-declaration-zero-emission-cars-and-vans/cop26-declaration-onaccelerating-thetransition-to-100-zero-emission-cars-and-vans/。

34. 参见 https://globaldrivetozero.org/mou-nations/。

35. 参见 https://www.weforum.org/projects/decarbonizingroad-freight-initiative/。

36. 然而，应该强调的是，减少通关延误也可能增加贸易（规模效应），从而增加与贸易相关的运输排放。

37. 其他与贸易相关的补充举措包括联合国欧洲经济委员会（UNECE）《关于国际公路货运通行证制度下国际货运海关公约》，该公约提供了一个全球过境系统，简化了边境程序，减轻了国际公路运输和物流公司的行政负担。

38. 最近 CTE 讨论了各种气候提案，包括由英国和印度尼西亚共同主持的森林、农业和商品贸易（FACT）倡议，该倡议旨在打破全球商品生产与森林净砍伐之间的联系（见《贸易与环境委员会会议记录》，2021年10月，WT/CTE/M/73，第1.77段）；以及欧盟减少栖息地丧失和促进无森林砍伐供应链的新战略（见《贸易与环境委员会会议纪要》，2020年11月，WT/CTE/M/70，第1.73段）。巴拉圭还分享了其土壤轮作和生物技术农业系统的经验，该系统在不改变土地使用的情况下提高了农业生产率，从而保护了森林（见《贸易与环境委员会会议记录》，2020年11月，WTO官方文件编号WT/CTE/M/70，第1.60段，可在https://docs.wto.org/上查阅）。

39.例如，请参阅欧盟绿色产品单——市场倡议的讨论（见《贸易与环境委员会会议记录》，2014年10月，WTO官方文件编号WT/CTE/M/58，第1.1段，可在https://docs.wto.org/上查阅）。

第六章　环境产品和服务贸易的贡献

　　向低碳经济转型取决于环境产品、服务和技术的开发、采用和推广。本章着眼于环境产品和服务贸易在多大程度上有助于低碳转型。尽管环境产品的贸易在不同区域间不平衡，但该行业非常有活力。《WTO协定》确保环境产品和服务贸易尽可能平稳、可预测和自由地流动，WTO可以通过应对相关贸易壁垒，提高环境产品和服务贸易政策的数据质量，为环境技术的开发和应用做出更大的贡献。

关键事实和调查结果

　　环境产品和服务涵盖了用于测量、预防、限制、减少或纠正环境损害的各种产品，包括与气候变化相关的产品。

　　尽管高收入国家是环境产品的主要进出口国，但中等收入国家在2000年至2020年间出口的环境产品增加了10倍。

　　尽管环境产品的关税平均低于其他产品，但在低收入国家仍然相对较高。

　　到2030年，取消部分能源相关环境产品和环境友好型产品的关税，同时减少非关税措施，可使出口总额分别比基线增加5%和14%。通过提高能源效率，它可以将碳排放量进一步减少0.6%。

第一节 导 言

通过研发、应用和推广环境技术（ET）来减缓气候变化。环境产品和服务（EGS）的贸易可以推动获得环境产品中包含的ET，并有助于传播这些技术。进一步开放EGS贸易有助于更好地保护环境。

本章介绍了有关EGS贸易最新趋势和相关贸易壁垒的可用信息，指出了许多与数据相关的问题和挑战，进而审视了EGS贸易减少环境危害（包括减少碳排放）的各种机制。本章还提供了量化环境产品（EG）贸易开放对贸易、国内生产总值（GDP）和碳排放影响的模拟结果。本章最后概述了国际合作和WTO如何进一步促进EG贸易和获取ET。

第二节 环境产品和服务贸易仍有扩大空间

尽管环境产业在许多发展中国家仍处于起步阶段，但它是一个充满活力且快速增长的行业，提供了许多就业机会。虽然没有关于环境产业规模的公开统计数据，但据估计，2021年环境技术市场价值5521亿美元，到2026年可能达到6903亿美元（MarketsandMarkets，2022）。环境产业在成熟和新兴的前沿环境技术之间仍然高度分化。尽管许多新的环境技术在高收入经济体中得到发展，但许多环境产品和服务的生产分布在发达国家和发展中国家，形成了区域或全球价值链（GVC）。

一、环境产品和服务有助于改善环境效果

EGS 被定义为用于测量、预防、限制、减少或纠正对水、空气和土壤的环境损害，以及与废物、噪声和生态系统有关的问题的产品和服务（OECD 和 Eurostat，1999）。它们包括降低环境风险、最大限度地减少污染和资源使用的清洁技术、产品和服务。

虽然 EGS 的概念相当直观，但事实证明，确定 EGS 的范围是一项复杂的工作，特别是在贸易谈判中（见本章第四节）。环境目标和 EGS 的主要最终用途是界定 EGS 范围的两个主要标准。多年来，为了统计分析和贸易谈判等不同目的，人们制定了各种 EGS 的分类和清单。

例如，"OECD 的 EG 清单"（OECD 清单），源于 OECD 和欧盟统计局的联合工作，说明了环境产业用于分析和统计的范围（OECD，1999）。[1] 该清单范围广泛，出于非谈判的目的，对三大类产品进行了区分。

（1）**污染管理技术和产品**，包括明确为环境目的提供的产品和服务，对减少污染排放具有重大影响。[2] 包括用于控制空气污染的技术和产品、废水管理、固体废物处理设备、环境修复和清理工具、减振降噪设备，以及环境监测、分析和评估等方面的技术和产品。

（2）**清洁技术和产品**，包括减少或消除负面环境影响的产品和服务，但这些产品和服务通常用于环境以外的其他目的。[3] 它们与效率标准直接相关，也与最终使用过程中对环境影响的减少直接相关。

（3）**资源管理技术和产品**，包括与减少集约式自然资源开采对各种生态系统的影响相关的技术和产品。[4] 特别的是，这些 EGS 涉及室内空气污染控制，供水，再生材料，可再生能源厂，热/能源节

约和管理，可持续农业，渔业和林业，自然风险管理与生态旅游。

虽然EGS可以涵盖ET，其主要（通常也是唯一的）目的是解决环境问题，但它们也可以涵盖源于生态创新的产品。生态创新包括所有形式的技术和非技术创新，其主要目的可能与环境无关，但与替代品或类似产品相比，其在生产（如有机生产）、消费和使用（如高效汽车）或废弃阶段（如黄麻）具有一定的环境效益。

在整个生命周期（包括生产、加工、消费和废弃）中对环境造成的危害明显小于替代品的产品通常被称为环境友好型产品（EPP）。在此背景下，联合国贸发会议（UNCTAD）确定了几种产品，它们比以石油为基础的产品更有利于环境保护，或者其生产和销售对保护环境有重大贡献（UNCTAD，1995）。

环境服务（ES）常常是EG的补充，在许多情况下，ES的供应与贸易推动了EG贸易的增长（Steenblik、Drouet和Stubbs，2005）。据估计，环境服务占环境行业市场价值的65%以上（EBI，2017）。然而，尽管有文件证明EG和ES的协同效应，但ES往往被EG所掩盖。衡量ES贸易和ES贸易壁垒尤其具有挑战性。事实上，数据的质量和可用性差异很大，取决于ES交易的模式（Sauvage，2014）。WTO成员根据《服务行业分类清单》（W/120）对ES进行定义，该清单以《临时产品总分类》[5]（CPC）为基础，区分了污水处理服务、垃圾处理服务、卫生服务，以及包括废气清洁服务、噪音消减服务、自然景观保护服务在内的其他ES。[6]

除了ES之外，许多辅助服务对于环境工厂、设备和其他产品的销售、交付、安装、运行和维护至关重要，这些辅助服务包括：商业服务、研发（R&D）、咨询、承包和工程、建筑、分销、运输、维修和维护（Nordås和Steenblik，2021；Sauvage和

Timiliotis，2017）。

亚太经济合作组织（APEC）经济体最近通过了一份《环境和环境相关服务参考清单》，该清单根据CPC 2.1分类[7]确定了ES和相关辅助服务（APEC，2021）。

二、环境产品贸易一直相当活跃，但并非所有区域都是如此

衡量EG贸易可能是一项艰巨的任务，特别要形成在国际上可比较的统计数据。产品贸易流数据是根据《协调制度》（HS）[8]编码收集和组织的，但HS的6位编码（HS-6）中很少有专门涵盖主要用于环境目的的产品。很大一部分EG被分类在一般的编码下，没有单独标识，因此难以衡量相关产品的全球贸易规模和模式。例如，光伏（PV）电池和模块与发光二极管（LED）被归入同一HS编码下，其贸易量也很大且增长迅速。因此，不可能获得关于这些太阳能技术实际贸易的国际可比资料。此外，由于难以将EG与其他产品区分开来，而且其中一些产品的使用（两用）既有利于环境，也有损环境，因此大多数贸易数据实际上导致了对EG贸易的高估。然而，情况应该有所改善，因为2022年修订的HS编码包含了几项修正，将EG与之前涵盖其他无关环境产品的编码分开（Steenblik，2020）。

根据OECD清单的定义，涵盖124个HS-6关税税目的EG贸易占2020年全球贸易的5%。高收入国家在EG出口额中所占比例最大（69.82%），其次是中等收入国家（30.16%）和低收入国家（0.02%）。2000—2020年，现有统计数据显示，中等收入国家的EG出口和进口均相对较快地增长，而低收入国家的出口大多保持在同一水平，进口则以不同速度增长（见图6-1）。至于高收入国家，其

出口和进口均有所增长，但幅度不大。

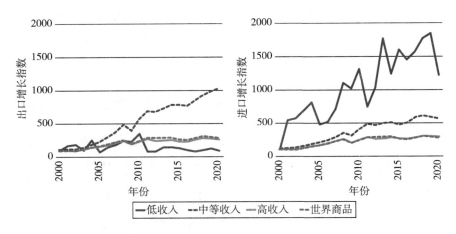

图6-1 环境产品贸易在大多数地区有所增长，但速度各异

资料来源： 作者根据联合国贸易数据库的贸易数据计算得出。

注： EG的覆盖范围基于OECD清单，其中涵盖了124个HS-6关税税目。收入组别采用世界银行的分类标准。

关于ES贸易，数据的可用性和质量更加有限，这阻碍了对ES贸易演变的全面评估。WTO的初步估算表明，2017年传统ES贸易约为200亿美元，包括废物处理、回收利用、卫生和污染清理，仅占全球服务贸易的0.2%（WTO，2019）。

然而，日益增长的环境问题正在推动全球对ES的需求。自2005年以来，ES的全球贸易平均每年增长4%。在国外建立商业存在（例如，在当地建立的分支机构、子公司或外国拥有和控制的公司的代表处）是ES最重要的供应模式，因为许多传统的ES高度依赖基础设施，需要持续和长期的本地存在。对某些ES（如生态旅游）的案例研究也表明，ES贸易可以创造经济机会，并鼓励发展中国家保护自然资源（见专栏6-1）。

专栏6-1　生态旅游作为哥斯达黎加自然保护的经济激励举措

　　生态旅游是一种强调维护和保护自然的旅游形式，将动植物和文化遗产作为吸引游客的核心。虽然生态旅游是一种有前景的行业，但其成功取决于为游客带来利益和促进社区发展的同时，保护脆弱的自然区域。

　　哥斯达黎加以其丰富的生物多样性而闻名，发展了包括生态旅游在内的多元化经济。普通旅游业占该国出口总值的17%~18%，占其GDP的8%（Costa Rica Tourism Board，2022a）。2011—2019年，外国游客数量增长了43%，超过300万人次，考虑到该国人口为500万，这是一个可观的数字。尽管新冠疫情对旅游业造成了严重影响，但2021年外国游客人数反弹至130万（Costa Rica Tourism Board，2022b）。

　　由于生态旅游可以产生重要收入，因此可以作为保护自然资源的经济动力。自从哥斯达黎加在1963年设立了第一个自然保护区以来，该国领土的26%已被划成自然保护区。超过70%的入境游客参加了生态旅游活动，如徒步旅行或在国家公园或生物保护区的野生动物观察（Costa Rica Tourism Board，2022c）。

　　生态旅游还可以促进退化、受损或破坏的生态系统的恢复。例如，在20世纪80年代，哥斯达黎加政府开始关注国际生态旅游的发展，并采取行动扭转森林砍伐。因为在19世纪和20世纪上半叶，由于拓展牧场和发展农业，哥斯达黎加森林覆盖率显著下降。政府鼓励增加森林覆盖率和保护区，使哥斯达黎加的生态旅游业得以蓬勃发展（Tafoya等，2020）。

　　通过自然保护区产生的收入，游客帮助保护栖息在这些生态系统中的物种，并为保护该国的国家公园和当地社区的发展做出贡献。对于当地居民来说，生态旅游通常能带来比现有的替代方案（如建筑、交通和小规模农业）更好的生计（Hunt等，2015）。哥斯达黎加的经验表明，生态旅游可以成为促进自然资源保护和尊重当地社区的主要力量。

三、环境产品和服务贸易壁垒依然显著

平均而言，EG的关税低于其他产品的关税（见图6-2）。虽然高收入国家对EG的平均实施税率约为1.4%，但在低收入国家，这一税率高达7.3%。

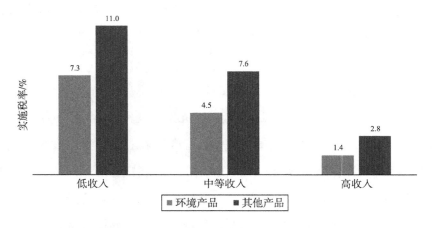

图6-2 与其他产品相比，环境产品的关税较低，但对低收入成员而言仍然很高

资料来源：作者的计算基于WTO综合数据库（IDB）的2019年关税数据和联合国商品贸易数据库的2019年贸易数据。

注：EG的覆盖范围基于OECD清单，其中涵盖了124个HS-6关税税目。收入组别采用世界银行的分类标准。

EG贸易也受到各种非关税措施（NTM）的影响。技术性贸易壁垒（TBT）措施的使用与EG特别相关，因为EG经常受到技术法规和合格评定程序的约束。在高收入成员中TBT措施的强度往往

更高。高收入成员对EG进口平均采用11项TBT措施，中等收入成员采用5项TBT措施，低收入成员采用2项TBT措施（见图6-3左图）。平均而言，适用于EG的TBT措施数量与其他产品相似。[9]

考虑到受NTM影响的进口EG份额，在高收入国家进口的HS的6位编码的EG关税税目中，平均有81%受到至少一项TBT措施的影响，而中等收入国家和低收入国家的平均比例分别为45%和36%（见图6-3右图）。

然而，需要注意的是，基于NTM数量的度量标准，如NTM的强度和频率指数，并不能完全衡量NTM的贸易限制程度，因为它们只提供了NTM的使用程度，而没有考虑到不同措施对贸易的影响，这些措施可能或多或少具有限制性，甚至可能促进贸易（WTO，2012）。

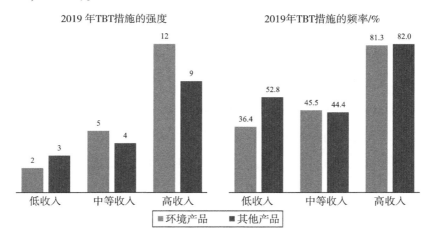

图6-3　环境产品中NTM的强度在高收入成员高于中低收入成员

资料来源：作者根据联合国贸发会议 TRAINS 数据库2019年的TBT数据计算得出。

注：EG的覆盖范围基于OECD清单，该清单涵盖了124个HS-6关税税目。左图显示收入组内国家针对特定EG或其他产品实施的TBT措施的平均数量。右图显示一个国家进口的HS-6产品线在其进口的所有EG和其他产品HS-6产品线中所占的平均份额。分析涵盖57个成员，包括11个高收入成员（欧盟作为一个成员计算在内）、36个中等收入成员和10个低收入成员。收入组遵循世界银行的分类。

WTO成员在WTO委员会中提出和讨论的特别贸易关注（STC）数量，也很好地表明了成员采取的措施数量，这些措施是出口商关注的问题来源（WTO，2012）。2005—2020年，WTO技术性贸易壁垒（TBT）委员会提出了126项与EG相关的STC，平均每年8项，关于EG的TBT相关STC的基本措施可能会对大量贸易产生影响，2005—2020年，STC的年均进口额为420亿美元。

近年来，越来越多的贸易救济措施也被应用于一些EG，如太阳能电池板和风力涡轮机。这些产品的反倾销和反补贴税可能极高，通常超过EG价值的100%。[10]

鉴于限制ES贸易的措施信息有限，WTO成员在《服务贸易总协定》（GATS）中的承诺可以反映出成员开放ES贸易市场的意愿。ES是GATS中承诺最少的行业之一。[11]只有59个WTO成员（欧盟视为一个成员）在7个临时CPC子行业中的至少一个行业做出了具体承诺。一些成员将其承诺限制在与ES相关的咨询和/或建议服务，无论是在所有承诺的行业，还是仅针对某些子行业。

平均而言，只有38%的成员承诺不采取任何新的措施来限制进入市场或ES的运作（GATS模式1）。[12]境外ES消费的全面承诺比例很高，平均为71%（GATS模式2）。在国外设立商业存在以提供ES的全面承诺比例，平均为57%（GATS模式3），卫生和类似服务方面的全面承诺比例相对较高（71%）。最后，13%的成员已对自然人临时流动以提供ES做出充分承诺（GATS模式4）。

GATS下ES中具有约束力的承诺水平相对较低，这与WTO各成员在双边和区域贸易协定中对ES的约束力水平形成了鲜明对比。平均而言，服务贸易协定的缔约方往往会做出远超其在GATS中做出的承诺（WTO，2019）。这在一定程度上反映了一个事实，即大多数GATS承诺都是1995年做出的。

ES的贸易开放承诺在一定程度上是有限的，因为许多传统的ES，如污水处理和垃圾处理，都是自然垄断的，只有一家公司（通常是公共运营商）提供ES，与其他公司的竞争有限。自然垄断在传统的ES市场中往往很普遍，因为其中一些ES，如道路和海滩的清洁，具有公共产品的特征。[13]除非采取特别措施，否则没有一家公司有经济动机来提供足够水平的服务并获得经济回报。一些传统的ES，如污水处理服务，也需要高水平的投资来建立特殊的分配或收集网络，这往往会形成巨大的准入壁垒。政府通常不愿意允许私营或外资拥有基本服务，担心它们会剥削消费者（WTO，2010）。其他辅助服务，即促进ES提供的服务，但也可用于其他目的，也受到许多限制（USITC，2013）。

第三节 环境产品和服务贸易有助于减缓气候变化

很多EGS与减缓气候变化特别相关。例如，与能源有关的环境产品（EREG），包括清洁和可再生能源、节能和资源节约型产品，可以有助于减少温室气体（GHG）排放。[14]清洁和可再生能源产品涵盖了发电所需的所有产品，例如，风力涡轮机，其方法比传统方法更环保。节能产品有助于管理和抑制能源消费的增长。[15]资源节约型产品有助于提高资源的使用效率，本质上与节能产品和清洁可再生能源产品接近，因为它们通过相同的渠道运作，目的都是减少能源消耗。

另一类与应对气候变化高度相关的环境产品是帮助适应气候变

化所必需的产品和服务（见第二章）。与农业相关的此类产品和服务的例子，包括耐应力栽培品种（专门开发和培育具有不同特性的植物栽培品种）、杂草控制农药、预警天气系统、可再生离网发电设备、灌溉技术及相关工程技术服务，以及农业推广服务（GCA，2021）。[16]

一、EGS贸易可以通过三个主要渠道促进减缓气候变化

由于EGS以独特的方式影响环境，消除此类产品的贸易壁垒并促进ET的传播，有助于减缓和适应气候变化以及其他环境目标，包括污染控制、废水处理、回收利用和有机农业等。

与贸易对碳排放的总体影响一样（见第五章），EGS贸易的影响可以分解为规模、结构和技术效应。

首先，在其他条件不变的情况下（保持生产的产品和生产技术的组合不变），EGS贸易的增加将意味着更多的经济活动和运输，这将增加排放（规模效应）。EGS的开放贸易将降低其国内价格，提高实际收入，增加对环境产品、贸易和经济活动的需求。

其次，在保持经济规模不变和碳排放强度不变的情况下，削减EGS进口的关税和NTM，将导致各国根据各自的比较优势将资源分配给排放强度更高或更低的活动（结构效应）。

第三，在规模和组成不变的情况下，改进EGS准入机会将鼓励转向低碳生产技术，这将减少排放（技术效应）。这种减缓气候变化的积极贸易效应可通过各种渠道实现。例如，国际贸易可以加速ET的跨国传播，使当地的生产过程更加高效和环保（Garsous和Worack，2021）。贸易为发展中国家提供了使用清洁技术的机会，在某些情况下，甚至可以跨越化石燃料密集使用的阶段。开放EGS

贸易也可以通过中间EGS所体现的知识传播来刺激创新外溢。降低贸易壁垒已被证实与全球环境创新的推动有关（Dechezleprêtre 和 Glachant，2014）。

EGS贸易也可以通过在可再生能源行业和实施气候友好型技术的行业，包括促进节能和节约的行业，支持和创造更多的就业机会，为可持续发展做出贡献。EG贸易还可以增加对ES和辅助服务的需求，包括与EG和ET的销售、交付、安装和维护相关的服务。鉴于EGS行业的工作往往技能更高、薪酬更高、性别更具包容性，EGS贸易有助于支持更公正、更具包容性的低碳经济（见第三章）。

二、开放能源相关环境产品贸易将减少排放，提高所有区域的GDP

尽管有大量关于EGS贸易的文献，但对EGS贸易对解决特定环境问题的影响的研究较少，人们仍然不太了解。部分原因是缺乏关于EG贸易的国际可比数据，关于ES贸易的数据更少，部分原因是EGS贸易影响碳排放和其他环境结果的机制难以捕捉和量化。

只有少数实证研究关注了开放EG贸易对不同类型污染（de Alwis，2015；Zugravu-Soilita，2018，2019）和EG出口的影响（He等，2015；Tamini和Sorgho，2018），并得出了喜忧参半的结果。例如，EG相对于GDP的贸易强度将减少二氧化碳（CO_2）排放，但增加水污染，而不会对二氧化硫（SO_2）产生影响（Zugravu-Soilita，2018）。[17]然而，EG贸易也被证明对二氧化碳和二氧化硫的总排放量没有影响，尽管EG贸易提高了这两种污染物的排放效率（Zugravu-Soilita，2019）。

一些研究还使用建模技术来评估开放EG贸易的潜在效果

（Dijkstra和Anuj，2016；Hu等，2020；Nimubona，2012；Wan、Nakada和Takarada，2018）。然而，由于EG贸易影响经济和环境结果的渠道很多，因此很难对整体效果进行建模。

WTO全球贸易模型（GTM）被用来填补文献中的部分空白，并分析在特定EG贸易中进一步开放贸易如何影响其贸易、GDP和二氧化碳排放（Bacchetta等，2022）。[18]该模型分析出了EG贸易影响碳排放的两种机制：能源效率的提高（主要是技术效应）和用可再生能源替代不可再生资源（技术和结构效应的结合）。模拟的重点是EREG，即节能、资源节约型，以及清洁和可再生能源产品，这些产品与减少碳排放最为相关。[19]由于对包括发展中经济体和LDC在内的广泛国家的潜在出口利益，EG随后延伸到EPP。[20]

结合削减EREG和EPP的关税和NTM，设计了四种情景：

（1）取消EREG的关税；

（2）取消关税，并将EREG上的NTM的从价等值减少25%；[21]

（3）取消EREG和EPP的关税，并将EREG上NTM的从价等值减少25%；

（4）取消关税，并将EREG和EPP上NTM的从价等值减少25%。

取消关税和减少EREG和EPP的NTM（根据情景4），将使2030年EREG和EPP的全球出口（以实际价值表示）分别比基线高出5%和14%。虽然EPP的出口增长百分比将大于EREG，但后者的贸易额将更大。预计所有地区的总额，因为EREG和EPP贸易成本的下降以及能源效率的潜在提高都将提高GDP，从而导致进口需求的增加。这种积极影响将主导某些地区EREG贸易转移的负面影响。

虽然大多数地区的EPP出口预计将增加，主要是由于贸易成本与现值相比下降幅度较大，但由于贸易转移效应，EREG的出口仅在半数以上地区有望增加（见图6-4）。EREG重要出口国的市场准入将得到改善，而EPP的收益将在所有地区之间分享，低收入地区预计将扩大其具有比较优势的EPP贸易。

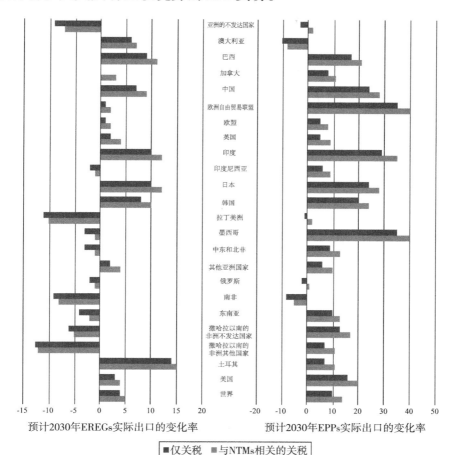

图6-4 开放环境友好型产品将提升大部分区域的进出口

资料来源： 巴切塔等（2022）。

注： 该图显示了2023年WTO全球贸易模型预测的EREG出口和EPP出口的百分比变化。左图显示情景（1）下仅降低关税和情景（2）下降低关税和NTM的情况下，EREG实际出口的预计百分比变化。右图显示了情景（3）下仅只有关税降低和情景（4）下关税和NTM都降低的情况下，EPP实际出口的预计百分比变化。世界出口的百分比变化对应于所有地区的贸易加权平均值。

除贸易流动外，取消EREG和EPP的关税并削减NTM（如情景4）将使2030年的全球实际GDP相对于基准情况提高0.8%。[22] GDP将在所有地区上升，包括因以下两种效应而可能减少EREG和EPP出口（相对于基准情况）的地区。首先，降低贸易壁垒将减少扭曲。其次，由于符合NTM的生产成本将降低，并且能源和材料使用效率更高的产品价格将下降，生产率将增加。[23]预计GDP增长的最主要推动因素是EREG的开放贸易，因为EPP贸易的预期变动小于EREG贸易的预期变动。

取消EREG和EPP的关税并减少NTM（情景4）将使2030年全球CO_2排放相对于基准情况减少0.58%。其中大约一半的排放减少可归因于关税自由化，另一半归因于NTMs的减少。总效应可以按照第六章第三节第一部分讨论的线路分解为三个组成部分。

第一，开放EREG和EPP的贸易将刺激贸易和GDP，从而提高能源需求，因此在2030年将使排放增加0.034%（规模效应）。[24]第二，规模效应将被生产和消费中更高的能源效率所抵消，这是由于能源效率的提升和清洁可再生能源产品进口的增加（技术效应）。结合规模效应，预计节能效应将导致2030年CO_2年排放量减少0.58%。第三，转向可再生能源产生的效应（结构效应）将可以忽略不计，[25]这是为了让经济体转向使用清洁技术的行业，需要进行大量的固定成本投资，因此预计仅通过开放EG贸易不足以产生大的结构效应。[26]

如前所述，这些模拟预测只考虑了EG贸易影响碳排放的两种机制。至少还有三种未被建模的渠道，这些渠道可使EG贸易减少碳排放。第一，增加EG贸易可以促进环境创新的扩散，这可能通过另一种技术效应来增强节能效应。第二，未考虑与ES相关的具体效应，例如更好的环境监测或废物管理。建立这些渠道需要对进口货物在可持续环境管理中的作用进行广泛研究。第三，开放EPP的贸易可以引导消费和生产转向EPP，有助于减少碳排放以及解决其他环境问题。[27]

对于某些EG，例如，近段时间以来太阳能电池板价格大幅下降，与之相伴的是贸易量大幅增加。同时，2010—2019年，太阳能电池板的安装容量增加了15倍左右，在此期间，绝大多数成员的电能等价成本下降了（IEA，2022a）。

最近的一项研究表明，太阳能光伏发电技术的贸易自由化可能通过刺激生产、降低价格和应用成本以及增加太阳能光伏发电容量带来相当大的减排效果。因为太阳能电池和模块而消除一半的贸易壁垒可能在2017年至2060年使全球减少4亿~12亿吨CO_2（Gt CO_2），相当于全球排放量累计减少0.3%~0.9%。[28]

如果开放EGS市场并安排相关辅助政策，EGS贸易对低碳经济转型的贡献可能会大大增加。正如第三章节所述，高雄心水平、可信赖、及时的气候变化政策对于向市场、投资者和消费者传递信号，以做出更多的低碳投资和消费决策，包括EGS开发、采用和部署，是至关重要的。[29]气候变化政策也可以影响代理商对EGS及高碳产品价格变化的反应程度（需求的价格弹性）。[30]

只有当EGS价格下降到足以使其与高碳产品同样实惠或更便宜时，广泛采用EGS才有可能发生。当EGS贸易壁垒已经相对较低时，EGS贸易自由化不一定能导致价格下降到足以使EGS价格具有竞争力的程度。除了EGS价格之外，其他因素也可以影响用低碳技术替换高碳技术的决策。例如，采用某种能源技术的选择还可能取决于其使用周期和可靠性，以及其电力成本、安装成本、电网基础设施、储能容量和电力市场结构等方面。有针对性的、有充分资金支持的能源和基础设施政策对于使EGS及ET具有投资价值是很重要的，这些政策有助于降低不确定性并改善投资风险管理。

一套运转良好的基础设施系统，包括负责标准化、认证、计量和合规评估的法律和监管框架，也是确保高质量EGS供应并防止低质量产品进入供应链的关键（WTO和IRENA，2021）。提高基础设施质量也将有助于降低贸易成本，增加国内企业参与EGS价值链的可能性，最终形成可产生经济、社会和环境效益的EGS行业。

第四节　环境产品和服务的发展和供应需要加强国际合作

除非快速开发、部署和推广ET，否则就不可能向低碳经济转型。EGS的国际合作，特别是EGS贸易方面的国际合作，可以在支持发展和扩大EGS的采用方面发挥重要作用。

通过合作以解决阻碍采用和推广ET的贸易壁垒，可以扩大更高效、更多样化和更便宜的EGS的市场准入，并刺激创新。这对于没拥有ET专门知识和研发能力的经济体尤为重要。然而，这并不意味着这些经济体和其他经济体不能为EGS的供应做贡献，因为ET通常是在GVC中产生的，许多经济体参与了零部件和服务的供应。

通过贸易促进获取EGS也可以为经济体提供更多的机会，使ET适应当地需求，从而可能促进更大的环境创新。从全球角度看，当关于ET的国际贸易合作很少或没有时，EGS的开发、部署和使用水平可能不是最优的，向低碳经济的转型速度也较慢。

虽然有关EGS的贸易和贸易政策尤为重要，但必须解决阻碍

EGS 发展、采用和推广的其他问题，这样才能确保 EGS 贸易最大限度地提高向低碳经济的转型速度。其中一些障碍包括基础设施、技能以及环境和能源政策的不足。通过贸易协定解决 EGS 面临的贸易壁垒，还可以向 ET 市场和投资者发出信号，表明政府认真致力于改善 ET 行业，从而有助于提高气候政策的可信度。这种信号还可以提高透明度和可预测性。

一、促进环境产品和服务的贸易和投资至关重要

虽然 EGS 的国际合作正在引起人们的关注，但这并不是最近才出现的现象。作为多哈发展议程的一部分，旨在减少或消除 EGS 关税和非关税壁垒（NTB）的多边谈判于 2001 年启动。[31] 由于多哈发展议程谈判没取得进展，46 个 WTO 成员于 2014 年启动诸边环境产品协定谈判。[32] 该环境产品协定谈判于 2017 年停止，此后一直没有恢复。

关于 EGS 的贸易谈判面临一些挑战。虽然贸易谈判并不寻求确定 EGS 的范围，但关于界定 EGS 范围的谈判面临着重大障碍。虽然一些产品，如风力涡轮机或太阳能电池板，似乎本质上是环保的，但还有许多其他产品本身可能不是环保的，在进行环境活动或实施 ET 时仍然是必不可少的。一种产品可能用于环境目的，也可能用于非环境目的。在贸易谈判中，制造业产品受到的关注最多，但一直有关于某些农产品（如有机水果和蔬菜），是否可以被视为 EG 的讨论。ET 的快速发展也提出了如何在未来解决过时的 EGS 技术的问题，以及如何考虑到最新的环境保护问题。

在诸边层面难以达成共识，导致区域贸易合作成为促进 EGS 贸易的主要途径。2012 年符拉迪沃斯托克 APEC《领导人宣言》标志

着一些经济体首次就一组EG（54个EG）达成一致，以期在2020年底前将各自的适用关税降至5%或以下。APEC的清单包括太阳能电池板、风力涡轮机和竹地板，以及用于环境监测、分析和评估的设备。[33]

与这些倡议并行的是，越来越多的区域贸易协定（RTA）明确涉及EGS贸易（见图6-5）。虽然在RTA中列入EGS的规定并不是最近的趋势，但多年来在任何特定协定中这些规定的数量已显著增加。

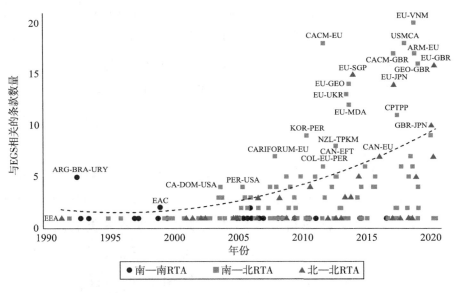

图6-5 环境产品和服务的规定越来越多地被纳入RTA

资料来源： 蒙泰罗（2022b）。

注： 基于向WTO通报的RTA的分析。根据世界银行的分类，"北"被定义为高收入成员，而"南"被定义为中低收入成员。

众所周知，各RTA的环境条款是不同的，关于EGS的规定也不例外（Monteiro，2016；2022b）。它们在RTA的结构、位置以及语言和范围方面有所不同。虽然有些条款泛指EG、ES或技术，但其他条款涉及特定类别的EGS，如与可持续可再生能源和能源效率有关的产品和服务，或受公平贸易计划约束的产品和服务。最近的一些条款明确提到了气候友好型产品、服务和技术。关于EGS的规定是对其他环境规定的补充，包括在有限的RTA中提倡自愿环境绩效机制的规定，如公私伙伴关系与自愿环境审计和报告。同样，关于EGS的规定补充了越来越多RTA中关于通过可持续利用生物资源获得自然资源产品贸易的规定、关于鱼类和森林的可持续管理的规定，以及关于鱼类和木材产品贸易的规定。

最常见的EGS条款是承诺缔约方努力推动贸易便利化和贸易促进的条款，以及在某些协定中关于EGS的外国直接投资的条款。关于EGS贸易的大多数其他规定只针对一个或几个RTA。

虽然许多RTA针对ES列出不同的市场准入和国民待遇承诺（主要与废物管理和处理有关），但只有几个协定明确规定了具体EG的关税削减或取消。[34]1992年阿根廷、巴西和乌拉圭之间的部分合作与贸易协定是首批在商定的EG清单（10位编码国家产品分类的58个关税项目）上取消关税和NTM的贸易协定之一。最近，新西兰与中国台北和英国谈判的RTA包括一份EG清单（分别为132个和298个HS-6关税税目），这些税目的关税将被取消。印度尼西亚和瑞士之间的RTA中发现了另一种市场准入办法，为印度尼西亚以可持续方式生产的棕榈油确定了优惠关税配额。

除了关税之外，最近的一些RTA明确要求各方解决有关EG的潜在NTM问题。很多条款澄清或扩大了WTO《TBT协定》中的一些规则。在设计与EG相关的标准和技术法规时，一些条款促进了良好监管实践。其他条款规定了对具体类别EG的监管承诺，如列出可再生能源产品的相关国际标准制定机构，[35]协调能源性能标准和测试产品，接受另一方与生产有关的技术法规、标准或合格评定程序，[36]确定有机产品的加工要求或标签要求，[37]以及相互接受可再生能源相关产品符合性评估程序。[38]

RTA中关于EGS的大多数详细条款都侧重于EG，只有少数详细条款明确解决了ES的贸易壁垒，例如，便利参与销售、交付或安装EG或提供ES的商务人员移动。[39]与EGS有关的支持性措施的规定也很有限。例如，最近的一项规定要求各缔约方避免采用当地含量要求或任何其他抵消措施，影响到另一方与可再生和可持续的非化石能源发电相关的产品、服务供应商或机构。[40]

RTA中剩余的EGS条款主要是关于合作的。虽然有些合作条款涉及EGS的总体合作，但其他合作条款侧重于具体类别的EGS或具体问题。有些规定鼓励企业在有利于环境的产品、服务和技术方面进行合作。其他一些条款呼吁各方在国际论坛上合作，支持EGS的贸易和投资。

尽管WTO的EGS贸易谈判进展有限，但多边贸易体制通过其规则确保了EGS贸易尽可能顺畅、可预测和自由地进行，这限制了成员采取不合理政策的自由裁量权，从而造成负面的跨境溢出效应。随着乌拉圭回合（1986—1994年）谈判的结束，包括许多EG在内的制造业产品的平均关税大幅降低。《关税与贸易总协定》（GATT）和GATS确保了贸易政策，包括与环境产品和服务有关的政策，是非歧视性和透明的。WTO《TBT协定》还旨在确保有关产品的技术法规、标准和合格评定程序，包括与EG有关的技术法规、标准和合格评定程序，不会对贸易造成不必要的障碍，并以相关的国际商定标准为基础。WTO《TBT协定》进一步促进了技术法规和合格评定程序的协调、等效和相互承认。《与贸易有关的知识产权协定》（TRIPS）还通过建立一套保护和执行知识产权的最低标准，支持ET的发展和传播。

WTO可以通过推进几个WTO成员目前正在诸边层面采取的几项倡议，为促进EGS贸易做出更大的贡献。[41]贸易与环境可持续结构化讨论（TESSD）探讨促进和便利EGS贸易的机会和可能的方法。TESSD打算将讨论范围扩大到关税自由化之外，并将NTM、技术和ES的扩散（包括那些可以促进吸收和使用EG的技术）以及技术援助纳入讨论范围。TESSD的潜在成果包括确定和汇总最佳做法，以及探索自愿行动和伙伴关系的机会，以促进和便利获取EGS，包括新兴的低排放技术和其他气候友好型技术。[42]

支持EGS贸易的努力可以通过促进塑料可持续贸易予以加强，包括低碳替代品贸易，这也是WTO塑料污染与环境可持续塑料贸易非正式对话目前正在讨论的一个议题。同样，根据化石燃料补贴改革倡议[43]，合理化并逐步淘汰化石燃料补贴可以促进低碳能源的使用，包括可再生能源设备的使用。

二、包容性参与发展与供应环境产品和服务非常重要

公正地向低碳经济转型，需要特别关注发展中国家和弱势群体在从事或寻求参与EGS贸易时所面临的挑战和机遇。[44]鉴于大多数发展中国家和LDC的ET行业才刚刚出现，减少EGS的关税壁垒和NTM只是降低成本、增加ET的可获得性的一种方式。额外的努力可以确保在实践中进行有效的ET转让。在气候变化的背景下，政府间气候变化专门委员会（IPCC）将技术转让定义为"一套广泛的过程，包括在政府、私营部门实体、金融机构、非政府组织（NGO）和研究/教育机构等不同利益相关方之间为减缓和适应气候

变化而流动的专门知识、经验和设备"（IPCC，2000）。

通过跨境合作伙伴关系进行的技术转让可以在多种情况下促进制造业的扩大和创新。企业可以根据某种形式的许可或合同生产已成功开发的环境产品，其中包括转让专有技术和获得监管档案的权利。或者，技术转让可以帮助竞争对手修改和改进现有的ET。无论哪种类型的ET，技术转让也可以用于开发和生产新的ET。

技术转让可以来自政府和私营部门。在气候变化方面，这类援助往往涉及国际合作（Popp，2011）。例如，联合国开发计划署（UNDP）、联合国环境署（UNEP）和世界银行联合实施全球环境基金（GEF），[45]该基金为发展中国家解决全球环境问题（包括与气候变化有关的问题）的项目提供资助。

再如，《京都议定书》第12条中定义的清洁发展机制（CDM），[46]它为发达国家提供了获得信用的机会（称为可销售的认证减排信用，每个单位相当于一吨CO_2），以换取为发展中国家的减排项目提供融资，从而实现气候友好型技术的转让（Dechezleprêtre、Glachant和Ménière，2008）。CDM的基础设施和剩余资金将主要用于实施《巴黎协定》第6.4条，该条款为缔约方在实现国家自主贡献（NDC）方面的合作建立了新机制。

另一项国际倡议是气候技术倡议（CTI），该倡议在国际能源署（IEA）框架下运作，致力于加速开发和推广气候友好型和环境无害型技术和做法，并加强发展中国家应用这些技术和做法的能力。此外，世界知识产权组织（WIPO）还建立了WIPO GREEN，这是一个在线数据库和网络，将新技术所有者与可能寻求商业化、许可或以其他方式推广ET的个人或公司联系起来。

为数不多但数量不断增加的RTA包括了旨在促进ET转让的具

体合作条款。有些条款总体上涉及 ET 的发展、创新、转让和应用。[47] 其他条款涉及在国内、区域和国际各层级促进创新、安全、可持续的低碳和气候适应新技术的 R&D、示范、部署、转让和推广。[48]

如第三章所述，TRIPS 还有助于促进技术转让，包括发达成员根据 TRIPS 第 66.2 条做出承诺，为其领土内的企业和机构提供鼓励向 LDC 转让技术的激励措施。贸易援助倡议还可以通过支持发展中国家，特别是 LDC，建设低碳和气候适应型贸易能力和建设基础设施来促进 ET 的转让（见第二章和第三章）。

三、需要更详细的 EGS 贸易数据

随着各国政府努力开放 ET 贸易，迫切需要关于 EGS 贸易和投资的更详细数据。不同的统计分类或术语，包括 HS，已被用于分别识别 EG 和 ES。缺乏有关 EGS 贸易及相关贸易政策的分类和可比数据继续阻碍研究，并可能阻碍 EGS 贸易谈判。一些国际组织试图对 EGS 进行定义和分类。

如上所述，OECD/欧盟统计局非正式工作组基于 6 位编码 HS 制定了一份清单，旨在说明环境行业的范围（Steenblik，2005）。UNCTAD（1995）确定了几种比以石油为基础的竞争性产品更有利于环境保护的 EPP。最近，世界海关组织（WCO）发布了 2022 年版 HS，其中包括针对使用太阳能和节能发光二极管的几种技术的新商品代码。这些变化应有助于监测特定 EG 贸易。1991 年发布的 CPC 确定了几种类型的 ES（WTO，2010）。包括 APEC 和 OECD 秘书处在内的多个国际组织也在努力更新 ES 清单（APEC，2021；Sauvaget 和 Timiliotis，2017）。

WTO 提供了在关税税目一级的官方关税和贸易数据，这通常

是8位编码，有时甚至是10位编码的HS编码，包括在某些情况下某些成员的特定EG。《WTO协定》还通过正式、公开的方式通报所有影响贸易的法律法规，包括与EGS有关的法律法规，以提高贸易措施的透明度。WTO环境数据库（EDB）收录了与环境产品和服务有关的通报。

WTO可以通过加强与统计机构、其他政府部门以及包括WCO在内的其他国际组织的合作，进一步提高其EGS数据的质量和可用性。正在施行的诸边倡议，包括TESSD，也可以在提高相关措施的透明度方面发挥重要作用，为分享经验和最佳实践提供机会。

第五节　小　结

向低碳经济的转型将需要以前所未有的速度开发、部署和传播ET，而EGS贸易可以为这一过程做出贡献。然而，EGS贸易流量和贸易政策因地区而异：中等收入成员的EGS出口在过去20年中一直在强劲增长，而低收入成员的出口几乎保持不变。相反，低收入成员的EGS进口增长速度快于其他成员，表明这些成员对EGS的需求强劲。

使用WTO GTM的模拟表明，取消关税，以及减少EG特定子集的NTM，可以为减少碳排放做出贡献，同时有助于增加所有地区的出口和GDP。然而，这些模拟仅解释了EG贸易影响排放的各种机制中的两种，这表明如果所有影响都被考虑在内，并且考虑到相关的补充政策是否伴随着EGS贸易的自由化，那么开放EGS贸易的实际影响可能会因更广泛的EGS而显著增加。

　　EGS贸易方面的国际合作可以在支持发展和扩大EGS的采用方面发挥重要作用。多边贸易体制确保EGS贸易尽可能顺畅、可预测和自由进行。WTO协定还支持将ET转让到发展中国家，特别是LDC。然而，多边和诸边贸易谈判难以达成共识，导致区域贸易合作成为促进EGS贸易的主要途径。

　　WTO世贸组织可以为促进EGS贸易做出更大贡献。WTO部分成员目前正在推进的几项诸边倡议可以在EGS贸易的促进和便利化方面发挥重要作用。WTO还可以通过加强与成员的统计机构和其他国际组织的合作，进一步提高EGS贸易数据的质量和可用性。

注释：

　　1. OECD的EG清单包含164个HS-6关税税目，按照3个主要类别和18个子类别组成。然而，在删除了一些关税税目的多个子类别后，该清单涵盖了132个独特的HS-6关税税目。关税分类基于1992年版的HS命名法。

　　2. 根据OECD清单，污染管理技术和产品包括在统计上易于识别的产品和服务（OECD，1999）。

　　3. 根据OECD清单，清洁技术和产品包括一些统计评估仍有争议、困难或昂贵的产品和服务（OECD，1999）。

　　4. 虽然环境保护被排除在资源管理的范围之外，但不可避免地，一些与环境保护相关的产品可能会被包括在内，尽管其主要目的不是环境保护。

　　5. CPC是联合国和其他国际机构主持编制的。联合国根据一套国际商定的概念、定义、原则和分类规则，为产品和服务提供分类结构。1991年，第一版CPC（临时产品集中分类）出版。

6. 多年来，EGS行业的国家和地区统计分类（EGS行业账户）也得到了扩展。参见欧盟统计局（2009，2016）。

7. 与环境相关的特定服务通过使用"ex out"（表示已识别的服务是从5位编码子类中提取的）在CPC 2.1分类的5位编码子类中进行识别（Nordås和Steenblik，2021）。

8. 国际货物贸易使用世界海关组织（WCO）《协调制度》（HS）进行分类。HS使用按章（2位）、目（4位）和子目（6位）组织的6位编码对所有产品进行分类。

9. 与环境相关的反补贴措施通知可以在WTO环境数据库（EDB）中找到，该数据库可以在https://edb.wto.org/上查阅。

10. TRAINS数据库覆盖57个成员，包括11个高收入成员（欧盟作为一个成员）、36个中等收入成员和10个低收入成员。

11. 参见WTO秘书处关于"促进和便利环境产品和服务的经验"的说明（WTO官方文件编号INF/TE/SSD/W18，可以在https://docs.wto.org/上查阅）。

12. 有关GATS提供的更多信息，参见https://www.wto.org/english/tratop_e/serv_e/gatsqa_e.htm。

13. 公共产品是正外部性的一个特殊情况，将服务扩展到额外人员的成本为零，并且不可能排除个人享受。

14. GHG包括二氧化碳（CO_2）、甲烷（CH_4）、一氧化二氮（N_2O）、氢氟碳化物（HFCs）、全氟化碳（PFCs）和六氟化硫（SF_6）。虽然二氧化碳是人类活动排放的主要GHG，但甲烷因其更强的吸热能力而成为一种新兴的GHG。

15. 例如，使用LED灯代替白炽灯会减少能源消耗，因为前者更节能。

16. 在缺乏补充行动的情况下，一些适应气候变化解决方案可能会加剧一些环境问题。例如，人造雪可能有助于在较高温度下保持斜坡积雪，但生产人造雪可能会消耗大量的能源和水。用于提高人造雪质量和减缓其融化的化学或生物添加剂也会对环境产生影响，包括生物多样性（Rixen、Stoeckli和Ammann，2003）。

17. 贸易强度的定义为出口加进口占GDP的比率。

18. 有关WTO GTM递归动态可计算一般均衡模型的技术描述，请参阅阿吉亚尔等（2019）。WTO全球贸易模型的能源和电力版本被用于全球经济2030年的基线预测，全球CO_2排放量接近国际能源署（IEA）预测的排放量，如波赫林格等（2021）的报告。双边关税税率来自国际贸易中心（ITC）提供的市场准入地图（MAcMap）数据库。NTM的从价等值来自卡多、古尔登和万顿格伦（2018），基于UNCTAD TRAINS数据库中的NTM计数数据。碳排放相对于EG贸易的弹性是通过计量经济学方法估算得出（Bacchetta等，2022）。

19. EREG清单源自OECD的EG清单（OECD，1999）。

20. EPP清单基于吐斯瓦（2005）报告的列表。

21. NTM被建模为冰山成本（一些产品在买卖双方之间丢失）。NTM减少25%符合区域贸易协定对NTM影响的经验估计（Benz和Yalcin，2013），以及有关监管趋同的判断（Vanzetti、Knebel和Peters，2018）。

22. 预计到2030年，全球GDP水平的提高是2021—2030年预计GDP增长轨迹提高的结果。

23. 对于建模的产品，NTM主要涉及TBT，这要求企业分配额外的资源来遵守这些措施。

24. 部分影响也受到运输服务需求增加的推动，这会产生额外的CO_2排放。

25. 无论有无最终用途控制，情况都是如此。在没有"终端使用控制"的情况下，所有能源生产行业都将受益于清洁和可再生能源产品的较低价格。因此，化石燃料发电量的增加将导致排放量的增加。相反，在"终端使用控制"的情况下，只有使用可再生能源发电的行业才能从清洁和可再生能源产品的较低价格中受益，这将减少排放。

26. 基于WTO GTM的估计影响比胡（2020）发现的要小一个数量级，原因是用于确定清洁和可再生能源产品价格的模型不同，以及关于国内清洁和可再生能源产品价格下降的不同假设。

27. 特别是，缺乏详细的行业排放数据，因此很难评估EPP贸易的排放影响。

28. 2017—2060年，全球排放量预计累计减少0.3%~0.9%，假设排放量在2020年（31.5 $GrCO_2$）水平保持不变，直到2060年（Wang等，2021）。

29. 例如，随着EG贸易壁垒的减少，过去通过对EG征收关税来获取关税收入的政府可能会试图通过战略性降低环境保护水平刺激国内生产来应对。根据与高碳产品生产相关的边际污染率，当边际污染率非常高（或低）时，减少EG贸易壁垒可能导致污染的增加（或减少）（Nimubona，2012）。

30. 需求本身的价格弹性在很大程度上取决于环境政策工具的选择和实施（David和Sinclair-Desgagné，2005）。

31. WTO贸易与环境委员会特别会议（CTESS）的成立是为了进行贸易和环境谈判。WTO市场准入谈判组也讨论了降低或取消

EG关税的问题，但没有解决CTESS讨论的具体问题。此外，服务贸易委员会特别会议负责包括ES在内的服务谈判。

32.《环境产品协定》讨论最初基于2012年《亚太经济合作组织领导人宣言》中提出的54项EG（https://www.apec.org/meeting-papers/leaders-declarations/2012/2012_aelm）。

33. 最近，APEC经济体一直在考虑更新EG清单，推进ES贸易，包括确定不同类型的ES（https://www.apec.org/meeting-papers/sectoral-ministerial-meetings/trade/2021_mrt）。

34. WTO和RTA中涵盖的产品关税减免可适用于EG，而无须明确挑出任何特定的EG。

35. 例如，《欧盟—新加坡RTA》和《欧盟—越南RTA》。

36. 例如，《美国—墨西哥—加拿大协定》（USMCA）。

37. 例如，《全面与进步跨太平洋伙伴关系协定》（CPTPP）。

38. 例如，《欧盟—新加坡RTA》。

39. 例如，《中国台北—新西兰RTA》。

40. 例如，《欧盟—新加坡RTA》和《欧盟—越南RTA》。

41. 这些WTO倡议补充了其他倡议，例如，由哥斯达黎加、斐济、冰岛、新西兰、挪威和瑞士牵头的倡议，旨在通过谈判消除EG的关税，并在气候变化、贸易和可持续性协定中对ES做出有约束力的承诺。

42. 参见TESSD《关于贸易与环境可持续性问题的部长级声明》（WTO官方文件编号WT/MIN（21）/6，可在https://docs.wto.org/上查阅）。

43. 参见《关于化石燃料补贴的部长级声明》（WTO官方文件编号WT/MIN（21）/9/Rev.1，可在https://docs.wto.org/上查阅）。

44. 一些国际举措支持中小微企业（MSME）在其业务中引入创新，并扩大其规模，以促进跨境贸易。例如，世界银行的气候技术计划（CTP）支持发展中国家的私营部门，特别是中小企业和企业家，利用新技术和商业模式应对当地的气候挑战。

45. 参见 https://www.thegef.org/。

46. 参见 https://cdm.unfccc.int/index.html。

47. 例如，参见《欧盟—东非共同体（EAC）RTA》。

48. 例如，参见《欧盟—亚美尼亚 RTA》。

第七章 结 论

气候变化正在对人类、环境和全球经济产生破坏性影响。为了减缓气候变化并适应其破坏性和代价高昂的负面影响，需要进行重大的经济投资和雄心勃勃的政策行动，以引导经济走上可持续的低碳增长轨道。因此，气候变化和气候政策都将对国际贸易和贸易政策产生重大影响。

尽管气候变化和国际贸易之间的相互联系复杂多元，但关于气候变化和贸易的许多辩论都过于简化且具有误导性。当前的许多辩论都以两个具有误导性的假设为基础：一是贸易明显加剧了气候变化；二是WTO规则阻止各成员政府采取雄心勃勃的气候政策。

第一个误导性假设——贸易，特别是国际运输，是气候变化的主要原因之一——导致人们呼吁限制进口，以支持在当地生产和消费产品和服务。事实上，国际贸易以多种不同方式影响温室气体（GHG）排放。首先，贸易活动通过商品的生产、运输、分配和消费过程中排放GHG。同时，贸易也通过增加收入刺激经济活动从而增加排放量。贸易还影响着每个成员所生产的产品和提供的服务类型。根据一个成员在GHG排放密集型行业是否具有比较优势来看，贸易对气候变化的影响可能是积极的，也可能是消极的。

与此同时，贸易在几个重要方面有助于减少GHG排放。贸易提供了以较低价格获得低碳商品、服务和技术的途径。与贸易开放相关的收入增加也可能有助于增强人们的环境意识，帮助强化环境法规的执行，从而有助于更好地将环境技术纳入生产过程。贸易可以帮助传播环境方面的创新技术，使企业有机会通过将这些创新技术纳入生产过程而获得更高的利润，从而增加企业继续创造、传播和整合环境技术的动力。此外，清洁能源贸易可以使可再生能源资源丰富的成员，包括发展中成员，更好地发挥其在清洁能源生产方面的比较优势，为低碳转型做出贡献。

贸易还可以通过预防或降低气候风险，并加强应对气候风险的准备工作，帮助各成员保护自身免受一些气候变化后果的影响。通过及时提供关键产品和服务（如食品、医疗保健、交通和通信）来帮助各成员从气候灾难中恢复。通过帮助各成员适应长期气候变化造成的农业生产变化，以促进粮食安全。贸易还可以通过促进相关技术的传播，最大限度地降低气候变化的代价和负面的经济影响。

贸易对应对气候变化的积极贡献并不一定是自发做出的。需要应对经济挑战以及预测、评估和管理气候风险的能力。需要将贸易政策纳入适应气候变化战略，包括增强供应链韧性的政策。同样，要想激励生产者和消费者做决策时考虑气候风险，从而限制或补偿GHG排放，需要制定相关的设计良好的气候和能源政策。

关于贸易和气候变化的第二个误导性假设是，WTO规则阻止各成员政府采取雄心勃勃的气候政策。事实上，尽管"气候变化"一词没有出现在《WTO协定》中，但WTO通过有效的与贸易有关的气候政策，支持应对气候变化。虽然并非所有的气候变化政策都涉及贸易层面，但WTO规则规定的税收、关税、支持措施、监管措施以及其他贸易工具都与气候政策的实施相关。

气候机制和贸易机制并非彼此孤立、毫无关联。例如，《联合国气候变化框架公约》（UNFCCC）规定，应对气候变化的措施不应成为任意或不合理歧视的手段，也不应成为对国际贸易的变相限制，而应尽可能减少对其他各方的不利影响，包括对国际贸易的不利影响，以及对其他各方在社会、环境和经济方面的不利影响。

与此同时，WTO框架通过支持产生或扩大积极跨境溢出效应的政策，为应对气候变化做了重要的贡献。例如，一个成员采取了有效的气候措施有助于促进环境技术在其他成员之间跨境传播。WTO规则也起到了限制那些可能导致贸易关系紧张、给其他成员造成收入和福利损失，并最终破坏应对气候变化努力的政策使用。

通过其下设的委员会，WTO为成员提供了一个独特的论坛，讨论它们为减缓和适应气候变化所做的努力，以及这些努力对贸易的影响。WTO的透明度机制，包括对贸易措施的通报要求和对WTO成员进行的定期贸易政策审查，提供了与气候相关的贸易措施信息。WTO的技术援助和能力建设倡议，包括贸易援助，有助于推动对低碳和气候适应性贸易基础设施的投资。

WTO规则支撑的透明和可预测的贸易环境促进了关键和环保产品和服务的国际贸易，也帮助经济体实现多元化，从而在极端天气事件发生时减少对单一出口商和供应商的依赖。

贸易规则在减缓和适应气候变化方面发挥着重要作用，WTO可以在促进环保和推动可持续发展方面做出更大贡献，比如在贸易相关气候变化政策背景下，可加强信息共享透明度，以及解决环境产品和服务的贸易壁垒。在此背景下，WTO正在推动环境、塑料可持续贸易和化石燃料补贴改革的倡议，这可能会带来务实和创造性的成果。WTO可以成为讨论开放环境产品和服务贸易问题的合适平台，从而进一步促进气候技术的获取和传播。加强WTO与区域和国际气候组织之间的合作将有助于更好地理解气候变化与贸易之间的关系。

　　本报告强调了国际贸易和贸易规则在适应气候变化和支持向低碳经济转型方面发挥的积极、建设性作用。由于气候变化涉及面广，贸易政策和气候变化政策之间需要相互支持。这便需要彼此加强统筹、协调并提高透明度。

参考文献

[1] Abman, R. and Lundberg, C. (2019), "Does Free Trade Increase Deforestation? The Effects of Regional Trade Agreements", Journal of the Association of Environmental and Resource Economists 7(1):35-72.

[2] Abman, R. M., Lundberg, C. and Ruta, M. (2021), "The Effectiveness of Environmental Provisions in Regional Trade Agreements", Policy Research Working Paper Series No. 9601, Washington, D.C.: World Bank.

[3] Acemoglu, D., Aghion, P., Bursztyn, L. and Hemous, D. (2012), "The Environment and Directed Technical Change", American Economic Review 102(1):131-166.

[4] Adams, K. M., Benzie, M., Croft, S. and Sadowski, S. (2021) Climate Change, Trade, and Global Food Security, Stockholm: Stockholm Environment Institute (SEI).

[5] Aguiar, A., Corong, E., van der Mensbrugghe, D., Bekkers, E., Koopman, R. and Teh, R. (2019), "The WTO Global Trade Model: Technical documentation", Staff Working Paper No. ERSD-2019-10, Geneva: WTO.

[6] Air Transport Action Group (ATAG) (2020) Balancing Growth in Connectivity with a Comprehensive Global Air Transport Response to the Climate Emergency, Geneva: ATAG.

[7] Akerman, A., Forslid, R. and Prane, O. (2021), "Imports and the CO_2 Emissions of Firms", CEPR Press Discussion Paper No. 16090, London: Centre for Economic Policy Research(CEPR).

[8] Akimoto, K., Sano, F. and Tehrani, B. S. (2017), "The Analyses on the Economic Costs for Achieving the Nationally Determined Contributions and the Expected Global Emission Pathways", Evolutionary and Institutional Economics Review 14:193-206.

[9] Alcalá, F. and Ciccone, A. (2004), "Trade and Productivity", The Quarterly

Journal of Economics 119(2):613-646.

[10] Aldy, J. E. and Stavins, R. N. (2012), "The Promise and Problems of Pricing Carbon: Theory and Experience", The Journal of Environment and Development 21(2):152-180.

[11] Amiti, M., Dai, M., Feenstra, R. C. and Romalis, J. C. (2017), "How Did China's WTO Entry Benefit U.S. Consumers?", NBER Working Paper No. 23487, Cambridge (MA): National Bureau of Economic Research (NBER).

[12] Amiti, M. and Konings, J. (2007), "Trade Liberalization, Intermediate Inputs, and Productivity: Evidence from Indonesia", American Economic Review 97(5):1611-1638.

[13] Antweiler, W., Copeland, B. R. and Taylor, M. S. (2001), "Is Free Trade Good for the Environment?", American Economic Review 91(4):877-908.

[14] Arndt, C., Arent, D., Hartley, F., Merven, B. and Mondal, A.H. (2019), "Faster Than You Think: Renewable Energy and Developing Countries", Annual Review of Resource Economics 11:149-168.

[15] Arrow, K. J. (1962), "Economic Welfare and the Allocation of Resources for Invention", The Rate and Direction of Inventive Activity: Economic and Social Factors, Princeton (NJ): Princeton University Press.

[16] Asia-Pacific Economic Cooperation (APEC) (2021) Environmental Services in the APEC Region: Definition, Challenges and Opportunities, Singapore: APEC.

[17] Avi-Yonah, R. S. and Uhlmann, D. M. (2009), "Combating Global Climate Change: Why a Carbon Tax is a Better Response to Global Warming than Cap and Trade", Stanford Environmental Law Journal 28(1):3-50.

[18] Bacchetta, M., Bekkers, E., Solleder, J.-M. and Tresa, E. (2022), "Environmental Goods Trade Liberalization: A Quantitative Modelling Study of Trade and Emission Effects", Unpublished Manuscript, Geneva: World Trade Organization.

[19] Bacchetta, M., Milet, E. M. and Monteiro, J.-A. (2019), Making Globalization

More Inclusive: Lessons from Experience with Adjustment. Geneva: World Trade Organization (WTO).

[20] Badoc-Gonzales, B. P., Mandigma, M. B. S. and Tan, J. J.(2022), "SME Resilience as a Catalyst for Tourism Destinations:a Literature Review", Journal of Global Entrepreneurship Research.

[21] Bailey, R. and Wellesley, L. (2017), Chokepoints and Vulnerabilities in Global Food Trade, London: Chatham House.

[22] Banerjee, S. N., Roy, J. and Yasar, M. (2021), "Exporting and Pollution Abatement Expenditure: Evidence from Firm-level Data", Journal of Environmental Economics and Management 105, 102403.

[23] Barker, T., Junankar, S., Pollitt, H. and Summerton, P. (2007),"Carbon Leakage from Unilateral Environmental Tax Reforms in Europe, 1995–2005", Energy Policy 35(12):6281-6292.

[24] Barrot, J.-N. and Sauvagnat, J. (2016), "Input Specificity and the Propagation of Idiosyncratic Shocks in Production Networks", The Quarterly Journal of Economics 131(3):1543-1592.

[25] Barrows, G. and Ollivier, H. (2021), "Foreign Demand, Developing Country Exports, and CO_2 Emissions: Firm-level Evidence from India", Journal of Development Economics 149:102587.

[26] Batista, F. and Gilbert, J. (2021), "Waterways Are Drying Up Making Navigation Difficult In Key South American Crop-Shipping Ports", Bloomberg, 27 April 2021.

[27] Baumeister, S. (2020), "Mitigating the Climate Change Impacts of Aviation Through Behavioural Change", Transportation Research Procedia 48:2006-2017.

[28] Beejadhur, Y. A., Kelleher, K., Kelly, T., Howells, M., Alfstad, T.,Farrell, S., Smith, J., Neumann, J. E., Strzepek, K. M., Emanuel, K.and Willwerth, J. (2017) The Ocean Economy in Mauritius: Making It Happen, Making It Last, Washington, D.C.: World Bank.

[29] Beinhocker, E., Farmer, J. D. and Hepburn, C. (2021), "Going Big and Fast on Renewables Would Save Trillions in Energy Costs", Washington Post, 21 September 2021.

[30] Bekkers, E. and Cariola, G. (2022), "Comparing Different Approaches to Tackle the Challenges of Global Carbon Pricing", Staff Working Paper No. ERSD-2022-10, Geneva:WTO.

[31] Bekkers, E., Metivier, J., Tresa, E. and Yilmaz, A. N. (2022),"The Role of International Trade in Decarbonizing the Global Economy", Unpublished Manuscript, Geneva: World Trade Organization.

[32] Bellora, C. and Fontagné, L. (2022), "EU in Search of a WTO-compatible Carbon Border Adjustment Mechanism", CEPII Working Papers No. 2022-01, Paris: Centre d'Études Prospectives et d'Informations Internationales (CEPII).

[33] Benz, S. and Yalcin, E. (2013), "Quantifying the Economic Effects of an EU-Japan Free Trade Agreement", CESifo Working Paper Series No. 4319, Münich: Center for Economic Studies and Institute for Economic Research (CESifo).

[34] Benzie, M. and Harris, K. (2021), "Transboundary Climate Risk and Adaptation", Science for Adaptation, Policy Brief #2, Geneva: World Adaptation Science Program (WASP).

[35] Biango, A., Hamilton, J. M. and Tol, R. S. J. (2007), "The Impact of Climate Change on Domestic and International Tourism: A Simulation Study", The Integrated Assessment Journal 7(1):25-49.

[36] Bloom, N., Draca, M. and Van Reenen, J. (2016), "Trade Induced Technical Change? The Impact of Chinese Imports on Innovation, IT and Productivity", Review of Economic Studies 83(1):87-117.

[37] Boehm, C. E., Flaaen, A. and Pandalai-Nayar, N. (2019), "Input Linkages and the Transmission of Shocks: Firm-level Evidence from the 2011 Tōhoku Earthquake", Review of Economics and Statistics 101(1):60-75.

[38] Böringer, C., Balistreri, E. J. and Rutherford, T. F. (2012), "The Role of Border Carbon Adjustment in Unilateral Climate Policy:Overview of an Energy Modeling Forum Study (EMF 29)",Energy Economics 34:S97-S110.

[39] Böringer, C., Carbone, J. C. and Rutherford, T. F. (2016), "The Strategic Value of Carbon Tariffs", American Economic Journal: Economic Policy 8(1):28-51.

[40] Böringer, C., Fischer, C. and Rosendahl, K. E. (2010), "The Global Effects of Subglobal Climate Policies", The BE Journal of Economic Analysis & Policy 10(2):1-35.

[41] Böringer, C., Fischer, C., Rosendahl, K. E. and Rutherford, T.F. (2022), "Potential Impacts and Challenges of Border Carbon Adjustments", Nature Climate Change 12:22-29.

[42] Böringer, C., Peterson, S., Rutherford, T. F., Schneider, J. and Winkler, M. (2021), "Climate Policies After Paris: Pledge, Trade and Recycle: Insights From the 36th Energy Modeling Forum Study (EMF36)", Energy Economics 103, 105471.

[43] Bosello, F., Eboli, F. and Pierfederici, R. (2012), "Assessing the Economic Impacts of Climate Change-an Updated CGE Point of View", FEEM Working Paper No. 2.2012, Milan: Fondazione Eni Enrico Mattei (FEEM).

[44] Bosello, F. and Parrado, R. (2022), "Climate Change Impacts and Market-Driven Adaptation: The Costs of Inaction Including Market Rigidities", in Markandya, A. and Rübbelke, D. (eds.),Climate and Development, Singapore: World Scientific Publishing.

[45] Bosetti, V., Carraro, C., de Cian, E., Massetti, E. and Tavoni, M. (2013), "Incentives and Stability of International Climate Coalitions: An Integrated Assessment", Energy Policy 55:44-56.

[46] Bosio, E. and Djankov, S. (2020), "How Large Is Public Procurement", Let's Talk Development, Washington, D.C.: World Bank.

[47] Boston Consulting Group (BCG) and HSBC (2021), Delivering Net Zero

Supply Chains: The Multi-Trillion Dollar Key to Beat Climate Change, London: BCG.

[48] BP (2017), BP Statistical Review of World Energy 2017, London: BP.

[49] Brakarz, B. (2020), "Low-Carbon Farming in Brazil Can Benefit Farmers and Curb Climate Change", IDB Sustainability Blog,Washington, D.C.: Inter-American Development Bank (IDB).

[50] Brandi, C. (2017), Trade Elements in Countries' Climate Contributions under the Paris Agreement, Geneva: International Centre for Trade and Sustainable Development (ICTSD).

[51] Brädle, G., Schöfisch, M. and Schulte, S. (2021), "Estimating Long-term Global Supply Costs for Low-carbon Hydrogen", Applied Energy 302, 117481.

[52] Branger, F. and Quirion, P. (2014), "Would Border Carbon Adjustments Prevent Carbon Leakage and Heavy Industry Competitiveness Losses? Insights from a Meta-analysis of Recent Economic Studies", Ecological economics 99:29-39.

[53] Branstetter, L. and Maskus, K. E. (2022), "Global Knowledge Flows, Absorptive Capacity, and Capability Acquisition: Old Ideas, Recent Evidence, and New Approaches", in Taubman, A. and Watal, J. (eds.), Trade in Knowledge, Cambridge (UK):Cambridge University Press.

[54] Brenton, P. and Chemutai, V. (2021) The Trade and Climate Change Nexus: The Urgency and Opportunities for Developing Countries, Washington, D.C.: World Bank.

[55] Bretschger, L., Lechthaler, F., Rausch, S. and Zhang, L. (2017),"Knowledge Diffusion, Endogenous Growth, and the Costs of Global Climate Policy", European Economic Review 93:47-72.

[56] Brottem, L. V. (2016), "Environmental Change and Farmer- Herder Conflict in Agro-Pastoral West Africa", Human Ecology 44(5):547-563.

[57] Burch, S., Andrachuk, M., Carey, D., Frantzeskaki, N.,Schroeder, H.,

Mischkowski, N. and Loorbach, D. (2016), "Governing and Accelerating Transformative Entrepreneurship:Exploring the Potential for Small Business Innovation on Urban Sustainability Transitions", Current Opinion in Environmental Sustainability 22:26-32.

[58] Burke, M., Hsiang, S. and Miguel, E. (2014), "Climate and Conflict", NBER Working Paper No. 20598, Cambridge (MA): National Bureau of Economic Research (NBER).

[59] Burniaux, J.-M., Chateau, J. and Sauvage, J. (2011), "The Trade Effects of Phasing Out Fossil-Fuel Consumption Subsidies", OECD Trade and Environment Working Papers No.2011/05, Paris: Organisation for Economic Co-operation and Development (OECD).

[60] Bustos, P. (2011), "Trade Liberalization, Exports, and Technology Upgrading: Evidence on the Impact of MERCOSUR on Argentinian Firms", American Economic Review 101(1):304-340.

[61] Cadot, O., Gourdon, J. and van Tongeren, F. (2018), "Estimating Ad Valorem Equivalents of Non-Tariff Measures: Combining Price-Based and Quantity-Based Approaches", OECD Trade Policy Papers No. 215, Paris: Organisation for Economic Co-operation and Development (OECD).

[62] Carbone, J. C. and Rivers, N. (2020), "The Impacts of Unilateral Climate Policy on Competitiveness: Evidence from Computable General Equilibrium Models", Review of Environmental Economics and Policy 11(1):24-42.

[63] Center for International Environmental Law (CIEL) (2019),Plastic and Climate: The Hidden Costs of a Plastic Planet, Washington, D.C.: CIEL.

[64] Cerdeiro, D. A. and Komaromi, A. (2021), "Trade and Income in the Long Run: Are There Really Gains, and Are They Widely Shared?", Review of International Economics 29(4):703-731.

[65] Cernat, L. and Boucher, D. (2021), "Multilateral Cooperation Behind the Trade War Headlines: How Much Trade is Freed Up?", CEPS Policy Insights No. PI2021-03, Brussels: Centre for European Policy Studies (CEPS).

[66] Chakraborty, S. K. and Mazzanti, M. (2020), "Energy Intensity and Green Energy Innovation: Checking Heterogeneous Country Effects in the OECD", Structural Change and Economic Dynamics 52(C):328-343.

[67] Chen, C., Nobel, I., Hellmann, J., Coffee, J., Murillo, M.and Chawla, N. (2015), "University of Notre Dame Global Adaptation Index: Country Index Technical Report", Notre Dame(IN): University of Notre Dame.

[68] Cherniwchan, J. (2017), "Trade Liberalization and the Environment: Evidence from NAFTA and US Manufacturing", Journal of International Economics 105:130-149.

[69] Cherniwchan, J., Copeland, B. R. and Taylor, M. S. (2017),"Trade and the Environment: New Methods, Measurements, and Results", Annual Review of Economics 9(1):59-85.

[70] Cherniwchan, J. and Najjar, N. (2022), "Do Environmental Regulations Affect the Decision to Export?", American Economic Journal: Economic Policy 14(2):125-60.

[71] Cherniwchan, J. and Taylor, M. S. (2022), "International Trade and the Environment: Three Remaining Empirical Challenges",NBER Working Paper No. 30020, Cambridge (MA): National Bureau of Economic Research (NBER).

[72] Christensen, J. (2020), "How Decarbonizing Shipping Could Unlock a Global Energy Transition", World Economic Forum Annual Meeting 2020, Geneva: World Economic Forum.

[73] Climate Policy Initiative (2021), Global Landscape of Climate Finance 2021, San Francisco: Climate Policy Initiative.

[74] Cockburn, J., Robichaud, V. and Tiberti, L. (2018), "Energy Subsidy Reform and Poverty in Arab Countries: A Comparative CGE-Microsimulation Analysis of Egypt And Jordan", Review of Income and Wealth 64(S1):S249-S273.

[75] Cole, M. and Elliott, R. (2003), "Determining the Trade-Environment

Composition Effect: the Role of Capital, Labor and Environmental Regulations", Journal of Environmental Economics and Management 46(3):363-383.

[76] Cole, M., Elliott, R. J. R. and Zhang, L. (2017), "Foreign Direct Investment and the Environment", Annual Review of Environment and Resources 42(1):465-487.

[77] Conte, B., Desmet, K., Nagy, D. K. and Rossi-Hansberg, E.(2021), "Local Sectoral Specialization in a Warming World", Journal of Economic Geography 21(4):493-530.

[78] Copeland, B. R., Shapiro, J. S. and Taylor, M. S. (2022), "Globalization and the Environment", in Gopinath, G., Helpman, E. and Rogoff, K. (eds.), Handbook of International Economics, Amsterdam: North Holland.

[79] Copeland, B. R. and Taylor, M. S. (2004), "Trade, Growth, and the Environment", Journal of Economic Literature 42(1):7-71.

[80] Cornelis, E. (2019), "History and Prospect of Voluntary Agreements on Industrial Energy Efficiency in Europe", Energy Policy 132(C):567-582.

[81] Cosbey, A., Dröge, S., Fischer, C. and Munnings, C. (2020), "Developing Guidance for Implementing Border Carbon Adjustments: Lessons, Cautions, and Research Needs from the Literature", Review of Environmental Economics and Policy 13(1):3-22.

[82] Costa Rican Tourism Board (Instituto Costarricense de Turismo– ICT) (2022a) Información de las Divisas Generadas por el Turismo en Costa Rica, San José: ICT.

[83] Costa Rican Tourism Board (Instituto Costarricense de Turismo– ICT) (2022b) Anuario Estadístico de Turismo 2021, San José: ICT.

[84] Costa Rican Tourism Board (Instituto Costarricense de Turismo– ICT) (2022c) Encuesta Aérea de No Residentes, Aeropuerto Internacional Daniel Oduber Quirós, San José: ICT.

[85] Crain, N. V. and Crain, W. M. (2010), The Impact of Regulatory Costs on

Small Firms, Easton: Lafayette College.

[86] Cramton, P., MacKay, D. J., Ockenfels, A. and Stoft, S. (2017), Global Carbon Pricing: the Path to Climate Cooperation, Cambridge (MA): MIT Press.

[87] Crippa, M., Janssens-Maenhout, G., Guizzardi, D. and Galmarini, S. (2016), "EU Effect: Exporting Emission Standards for Vehicles Through the Global Market Economy", Journal of Environmental Management 183:959-971.

[88] Cristea, A., Hummels, D., Puzzello, L. and Avetisyan, M. (2013), "Trade and the Greenhouse Gas Emissions from International Freight Transport", Journal of Environmental Economics and Management 65(1):153-173.

[89] Cui, J., Tam, O. K., Wang, B. and Zhang, Y. (2020), "The Environmental Effect of Trade Liberalization: Evidence from China's Manufacturing Firms", The World Economy 43(12):3357-3383.

[90] David, M. and Sinclair-Desgagné, B. (2005), "Environmental Regulation and the Eco-Industry", Journal of Regulatory Economics 28:141-155.

[91] David, P. (2002), Technical Choice Innovation and Economic Growth: Essays on American and British Experiences in the Nineteenth Century, Cambridge (UK): Cambridge University Press.

[92] de Alwis, J. M. D. D. J. (2015), "Environmental Consequence of Trade Openness for Environmental Goods", Sri Lankan Journal of Agricultural Economics 16(1):79-98.

[93] de Melo, J. (2020), "For an Environmentally Friendly Trade Policy in Mauritius", Enterprising Africa Blog.

[94] Dechezleprêtre, A., Gennaioli, C., Martin, R., Muûls, M. and Stoerk, T. (2022), "Searching for Carbon Leaks in Multinational Companies", Journal of Environmental Economics and Management 112, 102601.

[95] Dechezleprêtre, A. and Glachant, M. (2014), "Does Foreign Environmental Policy Influence Domestic Innovation? Evidence from the Wind Industry", Environmental and Resource Economics 58(3):391-413.

[96] Dechezleprêtre, A., Glachant, M. and Ménière, Y. (2008),"The Clean Development Mechanism and the International Diffusion of Technologies: An Empirical Study", Energy Policy 36(4):1273-1283.

[97] Dechezleprêtre, A. and Sato, M. (2017), "The Impacts of Environmental Regulations on Competitiveness", Review of Environmental Economics and Policy 11(2):183-206.

[98] Delgado, M. and Kyle, M. (2022), "Trade in Intellectual Property-intensive Goods", in Taubman, A. and Watal, J. (eds.), Trade in Knowledge, Cambridge (UK): Cambridge University Press.

[99] Dell, M., Jones, B. F. and Olken, B. A. (2012), "Temperature Shocks and Economic Growth: Evidence From the Last Half Century", American Economic Journal: Macroeconomics 4(3):66-95.

[100] Dellink, R., Chateau, J., Lanzi, E. and Magne, B. (2017), "Long-term Economic Growth Projections in the Shared Socioeconomic Pathways", Global Environmental Change 42:200-214.

[101] Dellink, R., Hwang, H., Lanzi, E. and Chateau, J. (2017),International Trade Consequences of Climate Change, Paris:Organisation for Economic Co-operation and Development(OECD).

[102] Dellink, R., Lanzi, E. and Chateau, J. (2019), "The Sectoral and Regional Economic Consequences of Climate Change to 2060",Environmental and Resource Economics 72(2):309-363.

[103] Dijkstra, B. R. and Anuj, M. J. (2016), "Liberalizing Trade in Environmental Goods", Environmental Economics and Policy Studies 18:499-526.

[104] Dingel, J. I., Meng, K. C. and Hsiang, S. M. (2019), "Spatial Correlation, Trade, and Inequality: Evidence From the Global Climate", NBER Working Paper No. 25447, Cambridge (MA): National Bureau of Economic Research (NBER).

[105] Dominioni, G. and Esty, D. (2022), "Cushing, Designing Effective Border-Carbon Adjustment Mechanisms: Aligning the Global Trade and Climate

Change Regimes", Arizona Law Review 65(1).

[106] Dorband, I. I., Jakob, M., Matthias, K. and Steckel, J. C. (2019),"Poverty and Distributional Effects of Carbon Pricing in Low- And Middle-Income Countries-A Global Comparative Analysis", World Development 115:246-257.

[107] Dröge, S. (2011), "Using Border Measures to Address Carbon Flows", Climate Policy 11(5):1191-1201.

[108] Dröge, S., van Asselt, H., Brewer, T., Grubb, M., Ismer, R.,Kameyama, Y., Mehling, M., Monjon, S., Neuhoff, K. and Quirion, P. (2009), Tackling Leakage in a World of Unequal Carbon Prices, London: Climate Strategies.

[109] Duval, Y. and Hardy, S. (2021), "Climate Change and Trade Facilitation: Estimating Greenhouse Gas Emission Savings from Implementation of Cross-Border Paperless Trade in Asia and the Pacific", Journal of Asian Economic Integration 3(2):190-210.

[110] Dvorak, P. and Hirtenstein, A. (2022), "Europe's Energy Crisis Threatens to Slow Green Transition; Continent Might Not Be Moving as Fast as Promised to Shift Way From Fossil Fuels",The Wall Street Journal 1 August 2022.

[111] Eberle, U. J., Rohner, D. and Thoening, M. (2020), "Heat and Hate: Climate Security and Farmer-Herder Conflicts in Africa",CEPR Discussion Papers No. 15542, London: Centre for Economic Policy Research (CEPR).

[112] Eboli, F., Parrado, R. and Roson, R. (2010), "Climate Change Feedback on Economic Growth: Explorations with a Dynamic General Equilibrium Model", Environment and Development Economics 15(5):515-533.

[113] Edmonds, J., Forrister, D., Clarke, L., de Clara, S. and Munnings, C. (2019), The Economic Potential of Article 6 of the Paris Agreement and Implementation Challenges, Washington, D.C.: International Emissions Trading Association (IETA), University of Maryland and Carbon Pricing Leadership Coalition (CPLC).

[114] Elliott, J., Foster, I., Kortum, S., Jush, G. K., Munson, T. and Weisbach, D. (2013), "Unilateral carbon taxes, border tax adjustments and carbon leakage", Theoretical Inquiries in Law 14(1):207-244.

[115] Ellis, J. (2010), The Effects of Fossil-Fuel Subsidy Reform: A Review of Modelling and Empirical Studies, Geneva:International Institute for Sustainable Development (IISD).

[116] Enhanced Integrated Framework (EIF) (2022), EIF Annual Report 2021, Geneva: WTO.

[117] Environmental Business International (EBI) (2017), Global Environmental Industry, San Diego (CA): Environmental Business International.

[118] Eskeland, G. S. and Harrison, A. E. (2003), "Moving to Greener Pastures? Multinationals and the Pollution Haven Hypothesis",Journal of Development Economics 70(1):1-23.

[119] Eurostat (2009), The Environmental Goods and Services Sector: A Data Collection Handbook, Luxembourg: European Commission (EC).

[120] Eurostat (2016), Environmental Goods and Services Sector Accounts-Practical Guide, Luxembourg: Publications Office of the European Union.

[121] Fadly, D. and Fontes, F. P. (2019), "Geographical Proximity and Renewable Energy Diffusion: An Empirical Approach", Energy Policy 129(C):422-435.

[122] Falcao, T. (2020), "Toward Carbon Tax Internationalism: The EU Border Carbon Adjustment Proposal", Tax Notes International 98(9).

[123] Faria, W. R. and Almeida, A. N. (2016), "Relationship Between Openness to Trade and Deforestation: Empirical Evidence from the Brazilian Amazon", Ecological economics 121:85-97.

[124] Fell, H. and Linn, J. (2013), "Renewable Electricity Policies, Heterogeneity, and Cost Effectiveness", Journal of Environmental Economics and Management 66(3):688-707.

[125] Finon, D. (2019), "Carbon Policy in Developing Countries:Giving Priority to Non-Price Instruments", Energy Policy 132:38-43.

[126] Fischer, C. and Fox, A. K. (2007), "Output-based Allocation of Emissions Permits for Mitigating Tax and Trade Interactions",Land Economics 83(4):575-599.

[127] Food and Agriculture Organization of the United Nations (FAO)(1996), Food Security: Some Macroeconomic Dimensions, Rome: FAO.

[128] Food and Agriculture Organization of the United Nations (FAO)(2018a), The State of Agricultural Commodity Markets 2018. Agricultural Trade, Climate Change and Food Security, Rome:FAO.

[129] Food and Agriculture Organization of the United Nations (FAO)(2018b), The State of Food Security and Nutrition in the World 2018:Building Climate Resilience for Food Security and Nutrition, Rome: FAO.

[130] Food and Agriculture Organization of the United Nations (FAO)(2018c), The Impact of Disasters and Crises on Agriculture and Food Security-2017, Rome: FAO.

[131] Food and Agriculture Organization of the United Nations (FAO),United Nations Development Programme (UNDP) and United Nations Environment Program (UNEP) (2021), A Multi-Billion Dollar Opportunity - Repurposing Agricultural Support to Transform Food Systems, Rome: FAO.

[132] Forschungsinstitut für Biologischen Landbau (FiBL) (2022),"Global Organic Market: Unprecedented Growth in 2020", Frick: FiBL.

[133] Fowlie, M., Petersen, C. and Reguant, M. (2021), "Border Carbon Adjustments When Carbon Intensity Varies Across Producers: Evidence from California", American Economic Association Papers and Proceedings 111:401-405.

[134] Frankel, J. A. and Romer, D. H. (1999), "Does Trade Cause Growth?", American Economic Review 89(3):379-399.

[135] Free, C. M., Thorson, J. T., Pinsky, M. L., Wiedenmann, J. and Jensen, O. P. (2019), "Impacts of Historical Warming on Marine Fisheries Production", Science 363(6430):979-983.

[136] Friedt, F. L. (2021), "Natural Disasters, Aggregate Trade Resilience, and Local Disruptions: Evidence from Hurricane Katrina", Review of International Economics 29(5):1081-1120.

[137] Gadhok, I., Mermigkas, G., Hepburn, J., Bellmann, C. and Krivonos, E. (2020), Trade and Sustainable Development Goal 2 - Policy Options and Their Trade-offs, Rome: Food and Agriculture Organization of the United Nations (FAO).

[138] Garrett-Peltier, H. (2017), "Green Versus Brown: Comparing the Employment Impacts of Energy Efficiency, Renewable Energy, and Fossil Fuels Using an Input-output Model",Economic Modelling 61:439-447.

[139] Garrido, L., Fazekas, D., Pollitt, H., Smith, A., Berg von Linde,M., McGregor, M. and Westphal, M. (2019) Unlocking the Inclusive Growth Story of the 21st Century: Accelerating Climate Action in Urgent Times-Technical Note, Cambridge(UK): Cambridge Econometrics.

[140] Garsous, G. and Worack, S. (2021), "Trade as a Channel for Environmental Technologies Diffusion: The Case of the Wind Turbine Manufacturing Industry", OECD Trade and Environment Working Papers No. 2021/01, Paris: Organisation for Economic Co-operation and Development (OECD).

[141] Gephart, J. A., Henriksson, P. J. G., Parker, R. W. R., Shepon,A., Gorospe, K. D., Bergman, K., Eshel, G., Golden, C. D.,Halpern, B. S., Hornborg, S., Jonell, M., Metian, M., Mifflin, K.,Newton, R., Tyedmers, P., Zhang, W., Ziegler, F. and Troell, M.(2021), "Environmental Performance of Blue Foods", Nature 597:360-365.

[142] Gheewala, S. H. and Mungkung, R. (2013), "Product Carbon Footprinting and Labeling in Thailand: Experiences From an Exporting Nation", Carbon Management 4(5):547-554.

[143] Ghisetti, C. and Quatraro, F. (2017), "Green Technologies and Environmental Productivity: A Cross-sectoral Analysis of Direct and Indirect Effects in Italian Regions", Ecological economics 132(C):1-13.

[144] Ghosh, D. and Shah, J. (2015), "Supply Chain Analysis Under Green Sensitive Consumer Demand and Cost Sharing Contract", International Journal of Production Economics 164:319-329.

[145] Giordani, P. E., Rocha, N. and Ruta, M. (2012), "Food Prices and the Multiplier Effect of Export Policy", Staff Working Paper ERSD-2012-08, Geneva: World Trade Organization (WTO).

[146] Global Center on Adaptation (GCA) (2019), Adapt Now: A Global Call for Leadership on Climate Resilience, Rotterdam:GCA.

[147] Global Center on Adaptation (GCA) (2021), State and Trends in Adaptation Report 2021. How Adaptation Can Make Africa Safer, Greener and More Prosperous in a Warming World, Rotterdam: GCA.

[148] Gorodnichenko, Y., Svejnar, J. and Terrell, K. (2010),"Globalization and Innovation in Emerging Markets", American Economic Journal: Macroeconomics 2(2):194-226.

[149] Gouel, C. and Laborde, D. (2021), "The Crucial Role of Domestic and International Market-mediated Adaptation to Climate Change", Journal of Environmental Economics and Management 106, 102408.

[150] Goulder, L. H., Hafstead, M. A. C., Kim, G. and Long, X.(2019), "Impacts of a Carbon Tax Across Us Household Income Groups: What Are the Equity-Efficiency Trade-Offs?", Journal of Public Economics 175:44-64.

[151] Goulder, L. H. and Schein, A. R. (2013), "Carbon Taxes Versus Cap and Trade: A Critical Review", Climate Change Economics 4(3):1-28.

[152] Granguillhome, R., Hernandez, M., Lach, S., Masaki, T. and Rodríguez-Castelán, C. (2021), Lake Chad Regional Economic Memorandum: Development for Peace, Washington, D.C.:World Bank.

[153] Grether, J.-M., Mathys, N. A. and de Melo, J. (2009), "Scale,Technique and Composition Effects in Manufacturing SO_2 Emissions", Journal of Environmental and Resource Economics 43(2):257-274.

[154] Gries, T. and Redlin, M. (2020), "Trade and Economic Development:

Global Causality and Development- and Openness-related Heterogeneity", International Economics and Economic Policy 17(4):923-944.

[155] Gupta, A. and Mason, M. (2014), "Transparency and International Environmental Politics", in Betsill, M. M.,Hochstetler, K. and Stevis, D. (eds.), Advances in International Environmental Politics, London: Palgrave Macmillan.

[156] Gutiérrez, E. and Teshima, K. (2018), "Abatement Expenditures,Technology Choice, and Environmental Performance: Evidence from Firm Responses to Import Competition in Mexico", Journal of Development Economics 133:264-274.

[157] Hallegatte, S., Rentschler, J. and Rozenberg, J. (2020),Adaptation Principles: A Guide for Designing Strategies for Climate Change Adaptation and Resilience, Washington, D.C.: World Bank.

[158] Hamilton, J. M., Maddison, D. and Tol, R. (2005), "The Role of Climate Information in Tourist Destination Choice Decision- Making", in Gössling, S. and Hall, C. M. (eds.), Tourism and Global Environmental Change, London: Routledge.

[159] Haraguchi, M. and Lall, U. (2015), "Flood Risks and Impacts: A Case Study of Thailand's Floods in 2011 and Research Questions for Supply Chain Decision Making", International Journal of Disaster Risk Reduction 14:256-272.

[160] Harford, T. (2017), Fifty Things that Made the Modern Economy, London: Little Brown.

[161] He, Q., Fang, H., Wang, M. and Peng, B. (2015), "Trade Liberalization and Trade Performance of Environmental Goods: Evidence from Asia-Pacific Economic Cooperation Members",Applied Economics 47(29):3021-3039.

[162] Henders, S., Persson, U. M. and Kastner, T. (2015), "Trading Forests: Land-use Change and Carbon Emissions Embodied in Production and Exports of Forest-risk Commodities", Environmental Research Letters 10(12):125012.

[163] Henn, C., Papageorgiou, C., Romero, J. M. and Spatafora,N. (2020), "Export Quality in Advanced and Developing Economies: Evidence from a New Data Set", IMF Economic Review 68(2):421-451.

[164] Hertel, T. W. (2018), "Climate Change, Agricultural Trade and Global Food Security", Background Paper for The State of Agricultural Commodity Markets (SOCO), Rome: Food and Agriculture Organization of the United Nations (FAO).

[165] High-Level Commission on Carbon Prices (2017), Report of the High-Level Commission on Carbon Prices, Washington, D.C.: World Bank.

[166] Hojnik, J., Ruzzier, M. and Manolova, T. S. (2018),"Internationalization and Economic Performance: The Mediating Role of Eco-Innovation", Journal of Cleaner Production171:1312-1323.

[167] Holladay, J. S. and LaPlue, L. D. (2021), "Decomposing Changes in Establishment-level Emissions With Entry and Exit",Canadian Journal of Economics 54(3):1046-1071.

[168] Hook, L. (2021), "UK Start-up Plans World's Longest Subsea Electric Cable with Morocco", Financial Times, 26 September 2021.

[169] Horlick, G. N. (2014), "Trade Remedies and Development of Renewable Energy", E15Initiative, Geneva: International Centre for Trade and Sustainable Development (ICTSD) and World Economic Forum (WEF).

[170] Houghton, R. A., House, J. I., Pongratz, J., van der Werf, G. R., DeFries, R. S., Hansen, M. C., Le Quéré, C. and Ramankutty, N. (2012), "Carbon Emissions from Land Use and Land-cover Change", Biogeosciences 9(12):5125-5142.

[171] Howse, R. (2010), Climate Mitigation Subsidies and the WTO Legal Framework: A Policy Analysis, Manitoba: International Institute for Sustainable Development (IISD).

[172] Hu, X., Pollitt, H., Pirie, J., Mecure, J.-F., Liu, J., Meng, J. and Tao, S. (2020), "The Impacts of the Trade Liberalization of Environmental Goods on Power

System and CO$_2$ Emissions", Energy Policy 140:1-8.

[173] Hunt, C. A., Durham, W. H., Driscoll, L. and Honey, M.(2015), "Can ecotourism deliver real economic, social, and environmental benefits? A study of the Osa Peninsula, Costa Rica", Journal of Sustainable Tourism 23(3):339-357.

[174] Imbruno, M. and Ketterer, T. D. (2018), "Energy Efficiency Gains from Importing Intermediate Inputs: Firm-level Evidence from Indonesia", Journal of Development Economics 135:117-141.

[175] Intergovernmental Panel on Climate Change (IPCC) (2000), Methodological and Technological Issues in Technology Transfer, Cambridge (UK): Cambridge University Press.

[176] Intergovernmental Panel on Climate Change (IPCC) (2007a), Climate Change 2007: Synthesis Report, Geneva: IPCC.

[177] Intergovernmental Panel on Climate Change (IPCC) (2007b), Climate Change 2007: Mitigation of Climate Change, Contribution of Working Group III to the Fourth Assessment Report of the Intergovernmental Panel on Climate Change, Geneva: IPCC.

[178] Intergovernmental Panel on Climate Change (IPCC) (2014a),Climate Change 2014: Impacts, Adaptation, and Vulnerability, Geneva: IPCC.

[179] Intergovernmental Panel on Climate Change (IPCC) (2014b),Climate Change 2014: Synthesis Report. Contribution of Working Groups I, II and III to the Fifth Assessment Report of the Intergovernmental Panel on Climate Change, Geneva: IPCC.

[180] Intergovernmental Panel on Climate Change (IPCC) (2021),Climate Change 2021: The Physical Science Basis. Contribution of Working Group I to the Sixth Assessment Report of the Intergovernmental Panel on Climate Change, Geneva: IPCC.

[181] Intergovernmental Panel on Climate Change (IPCC) (2022a),Climate Change 2022: Mitigation of Climate Change,Cambridge (UK): Cambridge

University Press.

[182] Intergovernmental Panel on Climate Change (IPCC) (2022b),Climate Change 2022: Impacts, Adaptation, and Vulnerability. Contribution of Working Group II to the Sixth Assessment Report of the Intergovernmental Panel on Climate Change, Geneva: IPCC.

[183] International Civil Aviation Organization (ICAO) (2017), "Frequently Asked Questions (FAQs) related to Carbon Offsetting and Reduction Scheme for International Aviation (CORSIA)", Montreal: ICAO.

[184] International Civil Aviation Organization (ICAO) (2019), 2019Environmental Report: Destination Green: The Next Chapter, Montreal: ICAO.

[185] International Energy Agency (IEA) (2020), Iron and Steel Technology Roadmap: Towards More Sustainable Steelmaking, Paris: IEA.

[186] International Energy Agency (IEA) (2021), Net Zero by 2050 - A Roadmap for the Global Energy Sector, Paris: IEA.

[187] International Energy Agency (IEA) (2022a), Special Report on Solar PV Global Supply Chains, Paris: IEA.

[188] International Energy Agency (IEA) (2022b), World Energy Investment 2022, Paris: IEA.

[189] International Energy Agency (IEA) (2022c), Global Energy Review: CO_2 Emissions in 2021-Global Emissions Rebound Sharply to Highest Ever Level, Paris: IEA.

[190] International Energy Agency (IEA) (2022d), Energy Subsidies: Tracking the Impact of Fossil-fuel Subsidies, Paris: IEA.

[191] International Labour Organization (ILO) (2018), World Employment and Social Outlook 2018: Greening with Jobs, Geneva: ILO.

[192] International Labour Organization (ILO) and World Trade Organization (WTO) (2017), Investing in Skills for Inclusive Trade, Geneva: WTO.

[193] International Maritime Organization (IMO) (2019),"GreenVoyage2050", International Maritime Organization, May 2019, London.

[194] International Maritime Organization (IMO) (2020), Fourth IMO GHG Study 2020, London: IMO.

[195] International Monetary Fund (IMF) (2022), World Economic Outlook: War Sets Back the Global Recovery, Washington, D.C.: IMF.

[196] International Renewable Energy Agency (IRENA) (2021), World Energy Transitions Outlook 2021: 1.5°C Pathway, Abu Dhabi: IRENA.

[197] International Renewable Energy Agency (IRENA) (2022), World Energy Transitions Outlook 2022: 1.5°C Pathway, Abu Dhabi: IRENA.

[198] International Renewable Energy Agency (IRENA) and International Labour Organization (ILO) (2022), Renewable Energy and Jobs-Annual Review 2022, Abu Dhabi and Geneva: IRENA and ILO.

[199] International Road Transport Union (IRU) (2020), "Accelerating the Decarbonisation of Road Transport Through the Faster Update of Alternative Fuels", Geneva: IRU.

[200] International Road Transport Union (IRU) (2021), "IRU Green Compact 2050", Geneva: IRU.

[201] International Trade Centre (ITC) (2021), SME Competitiveness Outlook 2021: Empowering the Green Recovery, Geneva: ITC.

[202] International Transport Forum (ITF) (2021a), ITF Transport Outlook 2021, Paris: Organisation for Economic Co-operation and Development (OECD).

[203] International Transport Forum (ITF) (2021b), Decarbonising Air Transport: Acting Now for the Future, Paris: Organisation for Economic Co-operation and Development (OECD).

[204] Irwin, D. A. (2019), "Does Trade Reform Promote Economic Growth? A Review of Recent Evidence", PIIE Working Paper No. 19-9, Washington, D.C.: Peterson Institute for International Economics (PIIE).

[205] Izaguirre, C., Losada, I. J., Camus, P., Vigh, J. L. and Stenek,V. (2021), "Climate Change Risk to Global Port Operations",Nature Climate Change 11(1):14-20.

[206] Jäermeyr, J., Müller, C., Ruane, A. C., Elliott, J., Balkovic, J.,Castillo, O., Faye, B., Foster, I., Folberth, C., Franke, J. A.,Fuchs, K., Guarin, J. R., Heinke, J., Hoogenboom, G., Iizumi,T., Jain, A. K., Kelly, D., Khabarov, N., Lange, S., Lin, T.-S., Liu,W., Mialyk, O., Minoli, S., Moyer, E. J., Okada, M., Phillips, M.,Porter, C., Rabin, S. S., Scheer, C., Schneider, J. M., Schyns,J. F., Skalsky, R., Smerald, A., Stella, T., Stephens, H., Webber, H., Zabel, F. and Rosenzweig, C. (2021), "Climate Impacts on Global Agriculture Emerge Earlier in New Generation of Climate and Crop Models", Nature Food 2(11):873-885.

[207] Jacobson, M., Delucchi, M., Bauer, Z., Goodman, S., Chapman,W., Cameron, M., Bozonnat, C., Chobadi, L., Clonts, H.,Enevoldsen, P., Erwin, J., Fobi, S., Goldstrom, O., Hennessy,E., Liu, J., Lo, J., Meyer, C., Morris, S., Moy, K. and Yachanin,A. (2017), "100% Clean and Renewable Wind, Water, and Sunlight All-Sector Energy Roadmaps for 139 Countries of the World", Joule 1(1):108-121.

[208] Jaeger, J., Westphal, M. I. and Park, C. (2020), "Lessons Learned on Green Stimulus: Case Studies from the Global Financial Crisis", WRI Working Paper. Washington, D.C.: World Resources Institute (WRI).

[209] Jakob, M., Chen, C., Fuss, S., Marxen, A., Rao, N. D. and Edenhofer, O. (2016), "Carbon Pricing Revenues Could Close Infrastructure Access Gaps", World Development 84:254-265.

[210] Janssens, C., Havlík, P., Krisztin, T., Baker, J., Frank, S.,Hasegawa, T., Leclère, D., Ohrel, S., Ragnauth, S., Schmid,E., Valin, H., Van Lipzig, N. and Maertens, M. (2020), "Global Hunger and Climate Change Adaptation Through International Trade", Nature Climate Change 10(9):829-835.

[211] Jenkins, J. D. (2014), "Political Economy Constraints on Carbon Pricing Policies: What Are the Implications for Economic Efficiency, Environmental Efficacy, and Climate Policy Design?",Energy Policy 69:467-477.

[212] Jenkins, J. D. and Karplus, V. J. (2017), "Carbon Pricing under Political

Constraints", in Arent, D., Arndt, C., Miller, M., Tarp, F.and Zinaman, O. (eds.), The Political Economy of Clean Energy Transitions, Oxford: Oxford Scholarship Online.

[213] Jensen, J. and Tarr, D. (2003), "Trade, Exchange Rate, and Energy Pricing Reform in Iran: Potentially Large Efficiency Effects and Gains to the Poor", Review of Development Economics 7(4):543-562.

[214] Johnstone, N. and Serret, Y. (2006), The Distributional Effects of Environmental Policy, Cheltenham: Edward Elgar Publishing.

[215] Jones, B. F. and Olken, B. A. (2010), "Climate Shocks and Exports", American Economic Review 100(2):454-59.

[216] Kampel, K. (2017), "Options for Disciplining the Use of Trade Remedies in Clean Energy Technologies", Geneva: International Centre for Trade and Sustainable Development (ICTSD).

[217] Karamanos, P. (2001), "Voluntary Environmental Agreements: Evolution and Definition of a New Environmental Policy Approach", Journal of Environmental Planning and Management 44(1):67-84.

[218] Kasman, B., Lupton, J. and Hensley, D. (2011), Global Data Watch, November 11, 2011, New York: JP Morgan Economic Research.

[219] Kasteng, J. (2014), "Trade Remedies on Clean Energy: A New Trend in Need of Multilateral Initiatives", E15Initiative, Geneva: International Centre for Trade and Sustainable Development(ICTSD) and World Economic Forum (WEF).

[220] Kavlak, G., McNerney, J. and Trancik, J. E. (2018), "Evaluating the Causes of Cost Reduction in Photovoltaic Modules", Energy Policy 123:700-710.

[221] Keen, M., Parry, I. and Roaf, J. (2021), "Border Carbon Adjustments: Rationale, Design and Impact", IMF Working Paper No. 2021/239, Washington, D.C.: International Monetary Fund (IMF).

[222] Keysser, L. T. and Lenzen, M. (2021), "1.5 °C Degrowth Scenarios Suggest the Need for New Mitigation Pathways", Nature Communications 12.

[223] Kimenyi, M., Adibe, J., Djire, M., Jirgi, A. J., Kergna, A., Deressa, T. T. and Westbury, A. (2014), "The Impact of Conflict and Political Instability on Agricultural Investments in Mali and Nigeria", Brookings Africa Growth Initiative Working Paper No.17, Washington, D.C.: Brookings Institution.

[224] Kjellstrom, T., Holmer, I. and Lemke, B. (2009), "Workplace Heat Stress, Health and Productivity - an Increasing Challenge for Low and Middle-income Countries During Climate Change",Global health action 2(1).

[225] Klewitz, J. and Hansen, E. G. H. (2014), "Sustainability-oriented Innovation of SMEs: A Systematic Review", Journal of Cleaner Production 65:57-75.

[226] Koks, E. E., Rozenberg, J., Zorn, C., Tariverdi, M., Vousdoukas, M., Fraser, S. A., Hall, J. W. and Hallegatte, S. (2019), "A Global Multi-Hazard Risk Analysis of Road and Railway Infrastructure Assets", Nature Communications 10(1):2677.

[227] Kristofersson, D., Gunnlaugsson, S. and Valtysson, H. (2021),"Factors Affecting Greenhouse Gas Emissions in Fisheries: Evidence from Iceland's Demersal Fisheries", International Council for the Exploration of the Sea Journal of Marine Science 78(7):2385-2394.

[228] Kruse-Andersen, P. K. and Søensen, P. B. (2022), "Optimal Energy Taxes and Subsidies Under a Cost-Effective Unilateral Climate Policy: Addressing Carbon Leakage", Energy Economics 109.

[229] Kuhl, L. (2020), "Technology Transfer and Adoption for Smallholder Climate Change Adaptation: Opportunities and Challenges", Climate and Development 12(4):353-368.

[230] Kumar, L. and Taylor, S. (2015), "Exposure of Coastal Built Assets in the South Pacific to Climate Risks", Nature Climate Change 5(11):992-996.

[231] Lall, U., Johnson, T., Colohan, P., Aghakouchak, A., Brown, C.,McCabe, G., Pulwarty, R. and Sankarasubramanian, A. (2018),"Water", in Reidmiller, D. R., Avery, C. W., Easterling, D. R.,Kunkel, K. E., Lewis, K. L. M., Maycock, T. K. and Stewart, B.C. (eds.), Impacts, Risks, and Adaptation in the United

States: Fourth National Climate Assessment, Volume II, Washington, D.C.: U.S. Global Change Research Program (USGCRP).

[232] Lazard (2019), Levelized Cost of Energy Analysis (LCOE)-Version 13.0, Hamilton (BM): Lazard.

[233] Le Moigne, M. and Ossa, R. (2021), "Buy Green Not Local: How International Trade Can Help Save Our Planet", Kühne Center Impact Series No. 03-21, Zürich: Kühne Center for Sustainable Globalization, University of Zürich.

[234] Lenzen, M., Keysser, L. T. and Hickel, J. (2022), "Degrowth Scenarios for Emissions Neutrality", Nature Food 3:308-309.

[235] Levinson, A. (2009), "Technology, International Trade, and Pollution from US Manufacturing", American Economic Review 99(5):2177-2192.

[236] Levinson, A. (2015), "A Direct Estimate of the Technique Effect: Changes in the Pollution Intensity of US Manufacturing,1990–2008", Journal of the Association of Environmental and Resource Economists 2(1):43-56.

[237] Levinson, A. and Taylor, M. S. (2008), "Unmasking the Pollution Haven Effect", International Economic Review 49(1):223-254.

[238] Lockwood, M. (2015), "Fossil Fuel Subsidy Reform, Rent Management and Political Fragmentation in Developing Countries", New Political Economy 20(4):475-494.

[239] Lonergan, E. and Sawers, C. (2022), Supercharge Me: Net Zero Faster, Newcastles (UK): Agenda Publishing.

[240] Loungani, P., Saurabh, M., Papageorgiou, C. and Wang,K. (2017), "World Trade in Services: Evidence from A New Dataset", IMF Working Paper No.17/77, Washington, D.C.: International Monetary Fund (IMF).

[241] Lubin, D. A. and Esty, D. C. (2010), "The Sustainability Imperative", Harvard Business Review, May 2020 Issue.

[242] Magnani, E. (2000), "The Environmental Kuznets Curve, environmental protection policy and income distribution", Ecological economics 32(3):431-

443.

[243] Malerba, D. and Wiebe, K. S. (2021), "Analysing the Effect of Climate Policies on Poverty Through Employment Channels",Environmental Research Letters 16:035013.

[244] Managi, S. (2006), "International Trade, Economic Growth and the Environment in High- and Low-income Countries", International Journal of Global Environmental Issues 6(4).

[245] Managi, S., Hibiki, A. and Tsurumi, T. (2009), "Does Trade Openness Improve Environmental Quality?", Journal of Environmental Economics and Management 58(3):346-363.

[246] MarketsandMarkets (2022), Environmental Technology Market– Global Forecast to 2026, Pune: MarketsandMarkets.

[247] Martin, L. A. (2011), "Energy Efficiency Gains From Trade: Greenhouse Gas Emissions and India's Manufacturing Sector", Unpublished Manuscript, Berkeley (CA): University of California.

[248] Martinez-Zarzoso, I. and Oueslati, W. (2018), "Do Deep and Comprehensive Regional Trade Agreements Help in Reducing Air Pollution?", International Environmental Agreements: Politics, Law and Economics 18(6):743-777.

[249] Mattingly, J. E. (2017), "Corporate Social Performance: A Review of Empirical Research Examining the Corporation-Society Relationship Using Kinder, Lydenberg, Domini Social Ratings Data", Business & Society 56:796-839.

[250] McKinsey & Company (2020), Agriculture and Climate Change: Reducing Emissions Through Improved Farming Practices, New York: McKinsey & Company.

[251] McKinsey & Company (2021), Net-Zero Power: Long Duration Energy Storage For a Renewable Grid, New York: McKinsey & Company.

[252] McKinsey Global Institute (2020), Physical Hazards and Socioeconomic Impacts: Could Climate Become the Weak Link in Your Supply Chain?,

New York: McKinsey Global Institute.

[253] McKinsey Global Institute (2022), The Net-Zero Transition: What It Would Cost, What It Could Bring, New York: McKinsey Global Institute.

[254] McLaren, J. (2012), International Trade, New Jersey: Wiley.

[255] Mehling, M. A., Metcalf, G. E. and Stavins, R. N. (2018),"Linking Heterogeneous Climate Policies (Consistent with the Paris Agreement)", Environmental Law 48(4):647-698.

[256] Mehling, M. A., van Asselt, H., Das, K., Dröge, S. and Verkuijl,C. (2019), "Designing Border Carbon Adjustments for Enhanced Climate Action", American Journal of International Law 11(3):433-481.

[257] Metcalf, G. E. and Weisbach, D. A. (2009), "Design of a Carbon Tax", University of Chicago Public Law Working Paper No. 254, Chicago: University of Chicago.

[258] Misch, F. and Wingender, P. (2021), "Revisiting Carbon Leakage", IMF Working Papers No. 207, Washington, D.C.: International Monetary Fund (IMF).

[259] Moerenhout, T. and Irschlinger, T. (2020), Exploring the Trade Impacts of Fossil Fuel Subsidies, Geneva: International Institute for Sustainable Development (IISD).

[260] Monteiro, J.-A. (2016), "Typology of Environment-Related Provisions in Regional Trade Agreements", Staff Working Paper No. ERSD-2016-13, Geneva: World Trade Organization (WTO).

[261] Monteiro, J.-A. (2022a), "Provisions on Natural Disasters in Regional Trade Agreements", Unpublished Manuscript, Geneva: World Trade Organization (WTO).

[262] Monteiro, J.-A. (2022b), "Provisions on Environmental Technologies in Regional Trade Agreements", Unpublished Manuscript, Geneva: World Trade Organization (WTO).

[263] Monteiro, J.-A. and Trachtman, J. P. (2020), "Environmental Laws", in

Mattoo, A., Rocha, N. and Ruta, M. (eds.), Handbook of Deep Trade Agreements, Washington, D.C.: World Bank.

[264] Moolna, A. (2021), "A Blue Economy Sustainable Future for Mauritius?", Moka: Charles Telfair Centre.

[265] Munari, F. (2020), "Lifting the Veil: COVID-19 and the Need to Re-consider Airline Regulation", European Papers 5(1):533-559.

[266] Naam, R. (2020), "Solar's Future Is Insanely Cheap",RamezNaam.com, 14 May 2020.

[267] Naegele, H. and Zaklan, A. (2019), "Does the EU ETS Cause Carbon Leakage in European Manufacturing?", Journal of Environmental Economics and Management 93:125-147.

[268] Nahm, J. M., Miller, S. M. and Urpelainen, J. (2022), "G20's US$14-Trillion Economic Stimulus Reneges on Emissions Pledges", Nature, 2 March 2022.

[269] Nath, I. (2022), "Climate Change, the Food Problem, and the Challenge of Adaptation through Sectoral Reallocation", Census Working Paper No. CES-21-29, Washington, D.C.:United States Census Bureau.

[270] Nellemann, C., Verma, R. and Hislop, L. (2011), Women at the Frontline of Climate Change: Gender Risks and Hopes, Arendal: United Nations Environment Program (UNEP) and Global Resource Information Database (GRID)-Arendal.

[271] Nemet, G., Jakob, M., Steckel, J. C. and Edenhofer, O. (2017),"Addressing Policy Credibility Problems for Low-Carbon Investment", Global Environmental Change 42:47-57.

[272] Nieto, A., Alonso, G. and Cubas, J. (2019), "Analysis of the Trends in Air Traffic and CO_2 Emissions Within the European Union", Madrid: 8th European Conference for Aeronautics and Space Sciences (EUCASS).

[273] Nimubona, A.-D. (2012), "Pollution Policy and Trade Liberalization of Environmental Goods", Environmental and Resource Economics 53:323-346.

[274] Nordå, H. K. and Steenblik, R. (2021), "Environmental Services in the APEC Region: Definition, Challenges and Opportunities", Singapore: Asia-Pacific Economic Cooperation (APEC).

[275] Nordhaus, W. D. (2013), The Climate Casino: Risk, Uncertainty, and Economics for a Warming World, New Haven (CT): Yale University Press.

[276] Nordhaus, W. D. (2014), A Question of Balance: Weighing the Options on Global Warming Policies, New Haven (CT): Yale University Press.

[277] Nordhaus, W. D. (2015), "Climate Clubs: Overcoming Free- Riding in International Climate Policy", American Economic Review 105(4):1339-70.

[278] Nordströ, H. and Vaughan, S. (1999), "Trade and Environment", WTO Special Studies No. 4, Geneva: World Trade Organization (WTO).

[279] Nyong, A. (2007), "Climate-Related Conflicts in West Africa",Environmental Change and Security Program Report(12):36-43.

[280] Nyong, A., Fiki, C. and McLeman, R. (2006), "Drought-Related Conflicts, Management and Resolution in the West African Sahel: Considerations for Climate Change Research", Die Erde 137(3):223.

[281] Organisation for Economic Co-operation and Development(OECD) (1999), Future Liberalisation of Trade in Environmental Goods and Services: Ensuring Environmental Protection as well as Economic Benefits, Paris: OECD.

[282] Organisation for Economic Co-operation and Development(OECD) (2015), "Local-Content Requirements in the Solar-And Wind-Energy Global Value Chains", Overcoming Barriers to International Investment in Clean Energy, Paris: OECD.

[283] Organisation for Economic Co-operation and Development(OECD) (2016), Environmental Labelling and Information Schemes, Paris: OECD.

[284] Organisation for Economic Co-operation and Development(OECD) (2017), Private Finance For Climate Action: Estimating the Effects of Public Interventions, Paris: OECD.

[285] Organisation for Economic Co-operation and Development(OECD) (2021), Climate Finance Provided and Mobilised by Developed Countries: Aggregate Trends Updated with 2019 Data, Paris: OECD.

[286] Organisation for Economic Co-operation and Development(OECD) (2022a), Aggregate Trends of Climate Finance Provided and Mobilised by Developed Countries in 2013-2020, Paris: OECD.

[287] Organisation for Economic Co-operation and Development(OECD) (2022b), Agricultural Policy Monitoring and Evaluation 2022, Paris: OECD.

[288] Organisation for Economic Co-operation and Development(OECD) (2022c), Global Plastics Outlook: Policy Scenarios to 2060, Paris: OECD.

[289] Organisation for Economic Co-operation and Development(OECD) (2022d), Trade in Embodied CO_2 ($TECO_2$) Database, Paris: OECD.

[290] Organisation for Economic Co-operation and Development(OECD) and Eurostat (1999), The Environmental Goods and Services Industry: Manual for Data Collection and Analysis, Paris: OECD.

[291] Organisation for Economic Co-operation and Development(OECD), International Energy Agency (IEA), Nuclear Energy Agency (NEA) and International Transport Forum (ITF) (2015),Aligning Policies for a Low-Carbon Economy, Paris: OECD.

[292] Organisation for Economic Co-operation and Development(OECD) and World Trade Organization (WTO) (2022), Aid for Trade at a Glance 2022: Empowering Connected, Sustainable Trade, Paris: OECD.

[293] Papageorgiou, C., Spatafora, N. and Wang, K. (2015),"Diversification, Growth, and Volatility in Asia", Policy Research Working Paper No. 7380, Washington D.C.: World Bank.

[294] Parry, I., Black, S. and Roaf, J. (2021), "Proposal for an International Carbon Price Floor Among Large Emitters", IMF Climate Notes 2021/001, Washington, D.C.: International Monetary Fund (IMF).

[295] Patel, S. (2022), "The Vital Link: How HVDC Is Modernizing the Grid",

POWER, June Issue.

[296] Peace, J. and Ye, J. (2020), Market Mechanisms: Options for Climate Policy, Arlington: Center for Climate and Energy Solutions.

[297] Pendrill, F., Persson, U. M., Godar, J., Kastner, T., Moran, D., Schmidt, S. and Wood, R. (2019), "Agricultural and Forestry Trade Drives Large Share of Tropical Deforestation Emissions",Global Environmental Change 56:1-10.

[298] Perkins, R. and Neumayer, E. (2012), "Does the 'California Effect' Operate Across Borders? Trading- And Investing-up in Automobile Emission Standards", Journal of European Public Policy 19(2):217-237.

[299] Peszko, G., van der Mensbrugghe, D., Golub, A., Ward,J., Zenghelis, D., Marijs, C., Schopp, A., Rogers, J. A. and Midgley, A. (2020), "Challenges, Risks, and Opportunities of a Low-Carbon Transition", Diversification and Cooperation in a Decarbonizing World: Climate Strategies for Fossil Fuel-Dependent Countries, Washington, D.C.: World Bank.

[300] Piermartini, R. and Rubínová, S. (2022), "Knowledge Spillovers through International Supply Chains", in Taubman, A. and Watal, J. (eds.), Trade in Knowledge, Cambridge (UK): Cambridge University press.

[301] Pintassilgo, P. (2003), "A Coalition Approach to the Management of High Seas Fisheries in the Presence of Externalities", Natural Resource Modeling 16(2):175-197.

[302] Popp, D. (2011), "International Technology Transfer, Climate Change, and the Clean Development Mechanism", Review of Environmental Economics and Policy 5(1):131-152.

[303] Qin, Q., Jiang, M., Xie, J. and He, Y. (2021), "Game Analysis of Environmental Cost Allocation in Green Supply Chain Under Fairness Preference", Energy Reports 7:6014-6022.

[304] Rajan, R. (2021), "A Global Incentive to Reduce Emissions", Project Syndicate, 31 May 2021.

[305] Ramsay, D. (2021), "In Lesotho, Looking to Expand from Farming", Trade for Development News, Geneva: Enhanced Integrate Framework (EIF).

[306] Rausch, S. and Yonezawa, H. (2021), "Green Technology Policies Versus Carbon Pricing: An Intergenerational Perspective", Economics Working Paper Series No. 21/362, Zürich: Swiss Federal Institute of Technology Zürich (ETHZ) Center of Economic Research (CER).

[307] Rentschler, J., Kornejew, M. and Bazilian, M. (2017), "Fossil Fuel Subsidy Reforms and Their Impacts on Firms", Energy Policy 108(C):617-623.

[308] Reyna, J., Vadlamani, S., Chester, M. and Yingyan, L. (2016),"Reducing Emissions at Land Border Crossings Through Queue Reduction and Expedited Security Processing", Transportation Research Part D: Transport and Environment 49:219-230.

[309] Richter, P. M. and Schiersch, A. (2017), "CO_2 Emission Intensity and Exporting: Evidence From Firm-level Data", European Economic Review 98:373-391.

[310] Ritchie, H., Roser, M. and Rosado, P. (2020), "CO_2 and Greenhouse Gas Emissions", OurWorldInData.org.

[311] Rixen, C., Stoeckli, V. and Ammann, W. (2003), "Does Artificial Snow Production Affect Soil and Vegetation of Ski Pistes? A Review", Perspectives in Plant Ecology, Evolution and Systematics 5(4):219-230.

[312] Roberts, A., Choer Moraes, H. and Ferguson, V. (2019), "Toward a Geoeconomic Order in International Trade and Investment",Journal of International Economic Law 22(4):655-676.

[313] Rojas-Romagosa, H., Bekkers, E. and Francois, J. F. (2015),"Melting Ice Caps and the Economic Impact of Opening the Northern Sea Route", CPB Discussion Paper 307, The Hague: Netherlands Bureau for Economic Policy Analysis (CPB).

[314] Rose, R. M. (2015), "The Impact of Climate Change on Human Security in the Sahel Region of Africa", Donnish Journal of African Studies and

Development 1(2):9-14.

[315] Rosenbloom, D., Markard, J., Geels, F. W. G. and Fuenfschilling, L. (2020), "Why Carbon Pricing Is Not Sufficient to Mitigate Climate Change — And How 'Sustainability Transition Policy' Can Help", Proceedings of the National Academy of Sciences (PNAS) 117(16):8664-8668.

[316] Roson, R. and van der Mensbrugghe, D. (2012), "Climate Change and Economic Growth: Impacts and Interactions", International Journal of Sustainable Economy 4(3):270-285.

[317] Roy, J. and Yasar, M. (2015), "Energy efficiency and exporting: Evidence from firm-level data", Energy Economics 52:127-135.

[318] Sampson, T. (2022), "Technology Transfer in Global Value Chains", CESifo Working Paper No. 9532, Münich: Center for Economic Studies and Institute for Economic Research (CESifo).

[319] Sauvage, J. (2014), "The Stringency of Environmental Regulations and Trade in Environmental Goods", OECD Trade and Environment Working Papers No. 2014/03, Paris: Organisation for Economic Co-operation and Development (OECD).

[320] Sauvage, J. and Timiliotis, C. (2017), "Trade in Services Related to the Environment", OECD Trade and Environment Working Papers No. 2017/02, Paris: Organisation for Economic Co-operation and Development (OECD).

[321] Schenker, O. (2013), "Exchanging Goods and Damages: The Role of Trade on the Distribution of Climate Change Costs", Environmental and Resource Economics 54(2):261-282.

[322] Schenker, O. and Stephan, G. (2014), "Give and Take: How the Funding of Adaptation to Climate Change Can Improve the Donor's Terms-of-trade", Ecological Economics 106:44-55.

[323] Seppanen, O., Fisk, W. J. and Faulkner, D. (2003), "Cost Benefit Analysis of the Night-time Ventilative Cooling in Office Building", Berkeley (CA): Lawrence Berkeley National Laboratory.

[324] Shahnazi, R. and Shabani, Z. D. (2019), "The Effects of Spatial Spillover Information and Communications Technology on Carbon Dioxide Emissions in Iran", Environmental Science and Pollution Research 26(23):24198-24212.

[325] Shapiro, J. S. (2016), "Trade Costs, CO_2, and the Environment",American Economic Journal: Economic Policy 8(4):220-254.

[326] Shapiro, J. S. (2021), "The Environmental Bias of Trade Policy",The Quarterly Journal of Economics 136(2):831-886.

[327] Shapiro, J. S. and Walker, R. (2018), "Why Is Pollution From US Manufacturing Declining? The Roles of Environmental Regulation, Productivity, and Trade", American Economic Review 108(12):3814-3854.

[328] Sherlock, M. F. (2019), The Plug-In Electric Vehicle Tax Credit, Washington, D.C.: Congressional Research Service (CRS).

[329] Shu, P. and Steinweider, C. (2019), "The Impact of Trade Liberalization on Firm Productivity and Innovation", in Lerner,J. and Stern, S. (eds.), Innovation Policy and the Economy, Chicago: University of Chicago Press.

[330] Sinn, H.-W. (2012), The Green Paradox: A Supply-Side Approach to Global Warming, Cambridge (MA).

[331] Skouloudis, A., Tsalis, T., Nikolaou, I., Evangelinos, K. and Leal Filho, W. (2020), "Small & Medium-Sized Enterprises, Organizational Resilience Capacity and Flash Floods: Insights from a Literature Review", Sustainability 12(18):1-12.

[332] Skovgaard, J. and van Asselt, H. (2019), "The Politics of Fossil Fuel Subsidies and Their Reform: Implications for Climate Change Mitigation", WIREs Climate Change 10(4).

[333] Slastanova, N., Palus, H., Sulek, R., Parobek, J. and Slastanova,K. (2021), "The Benefits of Applying the Green Purchasing",SHS Web of Conferences 92(2):06037.

[334] Sleeter, B. M., Loveland, T., Domke, G., Herold, N., Wickham,J. and Wood,

N. (2018), "Land Cover and Land-Use Change", in Reidmiller, D. R., Avery, C. W., Easterling, D. R., Kunkel, K.E., Lewis, K. L. M., Maycock, T. K. and Stewart, B. C. (eds.),Impacts, Risks, and Adaptation in the United States: Fourth National Climate Assessment, Volume II, Washington, D.C.:U.S. Global Change Research Program (USGCRP).

[335] Smil, V. (2017), Energy Transitions: Global and National Perspectives, Santa Barbara (CA): ABC-Clio.

[336] Somanathan, E., Somanathan, R., Sudarshan, A. and Tewari,M. (2021), "The Impact of Temperature on Productivity and Labor Supply: Evidence from Indian Manufacturing", Journal of Political Economy 129(6):1797-1827.

[337] Sovacool, B. K., Kester, J., Noel, L. and de Rubens, G. Z. (2019),"Energy Injustice and Nordic Electric Mobility: Inequality, Elitism, and Externalities in the Electrification of Vehicle-to-Grid(V2G) Transport", Ecological economics 157:205-217.

[338] Springmann, M. and Freund, F. (2022), "Options for Reforming Agricultural Subsidies From Health, Climate, and Economic Perspectives", Nature Communications 13.

[339] Stavins, R. N. (2022), "The Relative Merits of Carbon Pricing Instruments: Taxes versus Trading", Review of Environmental Economics and Policy 16(1).

[340] Steenblik, R. (2005), "Environmental Goods: A Comparison of the APEC and OECD Lists", OECD Trade and Environment Working Paper No. 04, Paris: Organisation for Economic Co-operation and Development (OECD).

[341] Steenblik, R., Drouet, D. and Stubbs, G. (2005), "Synergies Between Trade in Environmental Services and Trade in Environmental Goods", OECD Trade and Environment Working Papers No. 2005/1, Paris: Organisation for Economic Co-operation and Development (OECD).

[342] Steenblik, R. P. (2020), Code Shift: The Environmental Significance of the 2022 Amendments to the Harmonized System, Winnipeg: International

Institute for Sustainable Development (IISD).

[343] Stephenson, S. (2013), "Addressing Local Content Requirements in a Sustainable Energy Trade Agreement",Geneva: International Centre for Trade and Sustainable Development (ICTSD).

[344] Stern, N. (2017a), Why Are We Waiting?: The Logic, Urgency, and Promise of Tackling Climate Change, Cambridge (MA) and London: MIT Press.

[345] Stern, D. I. (2017b), "The Environmental Kuznets Curve", Oxford Research Encyclopedias, Oxford: Oxford University Press.

[346] Stern, N. and Stiglitz, J. (2022), "The economics of immense risk, urgent action and radical change: towards new approaches to the economics of climate change", Journal of Economic Methodology:1-36.

[347] Stiglitz, J. E. (2015), "Overcoming the Copenhagen Failure with Flexible Commitments", Economics of Energy and Environmental Policy 4:29-36.

[348] Sumaila, U. R., Skerritt, D., Schuhbauer, A., Ebrahim, N., Li, Y., Kim, H. S., Mallory, T. G., Lam, V. W. L. and Pauly, D. (2019), "A Global Dataset on Subsidies to the Fisheries Sector", Data in Brief 27(104706).

[349] Swiss Re Institute (2021), The Economics of Climate Change: No Action Not an Option, Zürich: Swiss Re Institute.

[350] Tafoya, K. A., Brondizio, E. S., Johnson, C. E., Beck, P., Wallace, M., Quirós, R. and Wasserman, M. D. (2020), "Effectiveness of Costa Rica's Conservation Portfolio to Lower Deforestation, Protect Primates, and Increase Community Participation", Frontiers in Environmental Science 8:580724.

[351] Tamini, L. D. and Sorgho, Z. (2018), "Trade in Environmental Goods: Evidence From an Analysis Using Elasticities of Trade Costs", Environmental and Resource Economics 70(1):53-75.

[352] Tenggren, S., Olsson, O., Vulturius, G., Carlsen, H. and Benzie, M. (2020), "Climate Risk in a Globalized World: Empirical Findings from Supply Chains in the Swedish Manufacturing Sector", Journal of Environmental

Planning and Management 63(7):1266-1282.

[353] The Royal Society (2020), Digital Technology and the Planet: Harnessing Computing to Achieve Net Zero, London: The Royal Society.

[354] Thube, S. D., Delzeit, R. and Henning, C. H. C. A. (2022),"Economic Gains From Global Cooperation in Fulfilling Climate Pledges", Energy Policy 160, 112673.

[355] Tietenberg, T. (2010), Emissions Trading: Principles and Practice, New York: Routledge.

[356] Tigchelaar, M., Battisti, D. S., Naylor, R. L. and Ray, D. K.(2018), "Future Warming Increases Probability of Globally Synchronized Maize Production Shocks", Proceedings of the National Academy of Sciences 115(26):6644-6649.

[357] Tollefson, J. (2022), "What the War in Ukraine Means for Energy, Climate and Food", Nature 604.

[358] Torrance, A. W., West, J. D. and Friedman, L. C. (2022), "Global Ebbs and Flows of Patent Knowledge", in Taubman, A. and Watal, J. (eds.), Trade in Knowledge, Cambridge (UK): Cambridge University Press.

[359] Tothova, M. (2005), "Liberalisation of Trade in Environmentally Preferable Products", OECD Trade and Environment Working Papers No. 06, Paris: Organisation for Economic Co-operation and Development (OECD).

[360] United Nations Conference on Trade and Development(UNCTAD) (1995), Environmentally Preferable Products (EPPs) as a Trade Opportunity for Developing Countries, Geneva:UNCTAD.

[361] United Nations Conference on Trade And Development(UNCTAD) (2014), Trade Remedies: Targeting the Renewable Energy Sector, Geneva: UNCTAD.

[362] United Nations Conference on Trade And Development(UNCTAD) (2019), Commodity Dependence, Climate Change and the Paris Agreement, Geneva: UNCTAD.

[363] United Nations Conference on Trade and Development(UNCTAD) (2021), Trade and Development Report Update (March 2021): Out of the Frying Pan... Into the Fire?, Geneva:UNCTAD.

[364] United Nations Development Programme (UNDP) (2016), Climate Change and Labour: Impacts of Heat in the Workplace, New York: UNDP.

[365] United Nations Environment Program (UNEP) (2005), The Trade and Environmental Effects of Ecolabels: Assessment and Response, Nairobi: UNEP.

[366] United Nations Environment Program (UNEP) (2021a), Emissions Gap Report 2021: The Heat Is On-A World of Climate Promises Not Yet Delivered, Nairobi: UNEP.

[367] United Nations Environment Program (UNEP) (2021b), Adaptation Gap Report 2021: The Gathering Storm-Adapting to Climate Change in a Post-Pandemic World, Nairobi: UNEP.

[368] United Nations Environment Program (UNEP) and German Development Institute (DIE) (2017), Green Industrial Policy: Concept, Policies, Country Experiences, Geneva and Bonn: UNEP and DIE.

[369] United Nations Framework Convention on Climate Change(UNFCCC) (2016a), Technology and the UNFCCC: Building the Foundation for Sustainable Development, Bonn: UNFCCC.

[370] United Nations Framework Convention on Climate Change(UNFCCC) (2016b), The Concept of Economic Diversification in the Context of Response Measures, Bonn: UNFCCC Secretariat.

[371] United Nations Framework Convention on Climate Change(UNFCCC) (2021), NDC Synthesis Report, Bonn: UNFCCC Secretariat.

[372] United States International Trade Commission (USITC) (2013), Environmental and Related Services, Washington, D.C.:USITC.

[373] van Asselt, H. and Skovgaard, J. (2021), "Reforming Fossil Fuel Subsidies Requires a New Approach to Setting International Commitments", One

Earth 4(11):1523-1526.

[374] Vanzetti, D., Knebel, C. and Peters, R. (2018), "Non-Tariff Measures and Regional Integration in ASEAN", Unpublished Manuscript, Geneva: United Nations Conference on Trade and Development (UNCTAD).

[375] Venmans, F., Ellis, J. and Nachtigall, D. (2020), "Carbon Pricing and Competitiveness: Are they at Odds?", Climate Policy 20(9):1070-1091.

[376] Verdolini, E., Anadon, L. D., Lu, J. and Nemet, G. F. (2015),"The Effects of Expert Selection, Elicitation Design, and R&D Assumptions on Experts' Estimates of the Future Costs of Photovoltaics", Energy Policy 80:233-243.

[377] Wacziarg, R. and Welch, K. H. (2008), "Trade Liberalization and Growth: New Evidence", The World Bank Economic Review 22(2):187-231.

[378] Wan, R., Nakada, M. and Takarada, Y. (2018), "Trade Liberalization in Environmental Goods", Resource and Energy Economics 51:44-66.

[379] Wang, M., Mao, X., Xing, Y., Lu, J., Song, P., Liu, Z., Guo, Z.,Tu, K. and Zusman, E. (2021), "Breaking Down Barriers on PV Trade Will Facilitate Global Carbon Mitigation", Nature Communications 12:1-16.

[380] Weitzel, M., Hübler, M. and Peterson, S. (2012), "Fair, Optimal or Detrimental? Environmental vs. Strategic Use of Border Carbon Adjustment", Energy Economics 34:S198-S207.

[381] Welton, G. (2011), "The Impact of Russia's 2010 Grain Export Ban", Oxfam Research Reports, Oxford (UK): Oxfam.

[382] Wilke, M. (2011), "Feed-in Tariffs for Renewable Energy and WTO Subsidy Rules: An Initial Legal Review", Trade and Sustainable Energy Series Issue Paper No. 4, Geneva: International Centre for Trade and Sustainable Development(ICTSD).

[383] Wolf, F., Filho, W. L., Singh, P., Scherle, N., Reiser, D.,Telesford, J., Miljkovic, I. B., Havea, P. H., Li, C., Surroop, D. and Kovaleva, M. (2021), "Influences of Climate Change on Tourism Development in Small Pacific Island States", Sustainability 13(8).

[384] Wood, R., Grubb, M., Anger-Kraavi, A., Pollitt, H., Rizzo, B., Alexandri, E. and Tukker, A. (2020), "Beyond Peak Emission Transfers: Historical Impacts of Globalization and Future Impacts of Climate Policies on International Emission Transfers", Climate Policy 20:S14-S27.

[385] World Bank (2008), Biodiversity, Climate Change, and Adaptation: Nature-Based Solutions from the World Bank Portfolio, Washington, D.C.: World Bank.

[386] World Bank (2014), Building Competitive Green Industries: the Climate and Clean Technology Opportunity for Developing Countries, Washington, D.C.:

[387] World Bank (2016), High and Dry: Climate Change, Water, and the Economy, Washington, D.C.: World Bank.

[388] World Bank (2020), World Development Report 2020: Trading for Development in the Age of Global Value Chains, Washington, D.C.: World Bank.

[389] World Bank (2021), Resilience Rating System : A Methodology for Building and Tracking Resilience to Climate Change, Washington, D.C.: World Bank.

[390] World Bank (2022), State and Trends of Carbon Pricing 2022, Washington, D.C.: World Bank.

[391] World Bank and World Trade Organization (WTO) (2020), Women and Trade: The Role of Trade in Promoting Gender Equality, Washington, D.C.: World Bank and WTO.

[392] World Economic Forum (WEF) (2021) Road Freight Zero: Pathways to Faster Adoption of Zero-Emission trucks, Geneva: WEF.

[393] World Health Organization (WHO) (2018), COP24 Special Report: Health & Climate Change, Geneva: WHO.

[394] World Resource Institute (WRI) (2022), World Greenhouse Gas Emissions: 2019, Washington, D.C.: WRI.

[395] World Trade Organization (WTO) (2010), "Background Note on Environmental Services", S/C/W/320, Geneva: WTO.

[396] World Trade Organization (WTO) (2012), World Trade Report 2012: Trade and Public Policies: A Closer Look at Non-Tariff Measures in the 21st Century, Geneva: WTO.

[397] World Trade Organization (WTO) (2013) World Trade Report 2013. Factors Shaping the Future of World Trade, Geneva: WTO.

[398] World Trade Organization (WTO) (2016), World Trade Report 2016: Levelling the trading field for SMEs, Geneva: WTO.

[399] World Trade Organization (WTO) (2017), World Trade Report 2017: Trade, Technology and Jobs, Geneva: WTO.

[400] World Trade Organization (WTO) (2019), World Trade Report 2019: The Future of Services Trade, Geneva: WTO.

[401] World Trade Organization (WTO) (2020a), World Trade Report 2020: Government Policies to Promote Innovation in the Digital Age, Geneva: WTO.

[402] World Trade Organization (WTO) (2020b), Short Answers to Big Questions on the WTO and the Environment, Geneva: WTO.

[403] World Trade Organization (WTO) (2021a), "Carbon Content of International Trade", Trade and Climate Change Information Brief No. 4, Geneva: WTO.

[404] World Trade Organization (WTO) (2021b), "Climate Change in Regional Trade Agreements", Trade and Climate Change Information Brief No. 2, Geneva: WTO.

[405] World Trade Organization (WTO) (2021c) World Trade Report 2021: Economic Resilience and Trade, Geneva: WTO.

[406] World Trade Organization (WTO) (2021d), "Mapping Paper: Trade Policies Adopted to Address Climate Change", Trade and Climate Change Information Brief No. 1, Geneva: WTO.

[407] World Trade Organization (WTO) (2021e) Trade Policy Review, Report by Mauritius, Geneva: WTO.

[408] World Trade Organization (WTO) (2021f), "Trade Resilience in the Face

of a Rising Burden of Natural Disasters", Trade and Climate Change Information Brief No. 3, Geneva: WTO.

[409] World Trade Organization (WTO) (2022a), "Small Business and Climate Change", MSMEs Research Note No. 3, Geneva:WTO.

[410] World Trade Organization (WTO) (2022b), The Crisis in Ukraine: Implications of the War for Global Trade and Development, Geneva: WTO.

[411] World Trade Organization (WTO) (2022c), "What Yardstick for Net-Zero? How WTO TBT Disciplines Can Contribute to Effective Policies on Carbon Emission Standards and Climate Change Mitigation", Trade and Climate Change Information Brief No. 6, Geneva: WTO.

[412] World Trade Organization (WTO) and International Renewable Energy Agency (IRENA) (2021), Trading into a Bright Energy Future. The Case for Open, High-Quality Solar Photovoltaic Markets, Geneva: WTO and IRENA.

[413] World Trade Organization (WTO) and United Nations Environment Program (UNEP) (2009), Trade and Climate Change, Geneva: WTO and UNEP.

[414] World Trade Organization (WTO) and United Nations Environment Program (UNEP) (2018), Making Trade Work for the Environment, Prosperity and Resilience, Geneva: WTO and UNEP.

[415] Wrigley, E. A. (2010), Energy and the English Industrial Revolution, Cambridge (UK): Cambridge University Press.

[416] Wurlod, J.-D. and Noailly, J. (2018), "The Impact of Green Innovation on Energy Intensity: An Empirical Analysis for 14 Industrial Sectors in OECD Countries", Energy Economics 71(C):47-61.

[417] Xu, Y. and Xie, H. (2016), "Consumer Environmental Awareness and Coordination in Closed-Loop Supply Chain", Open Journal of Business and Management 4:427-438.

[418] Yamano, N. and Guilhoto, J. (2020), "CO_2 Emissions Embodied in International Trade and Domestic Final Demand:Methodology and Results Using the OECD Inter-Country Input-Output Database", OECD Science,

Technology and Industry Working Papers No. 2020/11, Paris: Organisation for Economic Co-operation and Development (OECD).

[419] Zugravu-Soilita, N. (2018), "The Impact of Trade in Environmental Goods on Pollution: What Are We Learning from the Transition Economies' Experience?", Environmental Economics and Policy Studies 20:785-827.

[420] Zugravu-Soilita, N. (2019), "Trade in Environmental Goods and Air Pollution: A Mediation Analysis to Estimate Total, Direct and Indirect Effects", Environmental and Resource Economics 74:1125-1162.

技术说明

地区和其他经济集团				
北美				
百慕大	加拿大*	墨西哥*	圣皮埃尔岛和密克隆岛	美国*
南美、中美和加勒比				
安奎拉	巴西*	厄瓜多尔*	蒙特塞拉特岛	苏里南*
安提瓜和巴布达*	开曼群岛	萨尔瓦多*	尼加拉瓜*	特立尼达和多巴哥*
阿根廷*	智利*	格林纳达*	巴拿马*	特克斯和凯科斯群岛
阿鲁巴（荷兰属）	哥伦比亚*	危地马拉*	巴拉圭*	乌拉圭*
巴哈马**	哥斯达黎加*	圭亚那*	秘鲁*	委内瑞拉*
巴巴多斯*	古巴*	海地*	圣基茨和尼维斯*	
伯利兹*	库拉索岛	洪都拉斯*	圣卢西亚*	
玻利维亚*	多米尼克*	牙买加*	圣马丁岛	
博内尔岛，圣尤斯达蒂斯和萨巴	多米尼加共和国*	马提尼克岛	圣文森特和格林纳丁斯*	
欧洲				
阿尔巴尼亚*	丹麦*	冰岛*	荷兰*	西班牙*
安道尔**	爱沙尼亚*	爱尔兰*	北马其顿共和国*	瑞典*
奥地利*	芬兰*	意大利*	挪威*	瑞士*
比利时*	法国*	拉脱维亚*	波兰*	土耳其*
波斯尼亚和黑塞哥维那**	德国*	列支敦士登	葡萄牙*	英国*
保加利亚*	直布罗陀	立陶宛*	罗马尼亚*	
克罗地亚*	希腊*	卢森堡*	塞尔维亚**	

续　表

塞浦路斯*	格陵兰	马耳他*	斯洛伐克*	
捷克*	匈牙利*	黑山共和国*	斯洛文尼亚*	

独立国家联合体，包括非正式成员国和前成员国

亚美尼亚*	格鲁吉亚*	摩尔多瓦*	土库曼斯坦	
阿塞拜疆**	哈萨克斯坦*	俄罗斯*	乌克兰*	
白俄罗斯**	吉尔吉斯斯坦*	塔吉克斯坦*	乌兹别克斯坦**	

非洲

阿尔及利亚**	刚果（布）*	加纳*	毛里求斯*	索马里**
安哥拉*	科特迪瓦*	几内亚*	摩洛哥*	南非*
贝宁*	刚果（金）*	几内亚比绍*	莫桑比克*	南苏丹**
博茨瓦纳*	吉布提*	肯尼亚*	纳米比亚*	苏丹**
布基纳法索*	埃及*	莱索托	尼日尔*	坦桑尼亚*
布隆迪*	赤道几内亚**	利比里亚*	尼日利亚*	多哥*
佛得角*	厄立特里亚	利比亚**	卢旺达*	突尼斯*
喀麦隆	斯威士兰*	马达加斯加*	圣多美和普林西比**	乌干达*
中非共和国*	埃塞俄比亚**	马拉维*	塞内加尔*	赞比亚*
乍得*	加蓬*	马里*	塞舌尔*	津巴布韦*
科摩罗**	冈比亚*	毛里塔尼亚*	塞拉利昂*	

中东

巴林*	以色列*	黎巴嫩**	沙特*	也门*
伊朗**	约旦*	阿曼*	叙利亚**	
伊拉克**	科威特*	卡塔尔*	阿联酋*	

亚洲

阿富汗*	关岛	马尔代夫*	巴基斯坦*	东帝汶**
美属萨摩亚群岛	中国香港*	马绍尔群岛	帕劳	帕克劳群岛

261

续　表

澳大利亚*	印度*	密克罗尼西亚联邦	巴布亚新几内亚*	汤加*
孟加拉国*	印度尼西亚*	蒙古国*	菲律宾*	图瓦卢
不丹**	日本*	缅甸*	皮特凯恩群岛	瓦努阿图*
文莱*	基里巴斯	瑙鲁	西萨摩亚*	越南*
柬埔寨*	韩国*	尼泊尔*	新加坡*	瓦利斯和富图纳群岛
中国*	朝鲜	新喀里多尼亚	所罗门群岛*	
库克群岛	老挝*	新西兰*	斯里兰卡*	
斐济*	中国澳门*	纽埃	中国台北*	
法属波利尼西亚	马来西亚*	北马里亚纳群岛邦	泰国*	
区域贸易协定				
安第斯共同体				
玻利维亚	哥伦比亚	厄瓜多尔	秘鲁	
东南亚国家联盟				
文莱	印度尼西亚	马来西亚	菲律宾	泰国
柬埔寨	老挝	缅甸	新加坡	越南
中美洲共同市场				
哥斯达黎加	萨尔瓦多	危地马拉	洪都拉斯	尼加拉瓜
加勒比共同体				
安提瓜和巴布达	伯利兹	圭亚那	蒙特塞拉特	圣文森特和格林纳丁斯
巴哈马	多米尼克	海地	圣基茨和尼维斯	苏里南
巴巴多斯	格林纳达	牙买加	圣卢西亚	特立尼达和多巴哥
中非经济与货币共同体				
喀麦隆	乍得	刚果（布）	赤道几内亚	加蓬
中非共和国				

262

续　表

东南非共同市场				
布隆迪	厄立特里亚	马达加斯加	索马里	津巴布韦
科摩罗	斯威士兰	马拉维	苏丹	
刚果（金）	埃塞俄比亚	毛里求斯	突尼斯	
吉布提	肯尼亚	卢旺达	乌干达	
埃及	利比亚	塞舌尔	赞比亚	
西非国家经济共同体				
贝宁	科特迪瓦	几内亚	马里	塞内加尔
布基纳法索	冈比亚	几内亚比绍	尼日尔	塞拉利昂
佛得角	加纳	利比里亚	尼日利亚	多哥
欧洲自由贸易联盟				
冰岛	列支敦士登	挪威	瑞士	
欧盟				
奥地利	丹麦	匈牙利	马耳他	斯洛文尼亚
比利时	爱沙尼亚	爱尔兰	荷兰	西班牙
保加利亚	芬兰	意大利	波兰	瑞典
克罗地亚	法国	拉脱维亚	葡萄牙	
塞浦路斯	德国	立陶宛	罗马尼亚	
捷克	希腊	卢森堡	斯洛伐克	
海湾阿拉伯国家合作委员会				
巴林	阿曼	卡塔尔	沙特	阿联酋
科威特				
南方共同市场				
阿根廷	巴西	巴拉圭	乌拉圭	委内瑞拉
北美自由贸易协定				
加拿大	墨西哥	美国		

续　表

南部非洲发展共同体				
安哥拉	斯威士兰	马拉维	纳米比亚	坦桑尼亚
博茨瓦纳	莱索托	毛里求斯	塞舌尔	赞比亚
科摩罗	马达加斯加	莫桑比克	南非	津巴布韦
刚果（金）				
南亚自由贸易协定				
阿富汗	不丹	马尔代夫	巴基斯坦	斯里兰卡
孟加拉国	印度	尼泊尔		
西非经济货币联盟				
贝宁	科特迪瓦	马里	塞内加尔	多哥
布基纳法索	几内亚比绍	尼日尔		
其他集团				
非洲、加勒比和太平洋国家				
安哥拉	科特迪瓦	几内亚比绍	纳米比亚	所罗门群岛
安提瓜和巴布达	古巴	圭亚那	瑙鲁	索马里
巴哈马	刚果（金）	海地	尼日尔	南非
巴巴多斯	吉布提	牙买加	尼日利亚	苏丹
伯利兹	多米尼克	肯尼亚	纽埃	苏里南
贝宁	多米尼加	基里巴斯	帕劳	坦桑尼亚
博兹瓦纳	赤道几内亚	莱索托	巴布亚新几内亚	东帝汶
布基纳法索	厄立特里亚	利比里亚	卢旺达	多哥
布隆迪	斯威士兰	马达加斯加	圣基茨和尼维斯	汤加
佛得角	埃塞俄比亚	马拉维	圣卢西亚	特立尼达和多巴哥
喀麦隆	斐济	马里	圣文森特和格林纳丁斯	图瓦卢
中非	加蓬	马绍尔群岛	萨摩亚	乌干达
乍得	冈比亚	毛里塔尼亚	圣多美和普林西比	瓦努阿图

科摩罗	加纳	毛里求斯	塞内加尔	赞比亚
刚果（布）	格林纳达	密克罗尼西亚	塞舌尔	津巴布韦
库克群岛	几内亚	莫桑比克	塞拉利昂	

非洲

北非

阿尔及利亚	埃及	利比亚	摩洛哥	突尼斯

撒哈拉以南非洲

西非

贝宁	冈比亚	几内亚比绍	毛里塔尼亚	塞内加尔
布基纳法索	加纳	利比里亚	尼日尔	塞拉利昂
佛得角	几内亚	马里	尼日利亚	多哥
科特迪瓦				

中非

布隆迪	中非共和国	刚果（布）	赤道几内亚	卢旺达
喀麦隆	乍得	刚果（金）	加蓬	圣多美和普林西比

东非

科摩罗	肯尼亚	马约特岛	塞舌尔	苏丹
吉布提	马达加斯加	留尼汪	索马里	坦桑尼亚
厄立特里亚	毛里求斯	卢旺达	南苏丹	乌干达
埃塞俄比亚				

南非

安哥拉	斯威士兰	马拉维	纳米比亚	赞比亚
博茨瓦纳	莱索托	莫桑比克	南非	津巴布韦

亚洲

东亚

中国	日本	韩国	蒙古国	
中国香港	朝鲜	中国澳门	中国台北	

东南亚				
文莱	老挝	缅甸	新加坡	东帝汶
柬埔寨	马来西亚	菲律宾	泰国	越南
印度尼西亚				
南亚				
阿富汗	不丹	马尔代夫	巴基斯坦	斯里兰卡
孟加拉国	印度	尼泊尔		
大洋洲				
澳大利亚	图瓦卢	基里巴斯	新西兰	所罗门群岛
瑙鲁	斐济	马绍尔群岛	巴布亚新几内亚	汤加
帕劳	印度尼西亚	密克罗尼西亚	萨摩亚	瓦努阿图
亚太经合组织				
澳大利亚	中国香港	墨西哥	俄罗斯	泰国
文莱	印度尼西亚	新西兰	新加坡	美国
加拿大	日本	巴布亚新几内亚	中国台北	越南
智利	韩国	秘鲁		
中国	马来西亚	菲律宾		
金砖国家				
巴西	中国	印度	俄罗斯	南非
二十国集团				
阿根廷	中国	印度	韩国	南非
澳大利亚	欧盟	印度尼西亚	墨西哥	土耳其
巴西	法国	意大利	俄罗斯联邦	英国
加拿大	德国	日本	沙特	美国
最不发达国家				
阿富汗	科摩罗	老挝	尼日尔	东帝汶
安哥拉	刚果（金）	莱索托	卢旺达	多哥

孟加拉国	吉布提	利比里亚	圣多美和普林西比	图瓦卢
贝宁	厄立特里亚	马达加斯加	塞内加尔	乌干达
不丹	埃塞俄比亚	马拉维	塞拉利昂	瓦努阿图
布基纳法索	冈比亚	马里	所罗门群岛	也门
布隆迪	几内亚	毛里塔尼亚	索马里	赞比亚
柬埔寨	几内亚比绍	莫桑比克	南苏丹	
中非共和国	海地	缅甸	苏丹	
乍得	基里巴斯	尼泊尔	坦桑尼亚	
六个东亚贸易体				
中国香港	马来西亚	新加坡	中国台北	泰国
韩国				

　　*：世界贸易组织成员

　　**：观察员政府

　　世界贸易组织成员通常被称为"国家"，尽管有些成员不是传统意义上的国家，而是正式的"关税区"（customs territories）。本报告中对地理分组和其他分组的定义不代表秘书处对任何国家或领土的地位及其边界界定方面的观点，也不暗含对任何世界贸易组织成员在世界贸易组织协定下的权利和义务表达的意见。出版物中标明的地图颜色、边界、名称和分类，并不代表世界贸易组织对任何领土的法律或其他地位做出任何判断，也不代表对任何边界的认可或接受。

　　在本报告中，南美洲和中美洲及加勒比地区被称为中南美洲。

　　荷属阿鲁巴岛，委内瑞拉玻利瓦尔共和国，中国香港特别行政区，大韩民国，以及台湾、澎湖、金门和马祖单独关税区分别采用以下表述：阿鲁巴（荷兰属）、委内瑞拉、中国香港、韩国和中国台北。

　　世界贸易组织没有关于发达成员和发展中成员的定义。本报告中提到的发展中成员和发达成员以及任何其他成员分类，仅出于统计目的，不意味着秘书处对任何国家或领土的地位、其边界的划分以及任何世界贸易组织成员在世界贸易组织协定方面的权利和义务表明立场。

　　《世界贸易报告2022》提供的数据截至2022年9月1日有效。

缩写与符号

AoA	Agreement on Agriculture《农业协定》
APEC	Asia-Pacific Economic Cooperation 亚太经合组织
BCA	border carbon adjustment 碳边境调节
CBDR	[principle of] common but differentiated responsibilities 共同但有区别的责任
CPC	United Nations Central Product Classification 联合国核心产品总分类
CO_2e	CO_2equivalent 二氧化碳当量
CTE	Committee on Trade and Environment 贸易与环境委员会
EDB	WTO Environmental Database 世贸组织环境数据库
EG	environmental goods 环境产品
EGS	environmental goods and services 环境产品和服务
EIF	Enhanced Integrated Framework （与贸易有关的最不发达国家援助）强化综合框架
EITE	emission-intensive trade-exposed 排放密集型贸易
EKC	Environmental Kuznets Curve 环境库兹涅茨曲线
EPP	environmentally preferable products 环境友好型产品
EREG	energy-related environmental goods 与能源有关的环境产品
ES	environmental services 环境服务
ETS	EU Emissions Trading System 欧盟排放交易系统
EU	European Union 欧盟

ET   environmental technologies 环境技术

EWE   extreme weather event 极端天气事件

FFEDC   fossil fuel export-dependent country
依赖化石燃料出口的国家

FFSR   Fossil Fuel Subsidy Reform 化石燃料补贴改革

G7   Group of Seven 七国集团

G20   Group of Twenty 二十国集团

GATS   General Agreement on Trade in Services
《服务贸易总协定》

GATT   General Agreement on Tariffs and Trade
《关税与贸易总协定》

GDP   gross domestic product 国内生产总值

GGP   green government procurement 绿色政府采购

GHG   greenhouse gases 温室气体

GPA   Agreement on Government Procurement《政府采购协定》

GTM   Global Trade Model 全球贸易模型

GVC   global value chain 全球价值链

HS   Harmonized System《协调制度》

ICAO   International Civil Aviation Organization 国际民航组织

IDP   Informal Dialogue on Plastics Pollution and Environmentally
Sustainable Plastics Trade
塑料污染与环境可持续塑料贸易非正式对话

IEA   International Energy Agency 国际能源署

IMF   International Monetary Fund 国际货币基金组织

IMO   International Maritime Organization 国际海事组织

IP   intellectual property 知识产权

ITC   International Trade Centre 国际贸易中心

I-O   input-output 投入产出

IPCC   Intergovernmental Panel on Climate Change
              政府间气候变化专门委员会

IRU   International Road Transport Union 国际道路运输联盟

LDC   least-developed country 最不发达国家

MFN   most-favoured nation 最惠国

MSME   micro, small and medium-sized enterprise 中小微企业

NDC   nationally determined contribution 国家自主贡献

NGO   non-governmental organization 非政府组织

NAFTA   North American Free Trade Agreement
              《北美自由贸易协定》

NTB   non-tariff barrier 非关税壁垒

NTM   non-tariff measure 非关税措施

OECD   Organisation for Economic Co-operation and Development
              经济合作与发展组织

R&D   research and development 研发

RCA   revealed comparative advantage 显性比较优势

RTA   regional trade agreement 区域贸易协定

SCM   subsidies and countervailing measures 补贴和反补贴措施

SDGs   United Nations Sustainable Development Goals
              联合国可持续发展目标

SIDS   small-island developing states 小岛屿发展中国家

SPS   sanitary and phytosanitary 卫生与植物卫生

STC	specific trade concern 特别贸易关注
STDF	Standards and Trade Development Facility 标准与贸易发展基金
TBT	technical barriers to trade 技术性贸易壁垒
TeCO$_2$	Trade in embodied CO$_2$ 隐含碳含量贸易
TESSD	Trade and Environmental Sustainability Structured Discussions 贸易与环境可持续结构化讨论
TFA	Trade Facilitation Agreement 《贸易便利化协定》
TPRM	Trade Policy Review Mechanism 贸易政策审议机制
TRIMs	trade-related investment measures 与贸易有关的投资措施
TRIPS	Agreement on Trade-Related Aspects of Intellectual Property Rights《与贸易有关的知识产权协定》
UNCTAD	United Nations Conference on Trade and Development 联合国贸发会议
TRAINS	UNCTAD Trade Analysis Information System database 联合国贸发会议贸易分析信息系统数据库
UNDRR	United Nations Office for Disaster Risk Reduction 联合国减少灾害风险办公室
UNECE	United Nations Economic Commission for Europe 联合国欧洲经济委员会
UNFCCC	United Nations Framework Convention on Climate Change 《联合国气候变化框架公约》
UN	United Nations 联合国
US	United States 美国

WCO	World Customs Organization 世界海关组织
WMO	World Meteorological Organization 世界气象组织
WTO	World Trade Organization 世界贸易组织

图、表及专栏目录

第三章　低碳经济对贸易的影响

● 图

● 专栏

第四章　碳定价与国际贸易

● 图

第五章　国际贸易脱碳

● 图

第六章　环境产品和服务贸易的贡献

● 图

● 专栏

世界贸易组织成员

（截至 2021 年 9 月 17 日）

阿富汗	加纳	挪威
阿尔巴尼亚	希腊	阿曼
安哥拉	格林纳达	巴基斯坦
安提瓜和巴布达	危地马拉	巴拿马
阿根廷	几内亚	巴布亚新几内亚
亚美尼亚	几内亚比绍	巴拉圭
澳大利亚	圭亚那	秘鲁
奥地利	海地	菲律宾
巴林	洪都拉斯	波兰
孟加拉国	中国香港	葡萄牙
巴巴多斯	匈牙利	卡塔尔
比利时	冰岛	罗马尼亚
伯利兹	印度	俄罗斯
贝宁	印度尼西亚	卢旺达
玻利维亚	爱尔兰	圣基茨和尼维斯
博茨瓦纳	以色列	圣卢西亚
巴西	意大利	圣文森特和格林纳丁斯
文莱	牙买加	萨摩亚
保加利亚	日本	沙特王国
布基纳法索	约旦	塞内加尔
布隆迪	哈萨克斯坦	塞舌尔
佛得角	肯尼亚	塞拉利昂
柬埔寨	韩国	新加坡
喀麦隆	科威特	斯洛伐克

加拿大	吉尔吉斯斯坦	斯洛文尼亚
中非	老挝	所罗门群岛
乍得	拉脱维亚	南非
智利	莱索托	西班牙
中国	利比里亚	斯里兰卡
哥伦比亚	列支敦士登	苏里南
刚果（布）	立陶宛	瑞典
哥斯达黎加	卢森堡	瑞士
科特迪瓦	中国澳门	中国台北
克罗地亚	马达加斯加	塔吉克斯坦
古巴	马拉维	坦桑尼亚
塞浦路斯	马来西亚	泰国
捷克	马尔代夫	北马其顿共和国
刚果（金）	马里	多哥
丹麦	马耳他	汤加
吉布提	毛里塔尼亚	特立尼达和多巴哥
多米尼克	毛里求斯	突尼斯
多米尼加	墨西哥	土耳其
厄瓜多尔	摩尔多瓦	乌干达
埃及	蒙古国	乌克兰
萨尔瓦多	黑山	阿联酋
爱沙尼亚	摩洛哥	英国
斯威士兰	莫桑比克	美国
欧盟	缅甸	乌拉圭
斐济	纳米比亚	瓦努阿图
芬兰	尼泊尔	委内瑞拉

法国	荷兰	越南
加蓬	新西兰	也门
冈比亚	尼加拉瓜	赞比亚
格鲁吉亚	尼日尔	津巴布韦
德国	尼日利亚	

历年《世界贸易报告》一览

- 2022——气候变化与国际贸易

气候危机是一个全球共同面临的问题，需要采取集体和有效的多边应对措施。《世界贸易报告2022》回顾了贸易、贸易政策和国际贸易合作在应对气候变化中的作用。

- 2021——经济韧性与国际贸易

《世界贸易报告2021》回顾了贸易、贸易政策以及国际合作在构建经济韧性以应对自然灾害和人为灾害（包括新冠疫情）方面的作用。

- 2020——数字时代政府政策推动创新

近年来，越来越多的政府采取了旨在支持向数字经济转型的政策。《世界贸易报告2020》探讨了这些政策趋势以及国际贸易和世贸组织如何与之相适应。

- 2019——服务贸易的未来

服务业已成为全球贸易中最动态的组成部分，但服务业对全球贸易的贡献程度并未被充分了解。《世界贸易报告2019》试图弥补这一点，审视了服务贸易的演变及为何服务业非常重要。

- 2018——数字技术如何改变全球商务

《世界贸易报告2018》研究了数字技术，尤其是物联网、人工智能、3D打印和区块链将如何影响贸易成本、交易内容的性质和贸易构成。报告对未来15年这些技术对全球贸易可能产生的影响进行了预测。

● 2017——贸易、技术和就业

《世界贸易报告2017》研究了技术和贸易将如何影响劳动关系和薪资。它从以下三方面进行了分析：劳工面临的挑战、公司为应对劳动力市场变化所作的调整和政府为确保贸易和技术的包容性该如何协助此种调整。

● 2016——为中小企业提供公平贸易平台

《世界贸易报告2016》考察了中小企业参与国际贸易的情况。它着眼于中小企业的国际贸易格局如何变化，以及多边贸易体制为鼓励中小企业参与全球市场所做的和可做的事情。

● 2015——《贸易便利化协定》的收益与挑战

世界贸易组织成员在2013年12月部长级会议上通过的世界贸易组织《贸易便利化协定》（TFA）是自1995年世贸组织成立以来缔结的第一个多边贸易协定。《世界贸易报告2015》是在对最终协定文本进行全面分析的基础上，首次对《贸易便利化协定》的潜在影响进行详细研究的报告。

● 2014——贸易和发展：最近的趋势和世界贸易组织的作用

《世界贸易报告2014》着眼于千禧年以来改变贸易与发展之间关系的四大趋势：发展中经济体的经济崛起、全球生产通过供应链的日益一体化、农产品和自然资源价格的上涨和世界经济日益相互依赖。

● 2013——影响未来世界贸易的因素

《世界贸易报告2013》着眼于过去影响全球贸易的因素，并回顾了人口变化、投资、技术进步、运输和能源/自然资源部门的发展以及与贸易有关的政策和制度如何影响国际贸易。

● 2012——贸易和公共政策：21世纪的非关税措施探析

针对货物和服务贸易的监管措施为21世纪的国际合作所带来的挑战，《世界贸易报告2012》探讨了政府为何采用非关税措施和服务措施以及这些措施对国际贸易可能产生多大程度的影响。

● 2011——世贸组织与优惠贸易协定：从共存到共融

优惠贸易协定（PTA）数量的不断增加是国际贸易发展的一个突出特点。《世界贸易报告2011》介绍了优惠贸易协定的历史发展和当前的协定格局。报告考察了建立优惠贸易协定的原因、优惠贸易协定的经济影响、协定本身的内容以及优惠贸易协定与多边贸易体制之间的相互作用。

● 2010——自然资源贸易

《世界贸易报告2010》侧重于关注燃料、林业、矿业和渔业等自然资源贸易情况。报告分析了自然资源贸易的特点、政府的政策选择以及国际合作，特别是世贸组织对于实现能源行业科学管理的重要作用。

● 2009——贸易政策承诺和应急措施

《世界贸易报告2009》审查了贸易协定中可采取的应急措施的范围及其作用。本报告的一个重要目标是分析世贸组织的相关规定能否为成员提供一种平衡，既为其应对经济困境提供必要的灵活性，同时又通过充分定义这些措施，以限制其用于保护主义目的。

● 2008——全球化世界的贸易

《世界贸易报告2008》提醒我们从国际贸易中得到了什么，并强调深层次融合带来的挑战。报告回答了一些问题，即什么构成了全球化、什么驱动了全球化进程、全球化带来了什么收益与挑战，以及贸易在这个相互依赖逐步增强的世界中起到了什么作用等。

- 2007——多边贸易体制60年：成就与挑战

2008年1月1日，多边贸易体制庆祝成立60周年。《世界贸易报告2007》深入探讨了《关税与贸易总协定》（GATT）及其后续的世贸组织的相关内容，即它们的起源、成就、面临的挑战以及未来的发展，以庆祝这一具有里程碑意义的周年纪念日。

- 2006——探索补贴、贸易与世贸组织的关系

《世界贸易报告2006》探讨了如何定义补贴、什么经济理论可以帮助我们理解补贴、为何政府使用补贴、补贴应用最多的部门以及世贸组织协定在管制国际贸易补贴中起到的作用。本报告还就某些特定贸易问题提供了简要的分析性评论。

- 2005——贸易、标准与世贸组织

《世界贸易报告2005》分析了制定统一标准的多种作用及其影响，重点关注国际贸易标准的经济性、标准制定和合格评定的制度设计，以及世贸组织协定在使标准的政策性应用与一个公开的非歧视的贸易体系相协调方面的作用。

- 2004——政策一致性

《世界贸易报告2004》关注分析相互依赖的政策的一致性概念：贸易与宏观经济政策之间的相互关系、基础设施在贸易和经济发展中的作用、国内市场结构、管理与制度，以及加强国际合作在促进政策一致性方面的作用。

- 2003——贸易和发展

《世界贸易报告2003》关注发展问题。它解释了这个问题的起源，并提供了一个解决贸易与发展之间关系问题的分析框架，从而有助于进行更为深刻的探讨。